蒲團子　編訂　張莉瓊　參訂

重訂女子丹法彙編

心一堂

書名：重訂女子丹法彙編
編訂：蒲團子
參訂：張莉瓊
責任編輯：陳劍聰

出版：心一堂有限公司
地址／門市：香港九龍尖沙咀東麼地道六十三號好時中心LG 六十一室
電話號碼：(852)2781-3722
傳真號碼：(852)2214-8777
網址：http://www.sunyata.cc
電郵：sunyatabook@gmail.com
存真書齋仙道經典文庫網上論壇：http://bbs.sunyata.cc/

版次：二零一二年十月初版，平裝

定價：港幣　一百三十八元正
　　　人民幣　一百二十八元正
　　　新台幣　五百五十元正

國際書號：ISBN 978-988-8058-98-3

香港及海外發行：利源書報社
地址：香港新界大埔汀麗路36號中華商務印刷大廈地下
電話號碼：(852)2381-8251
傳真號碼：(852)2397-1519

台灣發行：秀威資訊科技股份有限公司
地址：台灣台北市內湖區瑞光路七十六巷六十五號一樓
電話號碼：(886)2796-3638
傳真號碼：(886)2796-1377
網路書店：www.govbooks.com.tw
經銷：易可數位行銷股份有限公司
地址：新北市新店區中正路542之3號4樓
電話號碼：(886)82191500
傳真號碼：(886)82193383
網址：http://ecorebooks.pixnet.net/blog

中國大陸發行・零售：心一堂書店
深圳地址：中國深圳羅湖立新路六號東門博雅負一層零零八號
電話號碼：(86)0755-82224934
北京地址：中國北京東城區雍和宮大街四十號
心一堂網上書店：http://book.sunyata.cc

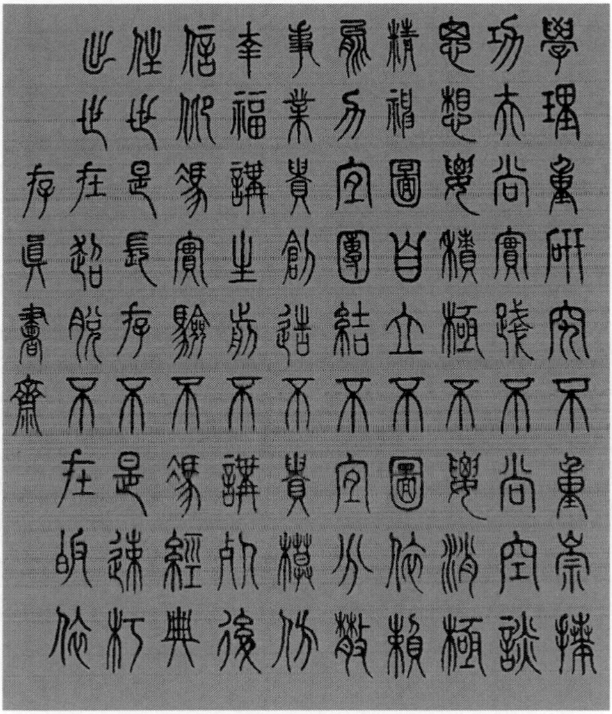

善的十條眞義

學理重研究不重崇拜
功夫尚實踐不尚空談
思想要積極不要消極
精神圖自立不圖依賴
能力宜團結不宜分散
事業貴創造不貴模仿
幸福講生前不講死後
信仰憑實驗不憑經典
住世是長存不是速朽
出世在超脫不在皈依

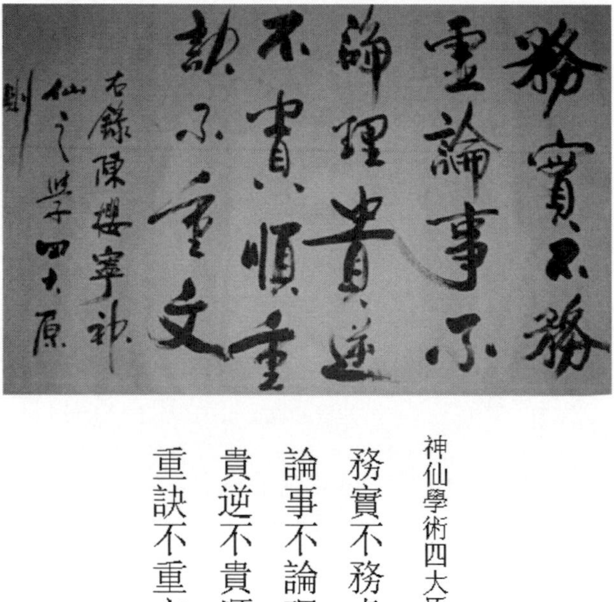

神仙學術四大原則

務實不務虛

論事不論理

貴逆不貴順

重訣不重文

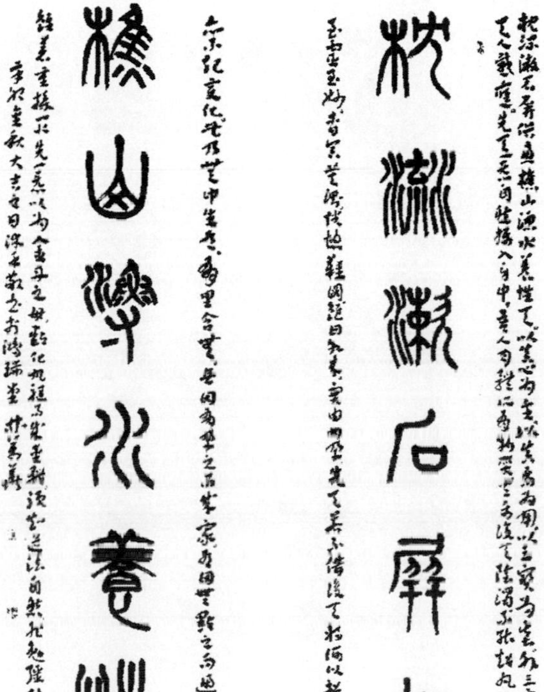

（一）法書華萬林

上善若水 澤被蒼生

（二）林萬華書法

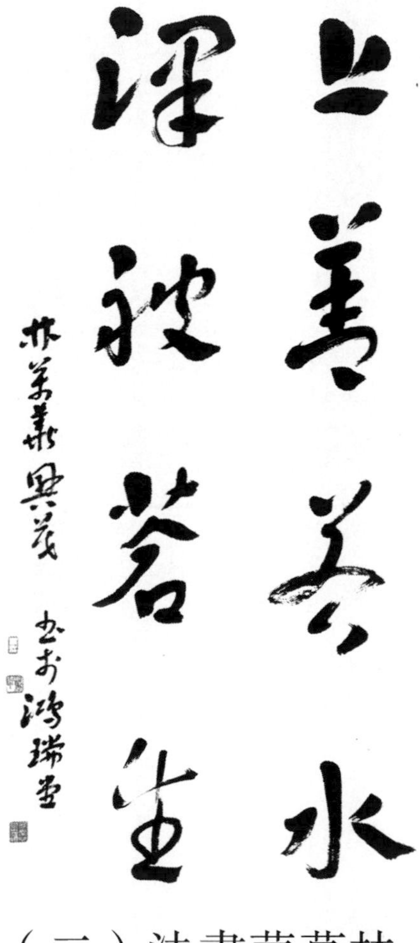

存眞書齋仙道經典文庫緣起

仙道學術，淵遠流長，自軒皇崆峒問道，至今已歷數千年。然歷代仙道大家之經典著述，由於時代之變遷，或埋於館藏，或收於藏海，或佚於民間，或存於方家，若欲覓之，誠為不易。故對一些孤本要典進行重新編校整理，以免其失落，實屬必要。存眞書齋仙道經典文庫之編輯，即由此而起。

存眞書齋仙道經典文庫之整理計劃始於二零零四年，雖已歷五年，然由於諸多原因，公開出版頗費周折，文庫之第一種道言五種僅以自印本保存，流通之願難以得償。香港心一堂出版社社長陳劍聰先生，雅好道學，嘗以傳播中華固有之傳統文化為己任。在得知存眞書齋仙道經典文庫出版之困難後，遂致電於愚，願將文庫公開出版，以廣流通。善莫大焉。

存眞書齋仙道經典文庫之整理出版，意在保留仙道文化之優秀資料，故而其所入选者，以歷代具有代表性的仙道典籍或瀕於失傳之佳作为主，内容皆須合乎正統仙道之原則，不涉邪偽。凡不合乎於此者，縱為珍本，亦不在整理之列。

本文庫之整理出版，得到了胡海牙老師的大力支持，及存眞書齋諸同仁的通力協助，在此謹致以衷心的謝意。另外，還要特別感謝心一堂出版社陳劍聰先生對文庫出版所提供的方便，及張莉瓊女士、王磊龍靈老弟、劉坤明先生為文庫的整理、出版所付出的努力與關心。

願文庫之出版，能為仙道文化資料之保存小有裨益，則愚等之願遂矣。

己丑夏日蒲團子於存眞書齋

編輯大意

一　重訂女子丹法彙編，係存眞書齋仙道經典文庫第十種，收錄有關女子修煉的著述二十餘種篇幅較大，或獨立成書者，均單獨列開；篇幅較小者，均歸於女丹經拾零。

二　女丹著作，流傳較少，卽使有流傳者，也多託古仙佛之名，或來自扶乩。如本書所錄坤元經、旁門錄，内含不少託古仙佛之名所作之詩。本次整理過程時，對坤元經、旁門錄兩部中涉古仙佛之名者，盡行删除，對相關内容也做了相應的删削。所删削者，無傷文義，故不做校記。特此說明。

三　本書所錄陳攖寧先生的著作中，女丹修煉及流派一篇，原題與朱昌亞醫師論仙學，初載於民國年間出版的惟一仙學雜誌揚善半月刊，後又刻少量油印本流傳。本次整理，係據油印本，圈點爲陳攖寧先生所加。女丹經拾零中女丹問答，亦來源於民國年間的仙學雜誌揚善半月刊與仙道月報，其内容及圈點，亦按陳攖寧先生訂正本整理。

四　陳攖寧先生曾校訂有女子道學小叢書，共五種，一曰坤寧妙經，二曰女工正法，三曰女丹十則，四曰男女丹工異同辨，五曰女丹詩集，見存眞書齋仙道經典文庫第三種，已於二零零九年九月由心一堂出版社出版，故本書不重錄。

五　本書原於二零零五年由中醫古籍出版社出版，然由於各種因素，錯漏較多，故此次經與心一堂出版社陳劍聰先生商議，將此書歸入存眞書齋仙道經典文庫，重新出版，以修正上次出版時的錯漏，並對原書進行增刪。在此，對心一堂及陳劍聰先生的幫助，謹表謝意，並感謝龍靈老弟爲本書做出的幫助。

壬辰年端午節蒲團子於存眞書齋

目錄

陳攖寧

女子修煉及流派

原題與朱昌亞醫師論仙學書

昌亞醫師惠覽：

日前接奉致室人彝珠書並詩四首，得悉尊志超凡脱俗，較彼庸衆之狃於近習而忽於遠慮者，迴不相同，至可欽佩。大作第四首云：「人間自有奇兒女，立志飛昇上九天。」愚意最贊成此二句，以爲此等事雖萬分艱難，不易實現，惟翻閱列仙傳記，每一朝代，總有幾人成功，足以推知其非絕無希望者。縱令舊籍所載都屬虛僞，即由吾輩創始，亦未爲不可。何況前人尚留下遺軌，便於遵行乎？

滿清二百數十年間，全國中男子之優秀者，概爲八股文所牢籠；女子之聰明者，又被舊禮教所束縛。神仙學術，非但不敢驗之於身，並且不敢出之於口；非但不許尋師訪友，並且不許讀其書我十歲左右，喜看漢魏叢書中葛洪神仙傳，但不敢讓大人得知，若知之，必痛責也。於是乎謹愿之徒，羣歸於儒；超脱之士，則遯於釋。

儒教雖近乎常情，而其流弊則不免頑固而迂腐；釋教雖似乎高妙，但其弱點在不認識現實之人生釋教認爲人生是幻妄的，遂起厭惡肉體之觀念，而對於肉體有密切關係之「衣」「食」「住」「行」四項，竟無法可以免除。一方面認爲幻妄，一方面尚要營求，此乃絕大矛盾。我研究仙學，已四十餘年，知我者固能完全諒解，不知者或疑我當此科學時代尚要提倡迷信。其實我絲毫沒有迷信，惟認定仙學可以補救人生之缺憾，其能力高出世間一切科學之上，凡普通科學所不能解決之問題，仙學皆足以解決之。而且是脚踏實地，步步行去，既不像儒教除了做人以外無出路，又不像釋教除了念佛而外無法門，更不像道教畫符念咒、拜懺誦經。可知神仙學術乃獨立的性質，不在三教範圍以內，而三教中人皆不妨自由從事於此也。此處所謂釋教、道教皆找近代而言，非言往昔。

自古儒教之學仙者，如漢朝大儒劉子政、宋朝大儒邵堯夫；釋教之學仙者，如宋之道光禪師、清之華陽禪師；道教之學仙者，更不可勝數。此外，若王子喬，乃周靈王之太子；東方朔，乃漢武帝之倖臣；馬鳴生，齊國之吏胥；陰長生，漢室之貴族；魏伯陽，隱逸之流；左元放，方術之士；呂純陽，唐之進士；劉海蟾，燕之宰相；鍾離權，位列將軍；張三丰，身爲縣宰。以上所舉諸位，世俗相傳，皆承認其有神仙資格。然都是在家人，而非出家人，豈但不是和尚，並且不是道士，亦復不是孔老夫子之信徒。後人將神仙學說與儒釋道三教義理混合爲一，而神仙眞面目遂失。譬如白淨皮膚上，塗了許多顏色，自以爲美觀，適足以貽譏於大雅耳。

君留學美國，亦已多年，科學腦筋，自不待言，新醫知識，當然豐富。在他人或不免存滿足之心，在君反益見謙虛之量，既確知生死大事徒恃醫學不足以解決，遂進一步而求神仙之學術，發超人之思想，若非夙根深厚，天賦聰明，其孰能與於此？寶應陳悟玄女士曾問我：「福慧兼全之女子，將來可期成就者，現有何人？」我答「世人福慧兼全者，居極少數；若福慧兼全而又好道者，並且可期成就者，今日女界中誠不易得見，正在留意訪求」云云。今既得君，將來或有合格之希望乎！

君目前爲醫務所累，尚未到實行修煉時期，故宜先從事於學理之研究。今將女子修煉須知各節，略述於左，以供淸覽。並使海內外學道諸君有所參考，蓋亦從彝珠之願也。

仙學首重長生，長生之說，自古有之。老子曰「深根固柢」，莊子曰「守一處和」，素問曰「眞人壽蔽天地，至人積精全神，聖人形體不敝」。然理論雖著於篇章，而法則不詳於紀載，學者憾焉。自參同契、黃庭經出世而後，仙家煉養，始有專書。唐宋以來，丹經博矣，而隱語異名，迷離莫辨；旁支曲徑，分裂忘歸。既不明男子用功之方，遑論女修之玄要乎？上陽子云：「女子修仙，以乳房爲生氣之所，必先積氣於乳房，然後安爐立鼎，行太陰煉形之法。」又丹經常言：「男子修成不漏精，女子修成不漏經。」至問其氣如何能積？經如何不漏？皆未嘗顯言。黃庭經云：「授者曰師受者盟，擕手登山歃液丹，金書玉簡乃可宣。」參同契云：「若遂結舌瘖，絕道獲罪誅。寫情著竹帛，又恐洩天符。」又云：「三五與一，天地至精，可以口訣，難以書傳。」是知修煉家隱秘之習，不自今日始矣。

口訣不肯輕傳之理由，詳言之，有十四種，已見於拙作口訣鈎玄錄中，不復贅述。今特簡而言之，大端有六。

（一）有生有死，造化之常，而仙學首重長生不死，與造化爭權，若輕洩妄談，則恐致殃咎。

（二）邪正之分，間不容髮，邪人行正法，正法悉歸邪。口訣不載於書者，恐爲邪人所得。

（三）其得之不易，故其傳之亦不易。百藝皆然，丹訣尤甚。

（四）道可宣明，使世間知有此事；術宜矜愼，俾師位永保尊嚴。

（五）世鮮法眼，誰識陰陽，若不深藏，易招謗毀。

（六）在傳授者本意，是欲接度有緣。若偶一失察，則得傳授者，或不免視口訣爲奇貨可居，當作商品交易，與傳授者本意相違，故不敢輕傳。

以上所列隱秘不傳之理由，概指正法而言。若夫江湖方士，假傳道之名，爲歛財之具者，不在此例。余旣深悲夫羣鶩於形而下者而忘返也，輒欲抉破古人之藩籬，以顯露其隱秘。俾卓犖不羈之士，富於高尚之思想者，不至誤用其聰明，而陷於危域。然事與心違，徒存虛願，今亦僅能擇其可言者言之而已。

玆先論女子修煉之派別。

從來丹訣，重在口傳，不載於書，而女丹訣尤甚。今欲窮原竟委，俾成爲有系統之研究，非易事也。考以前道家分派之法，有以人分者，如邱長春之龍門派、郝太古之華山派、孫不二之清淨派等等；有以地分者，如北七眞派、南五祖派、陸潛虛之東派、李涵虛之西派等等。然此種分派，對於女丹訣，頗不適用，且爲教相之分派，而非科學之分派。愚意認爲，女丹訣之派別，不以人分，不以地分，當以法分，庶有研究之興味，而便學者之參求。試列如左。

（一）中條玄女派 此派下手，先煉劍術，有法劍與道劍二種作用，其源流略見於呂祖全書。現代道門中傳有劍術内煉歌訣二首，尚可窺見一斑。因其煉法甚不易，故今世很少有人能得成就者。但此種法門，在仙道中可以自成一派，吾等研究派別者，不能不承認之。中條山，在永濟縣。**蒲團子按** 「中條玄女派」，揚善刊作「中條老姆派」。

（二）丹陽諶母派 此派重在天元神丹之修煉與服食，並符咒劾召等事。丹陽乃地名，諶姆乃人名。晋吴猛本爲許遜之師，後許遜盡得諶姆之傳，吴遵姆命，復師許。許眞君著石函記，吴眞君作銅符鐵券文，二書皆言天元神丹之事，即諶姆所遺傳也。此二書乃丹法中之上乘，世間學道者羣畏其難，不敢嘗試，自明朝張三丰、沈萬三兩君而後，殊乏知音。

（三）南嶽魏夫人派 此派重在精思存想，奉黄庭經爲正宗。黄庭經自魏夫人傳出以後，歷代女眞依之修煉者頗多，如魯妙典、崔少玄、薛玄同等皆是。拙著黄庭經講義，稍具一鱗半爪，得暇請稍稍寓目。

（四）謝自然仙姑派 此派從辟穀服氣入手，當以中黃經爲必讀，再參考諸家氣訣，並各種辟穀休糧之方。年青體健者，可以適用；年長體弱者，專習此法，恐不相宜。謝自然以十餘歲童女身卽已學道，古今能有幾人哉？

（五）曹文逸眞人派 此派從清心寡欲、神不外馳、專氣致柔、元和內運下手，自始至終，不用別法，至簡至易。詳見拙著靈源大道歌白話註解。

（六）孫不二元君派 此派卽太陰煉形法，先從斬赤龍下手，乃正式的女子修煉工夫。詳見拙著孫不二女丹詩註。

以上六派，將自魏晉以來一千七百年間女功修煉法門概括已盡，其各派本身之利弊得失，並彼派與此派難易優劣之比較，雖爲學者所應知，而非今日之急務，暫從緩說。此外如調和巽艮，夏姬有養陰之方，肌肉充盈，飛燕有內視之術，以及房中秘訣、素女遺經，此皆言不雅馴，事多隱曲，未便公開討論矣。「隱曲」二字，見黃帝內經「二陽之病發心脾，有不得隱曲，女子不月」等語。

再論女子修煉與年齡之關係。

素問上古天眞論云：「黃帝曰：『人老而無子者，材力盡耶，將天數然也。』岐伯曰：『女子七歲，腎氣盛，齒更髮長；二七而天癸至，任脈通，太衝脈盛，月事以時下，故有子；三七腎氣平均，故眞牙生而長極；四七筋骨堅，髮長極，身體盛壯；五七陽明脈衰，面始焦，髮始墮；六七三陽脈衰於上，面皆焦，髮始白；七七任脈虛，太衝脈衰少，天癸竭，地道不通，故形壞而無子也。』以上言人身之常理。帝曰：『有其年已老而有子者，何也？』岐伯曰：『此其天壽過度，氣脈常通，而腎氣有餘也。』此言生理之變例。帝曰：『夫道者，年皆百數，能有子乎？』岐伯曰：『夫道者，能却老而全形，身年雖壽，能生子也。』此言修道之人能挽回造化。」據素問之論，似專指生子而言。然順則成人，逆則成仙，本無二理，惟視其作用如何耳。故女子修仙，亦因年齡之老少，而大有差別。

(一)童女修煉　此指十餘歲女子尚未行經者而言。此時身中元氣充滿，渾淪無間，精神專一，嗜欲未開，若其生有夙慧，能從事於道，其成就甚易，較之年長者快捷數倍。蓋童女修煉，可免去築基一段工夫，直接從辟穀服氣入手，或從清靜無爲、安神靜坐入手。如謝自然之類是也。

(二)少女修煉　此指十四五歲至二十餘歲，已有月經，尚未破體之女子而言。此時宜用法將月經煉斷，復還童女之狀，再做以後之工夫。

(三)中女修煉　此指二十餘歲至三十五歲，未曾婚配之女子而言。人身生理，已達盛極將衰之候，此時經期有調者，有不調者；有按時者，有不按時者；有崩者，有帶者；有雜以他種病症，懊惱難言者。必先用醫家與衛生家之法，去其鬱悶，和其氣血，暢其精神，而後工夫方有效驗。較之少女，又難矣。

（四）長女修煉　此指三十五歲至四十九歲守貞未嫁之女子而言。此時天癸將絕，身中生氣，日見衰弱，雖終身未出嫁，然其形體之虧損，較之已出嫁者無異。亦猶男子終身不娶妻，而仍不免於衰老者，其理正復相同。故修煉下手第一要義，當培補身中之虧損，不必急急於斬赤龍也。

（五）老陰修煉　此指四十九歲以後直至六七十歲之女子而言。此時月經已絕，必須日日做工夫，採取造化之生氣，以培補自己身中之生氣，使月經漸漸復行，如中年人一樣。然後再默運玄功，漸漸煉之使無，如童女一樣。此時骨髓堅實，氣血調和，顏色紅潤，聲音柔脆，白髮變黑，落齒重生，名曰返老還童。此種工夫，有時需二三十年方能做得完畢。八卦中，兌爲少女，離爲中女，巽爲長女，坤爲老陰。

（六）少婦修煉　此指十六七歲至二十六七歲已出嫁之女子而言。此時情竇正開，慾念方盛，夫妻之間恩愛纏綿，家庭之束縛尤甚，對於修煉一事，極不相宜。縱女之方面有志修煉，而男之方面必生阻力。貧家婦不必言矣。若彼上無姑翁，下無兒女，而又家富身閒者，雖其夫不願斷絕人事，苟其妻有堅忍之力，又得眞傳者，亦可於順行之時，暗施逆行之術。既不妨於人事，又有濟於仙道，一時縱不能超塵脱俗，亦必能永駐華顏矣。但斬赤龍工夫未做好者，不足以語此。

(七)中婦修煉　此指二十六七歲至四十六七歲已出嫁之中年女子而言。此時有室家之勞心，兒女之繫念，更談不到修煉二字。其夫若再反對者，則絕無希望。若夫與妻同志者，則可互約免除人事，各做工夫。有小兒須哺乳者，必須另雇乳母或用代乳粉及牛乳等餵之，不可以己乳飼兒，以致妨害工夫之進步。

(八)孀婦修煉　已嫁而寡，無子女，或有子女已長成而能自立者，此時正好踏入修煉之途，以消遣後半生孤寂之歲月。舊禮教時代，寡婦爲名譽攸關，必須守節。民國以來，守節之風，雖已打破，然再醮之婦，終不免爲人所輕視。何如專門研究仙學，使精神有寄託之鄉，肉體有健康之樂。能成固美，縱不能成，亦可獲良好之結果，決不至於心力虛拋。入手工夫，與未出嫁者大同小異。

以上所述，凡女子修煉之途徑，大概粗具，是皆前人所未嘗顯言者。我今日爲君言之，蓋與二十年前爲呂碧城女士作女丹詩註同一用意。呂女士後來不知何故又歸入佛門，來世未卜如何，竊恐彼身已不欲向今生度矣。雖然，孫不二女丹詩註一書，若無當年此一段因緣，至今未必遂能脱稿。目前海内外得見此書者，不下兩千數百部（女丹詩註，先登揚善刊，每期送出二千份，後刻木版，印單行本，又銷出數百部），於中總有幾人因此而得度者。追根究底，則當年請求作註之人不爲無功。何況三十六問一出，對女子修煉法門，又進一步，閲者獲益，當更多矣。未能度己，已先度人，呂女士聞之，諒必引爲快慰也。

今所期待於君者，尤甚於呂。呂之功僅能利人，君今日宜求人己兩利，更爲圓滿。上乘修煉法門，總以今生成就爲要務，切不可因循懈惰，放棄現實，而懸想來世之空花，是則愚衷所切望也。

前次彝珠同鄉，藉悉君意急欲下手實行，豈不甚善？然而理法之精微，難形於筆墨，他日機緣輳合，容俟劃分段落，當面傾談。

先此奉答，並頌診安！

攖寧覆上

孫不二女功內丹次第詩註

陳攖寧

黃序

余自束髮受書而後，讀葛洪神仙傳，慨然景慕其高風，遂有志於道術。壯歲宦遊四方，足跡所至，聞異人必盡力訪求，見秘籍必潛心快讀，旁門無論矣。

歷四十年來，遇修煉正宗者，每多探討。品格最純謹者，當推鄭君鼎丞；學識最精博者，當推陳君攖寧。二君對於三元丹法，都得眞傳，而地元一項，又皆能不畏勞苦，親自臨爐，雖魔障迭起，寒暑屢遷，仍未嘗稍挫其志。余既周旋二君之間，亦多次參予實驗之役，卽外事以證內功，獲益固匪淺也。

鄭君著述，昔已幸覩厥成，今陳君復出其所作孫不二女丹詩註一卷相示，並索序文。余素習南宗，故於北派丹訣，頗有疑義，及觀此註，豁然貫通，方知南北二家丹法，男女兩性工夫，所不同者在其下手之玄機，所必同者在其一貫之妙道。

孫詩盡善，陳註尤詳，余何容辭費？惟曾記當日陳君所誦孫不二仙姑七言絕句一首，似含微旨，細審五言律詩中，尚未言及，特補錄於此。詩曰：「蓬島還須結伴遊，一身難上碧巖頭；若將枯寂爲修煉，弱水盈盈少便舟。」學者果能悟徹十四首律詩之作用，然後將此七言絕句，熟讀而深思之，則弦外餘音，當可耐人尋味矣。

中華民國十五年清江黃邃

凡例

一　原詩十四首，辭句雅馴，意義渾涵，乃丹訣中之上乘，故全錄於篇端，以便學者誦習。另有七言絕句數首，已收入拙著女丹訣集成中，故不重錄。

二　原詩雖標題爲女功内丹，然就男女丹訣全部而論，其異者十之一二，而同者則有十之八九。故男子修仙者，亦可於此詩得多少參悟。

三　詩中雜用仙家專門術語，博學之士，尚不易窺其玄奧，普通婦女無論矣。不佞此註，極力闡揚，洩盡隱秘，眞口訣已躍躍紙上。至其工夫首尾，不能成段說明者，則因爲原文所限，不得不爾。

又註中多引古語者，皆當日信手拈來，適合妙諦，比自作爲優，且免杜撰之嫌。

四　註中文字，雖非白話體裁，然已掃除譬喻，都爲實語，淺顯易明，凡國文通順者，閱之自易了解。若對此猶有難色者，其人恐於仙道無緣。蓋此等無上道妙，必須擇根器而授。作詩者意在發揮自己之性情，本不求他人之了解，作註者志欲流傳高深之學術，亦不欲博庸俗之歡迎，故普渡之說，非本編範圍内事。

五　仙家上乘工夫，簡易圓融，本無先後次第，此詩所謂次第者，就效驗深淺言之耳。若言工夫，則自第一首至第十四首，皆是一氣呵成，不可劃分爲十四段落，故須前後統觀，方能得其綱要，幸勿枝枝節節而擬議之。

六　女子修仙，除天元服食，室礙難行，人元雙修，誓不筆錄而外，古今來僅此一門，堪稱大道。其餘諸家所說，壇社所傳，名目繁多，種類各別，不善學者，流弊百出，縱能善學，亦僅可健身延壽，無疾而終，其去仙道，蓋遠甚矣。有大志者，於此篇宜三致意焉。

七　古人學道，有從師二十餘年，或十餘年者，如陰長生、白玉蟾、伍沖虛之流，皆是師與弟子同居一處，實地練習，隨時啟導，逐漸正誤，然後能收全功。今人志氣浮薄，作事無恒，所以難於成就。其狡詐者，每喜用市儈手段，旁敲反激，竊取口訣，以爲一得口訣，立刻登仙，不知所得者乃死法耳。而眞正神仙口訣，皆從艱苦實驗中來，彼輩何曾夢見。敬告讀者，若有所得，務要小心磨煉，努力修持，否則得與不得等。此種弊病，男子最多，女子尚少。

八　儒釋道三教，自漢以來，至於清季，彼此互相誹議，優劣迄無定評。君主政體改革而後，儒教早已同歸於盡，道教又不成其爲教，只餘佛教爲碩果之僅存。其中信徒雖多，而眞實用功者蓋鮮，僧尼無論矣。卽一般在家居士，所稱爲大善知識者，除教人念「阿彌陀佛」而外，別無法門。至於參禪坐香、打機鋒、看話頭等等，因淨土宗盛行，已漸歸淘汰。天台止觀，雖有入手之法門，僅作講經之材料而已，從未有人注意於實行修證者。近來又有所謂眞言宗者，授自東洋，傳於中國，學者甚衆，每因持誦急迫，致令身心不調。

總上四端，曰淨土，曰參禪，曰眞言，曰止觀，近代佛教之精華，盡於此矣。然皆屬唯心的片面工夫，而對於唯物的生老病死各問題，殊無解決之希望。其所謂一切了脱者，都有待於身後，而生前衣食之需，男女之欲，老病之虞，皆與常人無異。至其死後如何，惟彼死者知之耳。吾輩未死者，仍難測其究竟也。

況佛教徒之習氣，每謂惟佛獨尊，餘皆鄙視，教外諸書，概行排斥，雖爲宗教家對於教主應有之態度，所惜劃界自封，因此遂無進步。吾人今日著書，乃爲研究學理，預備將來同志諸人，實地試驗，解決人生一切問題。與彼闡揚宗教者，用意固有別也。故對於道教之元始天尊、太上老君、玉皇大帝，毫無關係可言。

至若儒釋二教經典，及諸子百家，遇有可採者，亦隨時羅致，以爲我用，不必顯分門戶。書中於仙佛異同，偶依昔賢見解，略加論斷，雖曰掛一漏萬，所幸不亢不卑，庶免隨聲附和，自誤誤人。蓋學者之態度，本應如是也。

總之，不問是何教派，須以刻期見效爲憑據，以今生成就爲旨歸，苟欲達此志願，除却金液還丹，別無他術矣。謹掬微衷，敢告同志。

九　世間各種宗教，其中威儀制度，理論工修，殊少男女平等之機會，獨有神仙家不然，常謂女子修煉，其成就比男子更快，男子須三年做完者，女子一年卽可趕到，因其身上生理之特殊，故能享此優先之利益。至其成功以後之地位，則視本人努力與否爲斷，並無男女高下之差，此乃神仙家特具之卓識，與別教大不同者。可知神仙一派，極端自由，已超出宗教範圍，純爲學術方面之事。讀者幸勿以宗教眼光，强爲評判，女子有大志者，宜入此門。

十　我非女身，何故研究女丹訣？又未嘗預備作世間女子授道之師，何故註解女丹訣？蓋深恐數千年以來相傳之道術，由兹中絕。若再秘而不宣，此後將無人能曉，雖有智慧，從何入門？

世固不乏讀書明理之女士，發大願，具毅力，不以現代人生環境爲滿足，不以宗教死後迷信爲皈依，務免衣食住行之困難，誓破生老病死之定律，非學神仙，安能滿願？是則區區作註之苦心也。男子修仙，有太陽煉氣術，今世尚有知者。女子修仙之太陰煉形術，幾於絕傳。因男子做工夫，能盡其本分已足，不必再問女子之事。故世之傳道者，說到女功，總不免模糊影響。而女界中又少傑出之材，更難遇堪傳此術者。從今而後，深望繼起之有人也。

孫不二仙姑事略

孫仙姑，名不二，號清靜散人，寧海縣忠翊幼女寧海屬今山東登州府，非浙江省之寧海。金太祖天輔二年生，禀性聰慧柔淑，父以配馬宜甫，生三子。宜甫卽北七眞中所稱爲丹陽眞人是也。丹陽既師事王重陽，故仙姑亦因重陽祖師之種種方便勸化，遂遠離三子，屏絕萬緣，詣金蓮堂祈度，密受道要。數年後，師挽丹陽西遊，居崑崙煙霞洞，姑獨留於家，勤修不倦。金世宗大定十五年，往洛陽，依風仙姑，居其下洞，後六年道成。時當大定二十二年十二月十九日，忽沐浴更衣，問弟子天氣卓午，援筆書頌云：「三千功滿超三界，跳出陰陽包裹外；隱顯縱橫得自由，醉魂不復歸寧海。」書畢，趺坐而化，香風瑞氣，竟日不散。元至元己巳，賜號清靜淵眞順德眞人，道派名清靜派。

以上採自續文獻通考及登州府志，並他種紀錄，若欲知其詳，須閱道藏中關於北七眞一派之記傳專集年譜諸書。

孫不二女功內丹次第詩十四首

第一　收心　男女同

吾身未有日，一氣已先存；似玉磨逾潤，如金煉豈昏？
掃空生滅海，固守總持門；半黍虛靈處，融融火候温。

第二　養氣　男女同

本是無爲始，何期落後天；一聲纔出口，三寸已司權。
況被塵勞耗，那堪疾病纏；子肥能益母，休道不迴旋。

第三　行功　末二句女子獨用

斂息凝神處，東方生氣來；萬緣都不著，一氣復歸臺。
陰象宜前降，陽光許後栽；山頭并海底，雨過一聲雷。

第四　斬龍女子獨用

靜極能生動，陰陽相與模；風中擒玉虎，月裏捉金烏。
著眼絪縕候，留心順逆途；鵲橋重過處，丹炁復歸爐。

第五　養丹首二句女子獨用

縛虎歸眞穴，牽龍漸益丹；性須澂似水，心欲靜如山。
調息收金鼎，安神守玉關；日能增黍米，鶴髮復朱顏。

第六　胎息男女同

要得丹成速，先將幻境除；心心守靈藥，息息返乾初。
炁復通三島，神忘合太虛；若來與若去，無處不眞如。

第七　符火 五六兩句女子獨用

胎息綿綿處，須分動靜機；陽光當益進，陰魄要防飛。
潭裏珠含景，山頭月吐輝；六時休少縱，灌溉藥苗肥。

第八　接藥 男女同

一半玄機悟，丹頭如露凝；雖云能固命，安得煉成形。
鼻觀純陽接，神鉛透體靈；哺含須慎重，完滿即飛騰。

第九　煉神 男女同

生前舍利子，一旦入吾懷；慎似持盈器，柔如撫幼孩。
地門須固閉，天闕要先開；洗濯黃芽淨，山頭震地雷。

第十　服食 男女同

大冶成山澤，中含造化情；朝迎日烏氣，夜吸月蟾精。

時候丹能採，年華體自輕；元神來往處，萬竅發光明。

第十一　辟穀男女同

既得餐靈氣，清泠肺腑奇；忘神無相著，合極有空離。
朝食尋山芋，昏饑採澤芝；若將煙火混，體不履瑤池。

第十二　面壁男女同

萬事皆云畢，凝然坐小龕；輕身乘紫氣，靜性濯清潭。
炁混陰陽一，神同天地三；功完朝玉闕，長嘯出煙嵐。

第十三　出神男女同

身外復有身，非關幻術成；圓通此靈氣，活潑一元神。
皓月凝金液，青蓮煉玉眞；烹來烏兔髓，珠皎不愁貧。

第十四　沖舉 男女同

佳期方出谷，咫尺上神霄；玉女驂青鳳，金童獻絳桃。
花前彈錦瑟，月下弄瓊簫；一旦仙凡隔，泠然渡海潮。

孫不二女功內丹次第詩註

按　女丹訣傳世者，現止數種，較之男丹經，未及百分之一。已憾其少，且大半是男子手筆，雖談言微中，終非親歷之境。欲求女眞自作者，除曹文逸之靈源大道歌而外，其惟此詩乎。

原詩行世既久，無人作註。余往歲與某女士談道之餘，隨時解釋，郵寄贈之，距今已閱廿稔。舊稿零亂，雜於故紙堆中，難以卒讀。爰爲檢出，重校一過，幸無大謬，遂錄存之。固不敢自信盡得孫仙姑之玄義，但爲後之讀此詩者，闢一門徑而已。註中容有未臻圓滿處，因欲啟誘初機，故卑之毋高論耳。

收心第一

吾身未有日，一氣已先存；

吾人未有此身，先有此氣。譚子化書云：「虛化神，神化氣，氣化血，血化形，形化嬰，嬰化童，童化少，少化壯，壯化老，老化死。」此言順則成人。若達道之士，能逆而行之，使血化氣，氣化神，神化虛，則成仙矣。

一氣者，卽先天陰陽未判之氣。至於分陰分陽，兩儀既立，則不得名爲一氣。儒家云：「其爲物不二，則其生物不測。」亦指先天一氣而言。老氏之「得一」，卽得此一氣也。此中有實在功夫，非空談可以了事。

似玉磨逾潤，如金煉豈昏？

丹家常有玉池金鼎、玉兔金烏、玉液金液種種名目。大凡言陰、言神、言文火者，則以玉擬之；言陽、言氣、言武火者，則以金擬之。意謂玉有溫和之德，金有堅剛之象也。然亦偶有例外。

掃空生滅海，固守總持門；

生滅海，卽吾人之念頭。刹那之間，雜念無端而至，忽起忽滅，莫能定止。念起爲生，念滅爲死。一日之內，萬死萬生，輪迴卽在目前，何須待證於身後？然欲掃空此念，談何容易？惟有用法使念頭歸一耳。其法如何？卽固守總持門也。

總持門者，老子名爲「玄牝之門」，卽後世道家所謂玄關一竅。張紫陽云：「此竅非凡竅，乾坤共合成，名爲神氣穴，內有坎離精。」質而言之，不過一陰一陽、一神一氣而已。能使陰陽相合、神氣相摶，則玄關之體已立。

雖說初下手要除妄念，然決不是專在念頭上做功夫。若一切不依，一切不想，其弊必至，毫無效果，令人失望灰心。是宜熟思而明辨也。

紫陽此詩，另有一解，不在本篇範圍之內。

半黍虛靈處，融融火候温。

半黍者，言凝神入氣穴時，神在氣中，氣包神外，退藏於密，其用至微至細，故以半黍喻之。

虛者，不滯於跡象；靈者，不墮於昏沉。雜念不可起，念起則火燥；眞意不可散，意散則火寒。必如老子所云「綿綿若存，用之不勤」，方合乎中道。

融融者，調和適宜。温者，不寒不燥也。

此詩二句，言守玄關時之眞實下手功夫，維妙維肖。然決不是執著人身某一處部位而死守之，切勿誤會。若初學者死守一處，不知變通，將來必得怪病。

養氣第二

本是無爲始，何期落後天；

順乎自然而無爲者，先天之道；由於人力而有爲者，後天之功。吾人當未生之初，本是渾元一氣，無名無形，不覺而陷入於胎中，於是有身，既已有身，而大患隨之矣。

一聲纔出口，三寸已司權。

嬰兒在胎，僅有胎息，鼻不呼吸。及至初出胎時，大哭一聲，而外界之空氣乘隙自鼻而入，於是後天之呼吸，遂操吾人生命之權。其始也，吸入之氣長，呼出之氣短，而身體日壯。其繼也，呼吸長短平均，身體之發育，及此而止。到中年以後，呼出之氣漸長，吸入之氣漸短，而身體日衰。臨終之時，僅有呼出之機，而無吸入之機，鼻息一停，命根遂斷。三寸者，指呼吸而言。

況被塵勞耗，那堪疾病纏；

上言人身生死之常理，此言人之自賊其身也。

色、聲、香、味、觸、法，是名六塵；勞心勞力，皆謂之勞。吾人自然之壽命，本爲甚短，縱不加以戕賊，在今世甚少能過百歲者。況塵勞與疾病，皆足以傷竭人之元氣，使不得盡其天年，故多有壽命未終而中途夭折者。

或問：「六塵」之説，乃釋氏語，何故引以註丹經？答曰：非我之咎，原詩已喜用佛家名詞，如「生滅」，如「眞如」，如「舍利子」等，皆非道家所本有者，不引佛典，何能作註？

子肥能益母，休道不迴旋。

子者後天氣，母者先天氣。後天氣，丹道喻之爲水；先天氣，丹道喻之爲金。按五行之説，金能生水，是先天變爲後天也；丹道重在逆轉造化，使水反生金，是由後天返還先天也。

昔人謂爲九轉還丹，九爲陽數之極，又爲金之成數，故曰九還，非限定轉九次也。先天難於捉摸，必從後天工夫下手，方可返到先天。後天氣培養充足，則先天氣自然發生，故曰「子肥能益母」。

迴旋者，卽返還逆轉之謂。

行功第三

斂息凝神處，東方生氣來；

斂息者，呼吸之氣，蟄藏而不動也。凝神者，虛靈之神，凝定而不散也。東方者，日出之位。生氣者，對於死氣而言。

古之修煉家行吐納之功者，大概於寅卯二時，面對東方，招攝空中生氣入於吾身，借其勢力，而驅出身內停蓄之死氣。

上乘丹法，雖不限定時間與方所，然總宜在山林清靜之區，日煖風和之候，則身中效驗隨做隨來，如立竿見影。果能常常凝神斂息，醞釀薰蒸，不久卽可由造化窟中，採取先天一氣。孔子云：「先天而天弗違，而況於人乎？況於鬼神乎？」

此段作用，乃眞實工夫，非空談，亦非理想，惟證方知。

若問息如何斂？神如何凝？處在何處？來從何來？既非片語能明，且筆墨亦難宣達，須經多次辯論，多次實驗，又要學者夙具慧根，苦心孤詣，方可入門。若一一寫在紙上，反令活法變成死法。世人性情不同，體質各異，學此死法，適足致疾。非徒無益，而有害之，將何取耶？

萬緣都不著，一氣復歸臺。

昔人云：「修道者須謝絕萬緣，堅持一念，使此心寂寂如死，而後可以不死；使此氣綿綿不停，而後可以長停。」

臺者何？靈臺也。靈臺者，性也。一氣者，命也。命來歸性，卽是還丹。

張紫陽眞人云：「修煉至此，泥丸風生，絳宮月明，丹田火熾，谷海波澂，夾脊如車輪，四肢如山石，毛竅如浴之方起，骨脈如睡之正酣，精神如夫婦之歡合，魂魄如子母之留戀。此乃眞境界，非譬喻也。」以上所云，可謂形容極致。

陰象宜前降，陽光許後栽；

陽火、陰符之運用，雖出於自然，但人工亦有默化潛移之力，不可不知。

自尾閭升上泥丸，乃在背脊一路，名爲進陽火；自泥丸降下氣海，乃至胸前一路，名爲退陰符。以升爲進，以降爲退。

又凡後升之時，身中自覺熱氣蒸騰，及至前降之時，則熱氣已漸歸冷靜。此以熱氣盛爲進陽火，熱氣平爲退陰符。

二解雖義有不同，理則一貫。此中有許多奧妙，應當研究。

山頭并海底，雨過一聲雷。

呂純陽眞人步蟾宮詞云：「地雷震動山頭雨。」百字碑云：「陰陽生反覆，普化一聲雷。」邵康節先生詩云：「忽然夜半一聲雷，萬户千門次第開。」鍾離眞人云：「達人採得先天氣，一夜雷聲不暫停。」彭鶴林先生云：「九華天上人知得，一夜風雷撼萬山。」丹經言雷者甚多，不可殫述，其源皆出於周易地雷復一卦。其實則喻先天一氣積蓄既久，勢力雄厚，應機發動之現象耳。其氣之來也，周身關竅齊開，耳聞風聲，腦後震動，眼中閃光，鼻中抽掣。種種景象，宜預知之，方免臨時驚慌失措。

然女工修煉，欲求到此地步，必在月經斷絕之後。而孫詩所云，乃在斬龍之前，恐難得此效。大約此處所謂雷者，不過言行功之時，血海中有氣上衝於兩乳耳。此氣發生，丹家名曰活子時。

山頭喻兩乳及膻中部位，海底喻子宮血海部位。雨喻陰氣，雷喻陽氣。

斬龍第四

靜極能生動，陰陽相與模；

龍者，女子之月經也。斬龍者，用法煉斷月經，使之永遠不復再行也。

若問：月經何以名爲龍？則自唐朝以後，至於今日，凡丹書所寫，及口訣所傳，皆同此說，當有一種意義存於其間，暫可不必詳解。

若問：女子修道，何故要先斷月經？此則神仙家獨得之傳授，無上之玄機，非世界各種宗教、各種哲學、各種生理衛生學所能比擬。女子修煉與男子不同者，即在於此；女子成功較男子更速者，亦在於此。若離開此道，別尋門路，決無成仙之希望。倘今生不能修成仙體，束手待斃，强謂死後如何證果，如何解脱，此乃自欺欺人之談，切不可信。

或者謂：既是月經爲修道之累，必須煉斷，則老年婦人月經天然斷絶者，豈不省却許多功夫，其成就當比少年者更易？不知若彼童女月經未行者，果生有夙慧，悟徹玄功，成就自然更易；一到老年，月經乾枯，生機缺乏，與童女有霄壤之殊，何能一概而論？法要無中生有，使老年天癸已絶者復有通行之象，然後再以有還無，按照少年女子修煉成規，漸漸依次而斬之，斯爲更難，豈云更易？所以古德勸人「添油宜及早，接命莫教遲」。

靜極則動，動極則靜，陽極則陰，陰極則陽，乃理氣自然之循環，無足怪者。道德經第十五章云：「孰能濁以靜之徐清，孰能安以久動之徐生。」上句言人能靜，則身中濁氣，漸化爲清氣；下句言靜之既久，則身中又漸生動機矣。

道德經第十六章云：「致虛極，守靜篤，萬物並作，吾以觀其復。」上二句言靜極，下二句言生動。復即復卦之復。陰象靜，陽象動，五陰之下，一陽來復，亦言靜極生動也。

模者模範，所以成物。相與模者，蓋言陰陽互根，彼此互相成就而不可離之意。

風中擒玉虎，月裏捉金烏。

風者，人之呼吸也。如丹經云「後天呼吸起微風」，又云「吹噓藉巽風」，皆是此意。道書常以虎配西方金，龍配東方木。凡言鉛、言金、言虎，都屬一物，不過比喻人身中靜極而動之先天陽炁而已。

月有二義，若言性功者，則當一念不生時謂之月，謂其清淨無瑕，孤明獨照也；

若言命功，則當先天陽氣發動時，亦謂之月，譬如晦朔弦望，輪轉不忒也。金烏，卽日之代名詞。日卽離，離卽火，火卽汞，汞卽神也。當採取先天氣之時，須借後天氣以爲樞紐，故曰「風中擒玉虎」，「玉」字表其溫和之狀。石杏林眞人曰：「萬籟風初起，千山月乍圓。」正是此景。丹道有風必有火，氣動神必應。故呂純陽眞人云：「鉛亦生，汞亦生，生汞生鉛一處烹。」鉛與月，喻陽氣；汞與金烏，喻陰神。陽氣發生，陰神必同時而應，故曰「月裏捉金烏」。

著眼絪緼候，留心順逆途；

易曰：「天地絪緼，萬物化醇。」蓋絪緼者，天氣下交於地，地氣上交於天，溫和醞釀，欲雨未雨，將雷未雷，所謂「萬里陰沉春氣合」者是也。若雷雨既施，則非絪緼矣。

人身絪緼之候，亦同此理。但究竟是如何現象，則因其有難言之隱，不便寫在紙上。聰明女子，若得眞傳，則可及時下功，否則恐當面錯過。雖說有自造機會之可能，總不若天然機會之巧妙。此時如順其機而行人道，則可受胎生子；逆其機而行仙道，則可採藥還丹。然順逆之意，尚不止此。生機外發爲順，生機內斂爲逆；生氣下行變爲月經爲順，生氣上行不使化經爲逆。故道書云：「男子修成不漏精，女子修成不漏經。」

鵲橋重過處，丹炁復歸爐。

入藥鏡云：「上鵲橋，下鵲橋，天應星，地應潮。」後世丹經言「鵲橋」者，皆本於此。

凡煉丹之運用，必先由下鵲橋轉上背脊，撞通玉枕，直達泥丸，再由上鵲橋轉下胸前十二重樓，還歸元海。

上鵲橋在印堂山根之裏，下鵲橋在尾閭、會陰之間。丹炁轉到上鵲橋時，自覺兩眉之間有圓光閃灼，故曰「天應星」；丹炁由下鵲橋上升時，自覺血海之中，有熱氣蒸騰，故曰「地應潮」。此言「鵲橋重過」者，兼上下言之也。

歸爐者，歸到黃庭而止。黃庭，一名坤爐。

按 上下鵲橋，另有別解，此處不具論。

養丹第五

縛虎歸眞穴，牽龍漸益丹；

虎即氣，龍即神，眞穴大約在兩乳之間。縛虎歸眞穴者，即上陽子陳致虛所云「女子修仙，必先積氣於乳房也」。氣有先天、後天之分，煉後天氣，即用調息凝神法；採先天氣，則俟身中有生氣發動時下手。

牽龍者，不過凝神以合於氣而已。神氣合一，魂魄相拘，則丹結矣。張虛靖天師云：「元神一出便收來，神返身中氣自回；如此朝朝並暮暮，自然赤子結靈胎。」此即「牽龍漸益丹」之意。此處所謂「龍」，與斬龍之「龍」字不同。

性須澂似水，心欲靜如山。

張三丰眞人云：「凝神調息，調息凝神。」八個字須一片做去，分層次而不斷乃可。

凝神者，收已清之心而入其內也。心未清時，眼勿亂閉，先要自勸自勉，勸得回來，清涼恬淡，始行收入氣穴，乃曰凝神。然後如坐高山而視眾山眾水，如燃天燈而照九幽九昧，可謂「凝神於虛」者，此也。

調息不難，心神一靜，隨息自然，我只守其自然而已。

調息收金鼎，安神守玉關；

張三丰眞人云：「大凡打坐，須要將神抱住氣，意繫住息，在丹田中，宛轉悠揚，聚而不散，則內藏之氣，與外來之氣，交結於丹田，日充月盛，達乎四肢，流乎百脈，撞開夾脊雙關，而上游於泥丸，旋復降下絳宮，而下入於丹田。神氣相守，息息相依，河車之路通矣。功夫至此，築基之效已得一半。」又云：「調息以後天呼吸，尋眞人呼吸處。然調後天呼吸，須任他自調，方能調得起先天呼吸，我惟致虛守靜而已。眞息一動，玄關卽不遠矣。照此進功，築基可翹足而至。」

廣成子云：「抱神以靜，形將自正。無勞汝形，無搖汝精，乃可以長生。目無所見，耳無所聞，心無所知，汝神將守形，形乃長生。愼汝內，閉汝外，多知爲敗。我守其一，以處其和，故我修身千二百歲而形未嘗衰。」

按：調息之法，三丰最詳；安神之論，廣成最精。故引以爲註。本詩上句言武火，故曰「金鼎」；下句言文火，故曰「玉關」。

日能增黍米，鶴髮復朱顏。

金丹四百字云：「混沌包虛空，虛空括三界，及尋其根源，一粒如黍大。」又云：「一粒復一粒，從微而至著。」此卽「日能增黍米」之意。質而言之，不過漸採漸煉、漸凝漸結而已，非有黍米之象可尋也。

參同契云：「金砂入五內，霧散若風雨，薰蒸達四肢，顏色悅澤好，髮白皆變黑，齒落生舊所，老翁復丁壯，耆嫗成姹女，改形免世厄，號之曰眞人。」卽此詩末句之意。

或謂頭有白髮，面似嬰兒，是爲「鶴髮復朱顏」。此言誤矣。修煉家若行先天工夫，雖白髮亦必變成黑髮。苟髮白不變，僅面容紅潤，此乃後天之功，或行採補之術耳，神仙不如是也。世俗所謂仙人鶴髮童顏，乃門外語。

胎息第六

要得丹成速，先將幻境除；

幻境，卽世間一切困人之環境，窘迫萬狀，牽纏不休，至死未由自拔，待到來生，仍復如此，或尚不及今生。故修道者，必須設法斷絕塵緣，然後方收速效。世有學道數十年，毫無進步者，皆未脫俗累之故。

今按：前解雖是，然非幻境本義，因對初學說法，故淺言之耳。其實所謂幻境者，乃身中陰魔乘機竊發之種種景象：或動人愛戀，或使人恐怖，或起嗔恨，或感悲傷，或令人誤認爲神通，或引人錯走入邪路，甚至神識昏迷，自殘肢體，偶有見聞，妄稱遇聖。凡此等類，皆是幻境，必宜掃除。不經法眼，終難辨別。所以學者要從師也。世有學道數十年，毫無魔障者，皆未曾實行之故。

心心守靈藥，息息返乾初。

靈藥卽是妙有，妙有卽是眞息。心心守靈藥者，心依於息也。乾初卽是眞空，眞空卽是道心。息息返乾初者，息依於心也。初學修煉，雖能心息相依，然爲時不久，又復分離。至於胎息時，則心心息息長相依也。乾初者，指乾卦未畫之初，非謂乾之初爻。明道篇云：「觀乾未畫是何形，一畫纔成萬象生。」然則乾初者，豈非太極陰陽未判之象乎？

炁復通三島，神忘合太虛；

三島者，比喻人身上、中、下三丹田。老子曰「歸根曰靜，靜曰復命」，即「炁復」之義。

人身本自太虛中來，一落色相，則有障礙，而不能與太虛相合。惟有道者，能忘一切色相，色相既除，則與太虛相合矣。

天隱子者，道家之流也。其言曰：「人之修眞，不能頓悟，必須漸而行之。一曰齋戒，澡身虛心；二曰安處，深居靜室；三曰存想，收心復性；四曰坐忘，遺形忘我；五曰神解，萬法通神。」全篇約千餘言，未能畢錄，此其綱領也。又司馬子微坐忘論亦可讀。此等工夫甚難，非朝夕可至。然有志者事竟成，惟視人之毅力如何耳。

若來與若去，無處不眞如。

眞如者，佛家之名詞。佛典云：「如來藏含有二義：一爲生滅門，一爲眞如門。心無生滅，卽眞如矣。若背眞如，卽生滅矣。」又云：「眞謂眞實非虛妄，如謂如常無變易。」

符火第七

胎息綿綿處，須分動靜機；

陰符陽火，氣機動靜，前數段工夫已有之，不必定在胎息後也。但未到結丹地步，其氣之動，常有上衝乳頭之時男子則下衝於生殖器。既結丹，則兩乳已緊縮如童女，身內雖有動機，不能再向外發，只內動而已。動亦有時，或數日一動，或一日數動，視其用功之勤惰以爲衡。凡未動之先，及既動之後，皆靜也。

陽光當益進，陰魄要防飛。

動者屬陽，靜者屬陰。陽氣發動時，則元神亦隨之而動，氣到人身某處，神亦同到某處。陽氣發動日進，而暗以神助之，愈進愈旺，故曰「益進」。

陽極則陰生，動極必歸靜。人之魂屬陽，主上升；魄屬陰，主下降。當升之時不可降，當降之時不可升。陰魄要防飛者，意謂氣若有靜定之態，則神必助之靜室，以防其飛躁不寧。

潭裏珠含景，山頭月吐輝；

潭在下，喻血海子宮之部位。山在上，喻膻中兩乳之部位。珠之光隱而斂，月之光耀而明。曰「潭裏」，曰「含景」，言其靜而深藏之象；曰「山頭」，曰「吐輝」，言其動而顯出之機。

六時休少縱，灌溉藥苗肥。

六時者，非謂晝之六時，亦非夜之六時，乃人身虛擬默運之六時，古人又有名爲六候者，切不可拘泥天時，免致活法變成死法。若問人身六時何似？仍不外乎神氣動靜、陰陽升降之消息而已。

休少縱者，既謂念不可起，意不可散，一線到底，勿使中間斷續不貫。俟此一段工夫行畢，方可自由動作。

接藥第八

一半玄機悟，丹頭如露凝；

神仙全部工夫，到此已得一半，因內丹已結也。

露乃地面之水因熱化氣，騰散於空中，至夜遇冷，遂附著於最易散熱之物體，而凝結成露。丹道亦同此理，可以神悟，難以言傳。

雖云能固命，安得煉成形。

既已結丹，則一身精氣神皆完全堅固，決定可以長生，但未能羽化耳。此時可稱爲人仙。

仙有五等：有鬼仙，有人仙，有地仙，有神仙，有天仙。鬼仙者，不離乎鬼也，能通靈而久存，與常鬼不同；人仙者，不離乎人也，飲食衣服，雖與人無殊，而能免老病死之厄；地仙者，不離乎地也，寒暑不侵，饑渴無害，雖或未能出神，而能免衣食住之累；神仙者，能有神通變化，進退自如，脱棄軀殼，飄然獨立，散則成氣，聚則成形；天仙者，由神仙之資格，再求向上之功夫，超出吾人所居之世界以外，别有世界，殆不可以凡情測也。

鼻觀純陽接，神鉛透體靈；

此二句乃言超凡入聖之實功，不由此道，不能出陽神。當今之世，除一二修煉專家而外，非但無人能行此功，卽能悟此理者，亦罕遇之。余若自出心裁，勉爲註釋，恐人不能解，反嗤爲妄，故引自古相傳之眞空煉形丹法，以釋其玄奧之義。

眞空煉形法云：「夫人未生之先，一呼一吸，氣通於母。既生之後，一呼一吸，氣通於天。天人一氣，聯屬流通，相吞相吐，如扯鋸焉。天與之，我能取之，得其氣，氣盛而生也。天與之，天復取之，失其氣，氣絕而死也。故聖人觀天之道，執天之行，每於曦馭未升暘谷之時，凝神靜坐，虛以待之。內捨意念，外捨萬緣，頓忘天地，粉碎形骸道家常有「粉碎虛空」「粉碎形骸」等語，不過忘物忘形之意耳，不可拘泥「粉碎」二字。自然太虛中有一點如露如電之陽，勃勃然入於玄門，透長谷而上泥丸，化爲甘霖而降於五內。我卽鼓動巽風以應之，使其驅逐三關九竅之邪，掃蕩五臟六腑之垢，焚身煉質，煅滓銷霾，抽盡穢濁之軀，變換純陽之體。累積長久，化形而仙。破迷正道歌曰：『果然百日防危險，血化爲膏體似銀；果然百日無虧失，玉膏流潤生光明。』翠虛篇曰：『透體金光骨髓香，金筋玉骨盡純陽；煉教赤血流爲白，陰氣消磨身自康。』邱長春曰：『但能息息長相顧，換盡形骸玉液流。』張紫瓊曰：『天人一氣本來同，爲有形骸礙不通；煉到形神冥合處，方知色相卽眞空。』煉形之法，總有六門：其一曰玉液煉形，其二曰金液煉形，其三曰太陰煉形，其四曰太陽煉形，其五曰內觀煉形。若此者，總非虛無大道，終不能與太虛同體。惟此一訣，乃曰眞空煉形，雖曰有作，其實無爲，雖曰煉形，其實煉神，是修外而兼修內也。依法煉之百日，則七魄亡形，三尸絕跡，六賊潛藏，十魔遠遯。煉之千日，則四大一身，儼如水晶塔子，表裏玲瓏，內外洞徹，心華燦然，靈光顯現。故生神經曰：『身神並一，則爲眞身。身與神合，形隨道通。隱則形固於神，顯則神合於氣。所以蹈水火而無害，對日月而無影。存亡在己，出入無間，或留形住世，或脫質昇仙。』

按：眞空煉形一段工夫，所包甚廣，不僅爲此首詩作註脚。雖以後煉神、服食、辟穀、面壁、出神等法，亦不出此運用之外，不過依功程之淺深而分階級耳。

哺含須愼重，完滿卽飛騰。

哺含，卽溫養之意。完滿者，氣已足，藥已靈也。飛騰者，似指大藥衝關之象。若有言飛昇騰空，則尚未到時。

煉神第九

生前舍利子，一旦入吾懷；

「舍利子」乃佛家之名詞，此處比喻元神。生前者，卽未有此身之前。吾人元神，歷劫不變，變者識神也。用眞空煉形之功，將識神漸漸煉去，則元神漸漸顯出，譬如磨鏡，塵垢卽銷，光明斯現，乃知一切神通，皆吾人本性中所固有者，非從外來。

此詩云「一旦入吾懷」，似指氣之一方面而言。然此時氣與神已不可分離，言神而氣在其中，言氣而神在其中。呂祖敲爻歌云：「鉛池迸出金光現，汞火流珠入帝京。」曰「鉛池」，曰「金光」，言氣也；曰「汞火」，曰「流珠」，言神也。帝京卽中丹田，又名絳宮神室，乃心之部位。心爲一身君主，故曰「帝京」。此詩所謂「入吾懷」者，亦同此意。

愼似持盈器，柔如撫幼孩。

老子云「持而盈之，不如其已」，又云「保此道者不欲盈」，又云「大盈若沖，其用不窮」，卽此可知此聯上句之意；老子云「專氣致柔，能如嬰兒乎」，又云「我獨泊兮其未兆，如嬰兒之未孩」，又云「人之生也柔弱，其死也堅强」，卽此可知此聯下句之意。

地門須固閉，天闕要先開；

凡言地者，皆在人身之下部；凡言天者，皆在人身之上部。修煉家最忌精氣下洩，故凡下竅皆要收斂緊密。一身精氣，漸聚漸滿，旣不能下洩，必上衝於腦部，斯時耳聞風聲，目覩光掣，腦後震動，臍下潮湧，異景甚多。

龍門派第十七代，廣西洪教燧君，傳有金丹歌一首，尚未行世，曾記其中有句云「萬馬奔騰攻兩耳，流星閃電灼雙眉；若還到此休聲慢，牢把心神莫動移」，卽言「閉地門」「開天闕」時之現象。

洗濯黃芽淨，山頭震地雷。

呂祖度張仙姑有步蟾宮詞云：「地雷震動山頭雨，要洗濯黃芽出土。」黃芽者，大還丹之別名也。此處言「山頭」，大約是指上泥丸宮。前詩第三首亦云：「山頭并海底，雨過一聲雷。」據字面觀之，似無差別，以實際論，則效驗大異。

洗濯之作用，不外乎靜定。凡丹道小靜之後，必有小動；大靜之後，必有大動。其靜定之力愈深，則震動之效愈大。充其震動之量，直可衝開頂門而出，然非大靜之後不克至此。

今按：靜定之力，吾人能自作主，可以由暫而久，由淺而深。若夫震動之效，乃是順其自然，非人力可以勉强造作，似乎不能由人作主。但小靜必小動，大靜必大動，其反應百不爽一。常人所以無此效驗者，因其未能靜定故。修煉家所以不能得大效驗者，因其雖知靜定，而靜定之力猶嫌薄弱故。釋門學禪者，亦能靜定數日，而終久無此效驗者，因其徒知打坐不知煉氣故。

附註　舍利子在此處爲內丹之代名詞，然非佛家所謂舍利之本意。究竟舍利子與金丹是同是異，修佛與修仙其結果有何分別，皆吾人所急欲知者，而各家經書咸未論及。雖楞嚴經有十種仙之說，是乃佛家一面之辭。除佛經外，凡中國古今一切書籍記載，皆未見有十種仙之名目，似未可據爲定論。吾國人性習素尚調和，非但儒道同源，本無衝突，即對於外來之佛教，亦復不存歧視，彼此融通。較他教教義之惟我獨尊者，其容量之廣狹，實大不同。

而青華老人之論舍利，尤爲公允。意謂佛家以見性爲宗，精氣非其所貴。萬物有生有滅，而性無生滅。涅槃之後，本性圓明，超出三界，永免輪迴。遺骸火化之後，所餘精氣，結爲舍利，譬如珠之出蚌，與靈性別矣。而能光華照耀者，由其精氣聚於是也。人身精氣神，原不可分，佛家獨要明心見性，洗發智慧，將神光單提出來，遺下精氣，交結成形，棄而不管。然因其諸漏已盡，禪定功深，故其身中之精氣，亦非凡物。所以舍利子能變化隱顯，光色各別。

由此推之，佛家所謂不生不滅者，神也，卽性也。其舍利子者，精氣也，卽命也。彼滅度後，神已超於象外，而精氣尚留滯於寰中也。

若道家，則性命雙修，將精氣神混合爲一，周天火候，煉成身外之身，神在是，精在是，氣在是，分之無可分也。故其羽化而後，不論是肉體化炁，或是尸解出神，皆無舍利之留存。性命雙修之士，將此身精氣神團結得晶瑩活潑，骨肉俱化，毛竅都融，血似銀膏，體如流水，暢貫於四肢百節之間，照耀於清靜虛無之域，故能升沉莫測，隱顯無端。倘偶有坐化而遺下舍利者，其平日工夫，必是偏重於佛教方面，詳於性而略於命也。

釋、道之不同如此：佛家重煉性，一靈獨耀，迥脫根塵，此之謂性長生；仙家重煉炁，遍體純陽，金光透露，此之謂炁長生。究竟到了無上根源，性就是炁，炁就是性，同者其實，異者其名耳。

服食第十

大冶成山澤，中含造化情；

大冶本意爲鎔鑄五金，今以之喻造化之偉功。乾坤爲爐鼎，陰陽爲水火，萬象從玆而鑄成，是萬物共有一太極也。山與澤乃萬物中之一物，而山澤中又有造化，是一物各得一太極也。山澤通氣，震兑相交，而造化之情見矣。

修仙者，貴在收集虛空中清靈之氣於身中，然後將吾人之神與此氣配合而煉養之，爲時既久，則神氣打成一片，而大丹始成。

後半部工夫所以宜居山者，因山中清靈之氣較城市爲優耳。但入山亦須稍擇地勢，或結茅，或住洞，要在背陰面陽避風聚氣之所，山後有來脈，左右有屏障，中有結穴，前有明堂，此乃乾坤生氣蘊蓄之鄉。日月升沉，造化輪轉，道人打坐於其間，得此無限精靈之氣，以培養元神，有不脱胎換骨者乎？

朝迎日烏氣，夜吸月蟾精。

蚌受月華而結珠胎，土得日精而產金玉，人知採取日月精華，則可以結就仙丹，變化凡體。

至其所以採取之法，到此地步，自能領悟，不必執著跡象，致礙圓通。若易筋經所言採日精月華法，乃武術煉養之上乘，非仙家之玄妙也。

時候丹能採，年華體自輕；

採天地之靈氣以結丹，須識陰陽盛衰之候；奪造化之玄機而換體，必經三年九載之功。

元神來往處，萬竅發光明。

此言周身毛竅皆有光明發現。丹經云「一朝功滿人不知，四面皆成夜光闕」，亦同此意。其所以有光者，或者因身中電力充足之故。世上雷錠能自發光，經過長久時期，而本體不減毫釐。彼無知之物質，且靈異若此，又何疑乎仙體？

辟穀第十一

既得餐靈氣，清冷肺腑奇；

此實行斷絕煙火食也。所以能如此者，因靈氣充滿於吾身，自然不思食，非枵腹忍饑之謂也。

忘神無相著，合極有空離。

忘神者，此時雖有智慧而不用，若賣弄聰明，則易生魔障。無相著者，謂無色相之可著也。

合極者，合乎太極也。合乎太極者，卽神氣合一，陰陽相紐也。如是則不落頑空，故曰有空離，謂遇空即遠離也。

第三句言不著於色，第四句言不著於空，色空兩忘，渾然大定。

朝食尋山芋，昏饑採澤芝；

芋爲普通食品，人皆知之。芝形如菌，上有蓋，下有柄，其質堅硬而光滑，本草載有青、赤、黃、白、黑、紫六種，服之皆能輕身延年。若仙經所標靈芝名目，多至數十百種，不可畢陳，然非常人所能得也。

若將煙火混，體不履瑤池。

仙體貴乎清靈，若不絕煙火食，則凡濁之氣混入體中，安有超脫之望？

瑤池者，女仙所居之地。集仙傳云：「西王母宮闕，左帶瑤池，右環翠水。」

面壁第十二

萬事皆云畢，凝然坐小龕。

面壁之說，始於達磨。當梁武帝時，達磨止於嵩山少林寺，終日面壁而坐，九年如一日。故後世道家之修靜功者，皆曰面壁，今之佛家反無此說，徒知念「阿彌陀佛」而已。

辟穀一關，既已經過，不但煙火食可以斷絕，卽芝芋之類亦可以不食矣。古仙修煉到此程度時，大半擇深山石洞而居之，令人用巨石將洞口封沒，以免野獸之侵害，及人事之煩擾，且不須守護者。但此事在今日，未必相宜。

普通辦法，卽於山林清靜之處，結茅屋數椽，以備同道棲止。然後用木做一小龕，其中僅容一人坐位，墊子宜軟厚，前開一門，餘三面須透空氣而不進風，最好用竹絲編簾遮蔽，如轎上所用者。人坐其中，不計日月，直至陽神出殼，始慶功成。惟晝夜須有人守護，謹防意外之危險。中間若不願久坐，暫時出來亦可，此時身內已氣滿不思食，神全不思睡。其外狀則鼻無呼吸，脈不跳動，遍體溫煖，眼有神光。其身體內部之作用，自與凡夫不同，不可以常人之生理學強加判斷。此等現象，今世尚不乏其人，余昔者固親見之矣。然皆未知其有何等神通，是或丹經所謂慧而不用者乎？

今按：自本首第三句以後，直至第十四首末句爲止，概屬不可思議之境界，故未作註。當日某女士尚疑余固守秘密，致書相詰，奈余自訪道至今已三十年矣，實未曾目覩陽神是何形狀，如何出法。卽當日師傳，亦不及此，僅云時至自知。故對於出神以後種種作用，因無實驗，不敢妄談。且學者果能行面壁之功，何患不知出陽神之事？請稍安毋躁，以待他年親證可乎？

出神第十三

身外復有身，非關幻術成。

今按：此首若完全不註，未免令讀者意有缺憾。若每句作註，又苦於不能落筆。只得將前賢語錄摘鈔數條，以見出神之時，是何景象，出神之後，尚有工夫。欲知其詳，請博覽丹經，眞參實悟，非此編所能限也。

青華老人語錄曰：「陽神脱胎之先兆，有光自臍輪外注，有香自鼻口中出。既脱之後，則金光四射，毛竅晶融，如日之初升於海，如珠之初出於淵。香氣絪緼滿室，一聲霹靂，金火交流，而陽神已出於泥丸矣。出神以後，全看平日工夫。若陽神純是先天靈氣結成，則遇境不染，見物不遷，收縱在我，去來自如。一進泥丸，此身便如火熱，金光復從毛竅間出，香氣亦復絪緼。頃刻返到黃庭，雖有如無，不知不覺，此眞境也。若平日心地未能虛明，所結之胎，決非聖胎，所出之神，原帶幾分駁雜，一見可懼則怖生，一見可欲則愛生，殆將流連忘返，墮入魔道。此身既死，不知者以爲得仙坐化，誰知陽神一出而不復者，殆不堪問矣。」「問曰：『倘心地未純，而胎神已出，爲之奈何？』師曰：『必不得已，尚有煉虛一著。胎神雖出，要緊緊收住，留他做完了煉虛一段工夫，再放出去，則眞光法界，任意逍遥，大而化之矣。煉虛全要胸懷浩蕩，無我無人。何地何天，覺清空一氣，混混沌沌中，是我非我，是虛非虛，造化運旋，分之無可分，合之無可合，是曰煉虛。蓋以陽神之虛，合太虛之虛，而融洽無間，所謂形神俱妙，與道合眞，此乃出胎以後之功，分身以前之事也。』」「問：『陽神陰神之別如何？』師曰：『陰未盡而出神太早，謂之陰神。其出之時，或眼中見白光如河，則神從眼出；或耳中聞鐘磬簫管之音，則神從耳出。由其陽氣未壯，不能撞破天關，故旁趨別徑，從其便也。旣出之後，亦自逍遥快樂，穿街度巷，臨水登山。但能成形，不能分形。但能遊走人間，不能飛騰變化。若盛夏太陽當空，則陰神畏而避之。是以雖帶仙風，未離鬼趣。』」「問：『陰神可以煉爲陽神乎？』師曰：『可。學仙之士，不甘以小乘自居，只得於陰神旣出後，再行修煉。將那陰神原形粉碎，傾下金鼎玉爐，重新起火。火候足時，自然陰盡陽純，眞人顯象。』」「問：『陰神如何能使原形粉碎？』師曰：『忘其身，虛其心，空洞之中，一物不生，則可以換凡胎爲靈胎，變俗子爲眞人，而事畢矣。』」「問：『身外有身之後，還做什麼工夫？』師曰：『善哉問也！

此其道有二：　下士委身而去，其事速；　上士渾身而去，其事遲。當陽神透頂之後，在太虛中逍遥自樂，頃刻飛騰萬里，高踏雲霞，俯觀山海，千變萬化，從心所欲。回視幻軀，如一塊糞土，不如棄之，是以蜕骨於荒巖，遺形而遠蹈，此委身而去者之所爲也。若有志之士，不求速效，自願做遲鈍工夫，陽神可出而勿出，幻軀可棄而勿棄，保守元靈，千燒萬煉，忘其神如太虛，而以純火烹之，與之俱化，形骸骨肉，盡變微塵，此渾身而去者之所爲也。並列於此，聽人自擇，有志者不當取法乎上哉！』」

沖虛子語錄：「或問：『陽神之出，非必執定要身外有身，已承明命。但若果無形相可見，何以謂之出陽神？』答曰：『本性靈光，非有非無，亦無亦有，隱顯形相，安可拘一？昔劉海蟾眞人以白氣出，西山王祖師以花樹出，馬丹陽眞人以雷震出，孫不二元君以香風瑞氣出。此數者雖有相可見，而非人身也。又南嶽藍養素先生以拍掌大笑而出，邱長春眞人自言出神時三次透天門，直下看森羅萬象，見山河大地如同指掌，此二者皆無相可見，而亦非身也，何必拘泥於身外有身而後爲出哉！』」

「問：『何故有此不同？』答曰：『當可以出定之時，偶有此念動而屬出機，未有不隨念而顯化者。故念不在化身，則不必見有身；　念若在化身，則不必不見有身。予之此言，但只爲我鍾、吕、王、邱、李、曹諸祖眞人門下得道成仙者而說，是謂家里人說家常話，非爲旁門凡夫惡少言也。彼雖聞之，亦無所用。後世凡出我長春邱祖門下的派受道者，必須記知，庶免當機驚疑也。』」

沖舉第十四

佳期方出谷，咫尺上神霄。

沖舉者，卽世俗所謂白日飛昇是也。參同契曰：「勤而行之，夙夜不休。伏食三載，輕舉遠遊。跨火不焦，入水不濡。能存能亡，長樂無憂。功滿上昇，膺籙受圖。」從古卽有是說，但在今時，旣未嘗見聞，理論上又苦無證據。若以歷代神仙傳記爲憑，自然如數家珍，聽者或樂而忘倦，顧又疑其僞造事實，提倡迷信。必須求得一平素而不信仙道之人，在伊口中或筆下得一反證，而後方能無疑。試觀唐韓退之先生所作謝自然詩云：「果州南充縣，寒女謝自然；童騃無所識，但聞有神仙。輕生學其術，乃在金泉山；繁華榮慕絕，父母慈愛捐。一朝坐空室，雲霧生其間；如聆笙竽韻，來自冥冥天。簷楹暫明滅，五色光屬聯；觀者徒傾駭，躑躅詎敢前。須臾自輕舉，飄若風中煙；茫茫八紘大，影響無由緣。里胥上其事，郡守驚且歎；驅車領官吏，甿俗爭相先。入門無所見，冠履同蛻蟬；皆云神仙事，灼灼信可傳。」後半段從略。果州在今四川順慶府。

通篇三百四十字，前半叙事，後半議論，凡惡劣名詞，幾全數加於其身，如「寒女」「童騃」「魑魅」「恍惚」「日晦」「風蕭」「神姦」「魍魎」「幽明」「人鬼」「木石」「怪變」「狐狸」「妖患」「孤魂」「深冤」「異特」「感傷」等字句，極盡詆毁之能事。可知韓先生絕不信世有神仙。雖然韓先生末後之主張亦不過曰「人生有常理，男女各有倫；寒衣及饑食，在紡績耕耘。下以保子孫，上以奉君親；苟異於此道，皆爲棄其身」云云。嗚呼！此等見解，何異於井底之蛙，褌中之蝨，安足以饜吾人之望乎？

夫神仙所以可貴者，在其成就超過庸俗萬倍，能脱離塵世一切苦難，解除凡夫一切束縛耳，非徒震於神仙之名也。名之曰「神仙」可，名之曰「妖魔鬼怪」亦可，所爭者事實之眞僞而已。謝自然上昇事，在當時有目共見，雖韓先生之倔强，亦不能不予承認。奈其素以儒教自居，闢佛闢老，道貌儼然，一朝改節，其何能堪！覩兹靈跡，被以惡名，亦無足怪。吾人讀墉城集仙録一書，紀謝自然女眞生平神奇事蹟，至爲詳悉，惟不敢遽信爲眞實。今讀此詩所云「須臾自輕舉，飄若風中煙」「入門無所見，冠履同蜕蟬」諸語，然後知沖舉之説信不誣也。後之學者，可不勉哉！

靈源大道歌白話註解

陳攖寧

靈源大道歌白話註解題詞一

大著弘仙學，天花落講筵；陰陽宣秘諦，造化失威權。
妙論超羣教，高風異昔賢；他年如有約，海上訪成連。

福建連城習善堂吳竹園拜題

靈源大道歌白話註解題詞二

本是清虛境裏來，迷眞逐妄着塵埃；
感君指點還源路，識得先天道眼開。

羅浮山人李慕白由香港寄贈

本书序跋各篇，甚关重要，请读者注意！

蔣竹莊先生序

老子道德經說「谷神不死」，莊子南華經言之更詳，曰「神凝」，曰「官止神行」。至達生篇中，更言「復精」「守氣」「藏神」，舉精、氣、神三者具述之，而最後工夫即在養神。是可知養神者，乃修道之上乘也。

靈源大道歌，宋徽宗時曹文逸女眞人所作，明白說理，注重神氣，無鉛汞、龍虎等代名詞，極便初學。顧自宋至今，八百餘年，無人注意及此，深爲婉惜。皖江陳攖寧先生，特表而出之，且用白話註解，條分縷析，詳略得宜。讀者得此，可以循序進修，便莫便於此。且可由神氣混合而直造無爲之大道，不亦易簡而理得哉！

陳君以此書將付剞劂，囑余一言弁其首。余學道數十年，老而無成，實不足以叙此書，重以陳君之命，勉爲數語以塞責云爾。

戊寅冬日蔣維喬叙於因是齋

張任父先生序

靈源大道歌，不見於道藏，向來行本絕少。清賀龍驤刻入道藏輯要「奎」字帙中，題曰「至眞歌，海蟾眞人劉玄英撰」。考圖書集成神異典引羅浮山志云「宣和中，有曹仙姑居京城，明於丹術，嘗作大道歌，深得旨要」；又考體眞山人汪東亭之論是歌也，亦曰「劉祖著還金篇、還丹歌，皆鉛汞對待，何獨於此歌只言汞而不言鉛耶」，因謂此歌實出於曹仙姑之手。按汪氏謂「女眞著作，皆言汞不言鉛，言水不言火」，其說雖不足以爲定論，然細詳此歌，文字思想，皆與海蟾還金、還丹諸篇不類，其爲曹仙姑所作蓋無可疑。

仙姑名字里貫，俱無可考，惟據圖書集成引羅浮山志，知其爲宋徽宗宣和中女眞，工詩賦，明丹術。宋徽宗廣求學仙之徒，仙姑與吴妙明皆被徵至京師，勅封「文逸眞人」，靈源大道歌即作於斯時，誠歷代女眞所著丹經之最古者也。其書闡揚玄理，發明丹道，皆能直指要妙，發其本根，惜世間傳本既少，湮没堪慮。皖江陳攖寧先生，獨戚然憂之，於是詳加註解，重授剞劂。書成，屬高觀如兄以原稿見示，且問序於余。余於斯道，蓋有志焉而未能入門，何敢贊一辭？顧於先生之深通丹道，欽遲已久，亦不可無一語以致其拳拳之意，故敢有所述焉。

夫仙道以人爲主，人則以性命爲宗。無主則道不生，無性命則身不立。仙道多門，取用非一，道有淺深，人有智愚，天下之道雖殊途而同歸，百慮而一致，然從粗入妙，各有等差，腦跡符眞，非同一見。世俗無知，乃橫生異解，入主出奴，隱若敵國。甚或好貨之徒，故作荒唐無稽之談，使初學之士，效驗未收，流弊已生。此丹道之所以難行也。

是編獨揭大道，毫無隱語，首論玄理，次主絕俗，莫非穩妥篤實法門，能一掃彼宗繁蕪之說。而要之以中，存神定氣，翕聚元和。其於撥亂反正之理，性命合一之道，論之甚詳。攖寧先生更因而廣之，以爲之註。其宣通疑滯，解説道要，皆淺顯明白，切近不支。至其於書中之名詞，解釋尤稱詳審。凡歷代丹經名詞之紛紜而無從得其確解者，靡不一旦而豁然貫通，使琅函秘籍，人人得而讀之。學者苟循是以求，何難超凡入聖？是先生之鼓聾發昧，功亦巨矣。

中華民國二十七年戊寅十二月十五日壽縣任父張壽林序

洪太庵先生序

仙學者，乃人類進化之學，而成仙則爲人類進化之結果。衡以世界事事物物進化公例，固無足異，乃世人恒以怪誕目之，可謂淺識矣。

溯自混元既判，草昧初開，不知經幾千萬年之絪緼，始有人類。又不知經幾千萬年之變化，始演成今日之人。人之智慧雖日增，人之技術雖日巧，而於衰老病死，終不能避免。豈畢竟無法以抗此定律乎？毋亦人類之進化有未至歟。

然而好生惡死，人之常情也。既同具此情，乃不用其智慧與死神爭，徒知憑藉技術之巧，以相殺爲能事。嗚呼！可其悖謬一至於此耶！我古昔聖眞早有所見矣，故史家謂「黃帝且戰且學仙」，而老子則有「利而不害」「爲而不爭」「歸根復命」「長生久視」之道。夫唯不相害，故不相爭，不相爭，故不相殺，然後人類之肉體得以苟全。能全形，則能復命，能復命，則能長生，然後人類之精神方能超脱。

試觀四千六百年前，廣成訓黃帝之語，豈不深切而著明乎？黃老既邈，歷代繼起之仙人，成道後，卽高踵遠蹠，或並其訣亦秘而不宣。卽有著述流傳，亦復辭多隱約，八卦五行，龍虎鉛汞，使後之讀者，如墮五里霧中，無從得其出路。彼輩爲一身一時計，則得矣。如衆生何？如天下後世何？

今夫衰老病死，固常情所同惡也。慨自戰禍蔓延以來，海宇驚飈，中原沸鼎，伏尸百萬，流血千里，破產亡家轉於溝壑者，其數何止億兆？人生斯世，雖欲求其衰老病死而不可得。悲哉！

攖寧吾師，乘再來之願，本渡世之心，不惜費四十載之精神，窮研仙學，並改革古仙自了之觀念，隨機方便，接引緣人。其所著書，未公諸世者，吾不得而言。已行世者，則有黃庭經講義、孫不二女丹詩註，與夫揚善半月刊之宏篇鉅製，微妙玄通，獨具手眼，學者多能識之。

茲值國難期間，又有靈源大道歌白話註解之作。此書明白簡要，易知易行。復經我師拈出「神」「氣」二字，爲一篇之主腦。夫神氣者，乃吾身中所固有，不求於人，不假於物，信受而奉行之，可以躋聖域，可以避衰老，可以却死病。若修到極致者，或將來竟能以肉體證得之神通，打倒科學戰爭之利器。不觀夫電乎？人一觸卽死，物一觸卽毀，其潛在之能力，誠高於一切，而其破壞範圍，却至有限。自十九世紀後，經白種人發明而利用之，於是科學世界，乃日新而靡有已。人謂世界進化，歸功於蒸汽，然以視電力，則猶小巫之見大巫矣。

夫電卽天地之元氣也，人卽天地之元神也。故天、地、人稱爲三才。假使有天地而無人，不過一混沌世界而已，電力何由而見？既有人焉，復能取電力而支配之，譬如修煉家元神與元氣合一，其能力乃眞不可思議。科學新發明，有所謂死光者，毀滅力無可限量，其實卽以極大電力爲之。而此電力者，豈非出自人工製造乎？死光今雖未用於戰爭，但早遲終有實現之一日，試問尚有何物能抵禦此乎？戰艦飛機，坦克大炮，能遇之而不摧乎？攖公所謂以肉體證得之神通，打倒科學戰爭之利器，信非徒託空言矣。

蓋肉體卽是人身，而一人之身，卽是一小天地。電卽人身之元氣，眞意卽人身之元神，以元神馭元氣，而使神氣合一，則小而固一身之邦國，大而極變化之能事。譬如製造死光，不出於科學家之試驗室，而出於仙學家之丹田，有何不可乎？若夫人類之衰老病死，皆由元氣散漫，無眞意以主宰之，故日朘月削，而消磨於不知不覺之中。是以程子雖致疑於飛昇，而獨信長生有道，意謂如以燭火當風，則油易枯而火易滅，若置之密室，則其燃燒時間，可以長久。是知當風而燭火易滅者，卽元氣散漫，無主宰之謂也；密室而燭火不易滅者，卽元氣統攝，有主宰之謂也。噫！人類所以自戕其壽命者，豈非胥出於身中之毫無主宰乎？

且今之醫學家有言，人類疾病，皆由於微菌，必用藥力消滅之，而疾病始瘳。道家又有守庚申之說，謂必殺盡三尸五蟲，始能成道。夫三尸五蟲，卽人身潛伏之微菌也。人之元氣旺盛，則微菌伏而不動，元氣一衰，則微菌出而肆虐。設醫藥不得其道，雖有賁育之勇，亦只束手待斃而已。道家有見及此，於是刻苦修持，無間晝夜，統攝身心，以神馭氣，眞火內煉，殺盡尸蟲。蓋三尸五蟲之害道，等於微菌之害身，果一掃而空之，則疾病可以不生，人身可以不死。故醫學家言，雖確實有據，其功效只能愈疾病，而不能致長生；道家之說，固不能由顯微鏡中而證明，但其統攝身心，運動元氣，蒸融關脈，變換筋骨，則眞不死之道也。

雖然，老子謂大患在於有身，無身復有何患。此則道祖垂教之深心，欲令世人於既得長生之後，進一步再求超脫。蓋所謂無身者，卽是精神已離軀殼，而跳出陰陽五行之外，純然炁體用事，與造化大氣同流，水火烏能侵，刀兵烏能害。此乃上士修煉之極功，非下士所敢望其項背。惟是上士人少，而下士人多，則又不得不為有身之下士說法，故有三千、八百之功行，五等仙階之級數，毋亦誘人爲善，使先立根基，而後授之以道，及至功行圓滿，無人非，無鬼責，雖有身亦復何患乎？此又古仙接引後學之微意也。

昔張紫陽仙師，三傳匪人，三遭天譴。夫天亦何與其事，是必所傳之人，不爲善而爲惡，惡由妄念而生，匪由妄念而作。既有妄念，則靈臺不能清淨，而所得之口訣，亦不生效驗。由是而謗道誣師，致陷其師於官刑，遂乃引爲大戒耳。然後知世間學道之人，善念不生，功行不積，固無由得師，妄念不除，靈臺不淨，亦無由成道。故講求人類進化學者，其必以仙學之道德爲依歸，内外兼修，而達到成仙之階段，則今日大地之魔火窟，安知不能一變而爲諸天之玉華樓乎？

道不負人，吾輩其勉之哉。

中華民國廿七年戊寅仲秋門人太庵洪萬馨拜序於香江旅次

高克恭先生序

史稱道家爲君人南面之學，秉要執本，清虛自守，謙柔制剛，退讓爲進，治化於無爲，操勝於未戰。又復脩然玄覽，拔乎塵寰，以至於無爲而無不爲，所謂菩薩度世之道，莫之能外也。

嗟夫！當今之世，四海沸騰，魔外侵陵，人居水火。有大心者，固未容飄然遐引，悠然高蹈，作自了漢，趣涅槃城也。然而時會風雲，遇合有數，動靜出處，自有其機，則是玄門性命之功，神仙煉養之術，正可爲哲士修身，藏器待時，聖賢治平，博施濟眾之用，照徹昏衢，引登覺路，莊嚴穢土，安定狂瀾，豈異人任哉？

吾師攖寧先生，學通內外，道擅南北，高度遠識，殷殷誨人。余自丁丑之夏，得遇先生，備蒙指示，粗窺玄妙。顧以時值喪亂，四方奔走，未獲留侍講席，竊自悵憾。所幸先生講授之餘，輒有撰述，受讀獲益，良非淺鮮。

今日過滬，先生復以仙學院講義第一種靈源大道歌白話註解見示，深覺此歌顯揚大道，發其本根，開示眞源，不雜隱語。更經先生明爲疏解，宣其蘊要，決疑通滯，簡擇精詳。

使讀者易知，知者易行，誠可謂入聖之明燈，超凡之舟楫也。

嗟夫！先生固有意於經世者，其未用於世者時也。雖治世之願未償，而度世之道以宏，寧非吾人之大快歟。

戊寅孟冬高克恭敬題

趙慧昭女士序

去歲春正，由翼化堂善書局購閱孫不二女丹詩註及女子道學小叢書，知各書皆出自皖江陳攖寧先生手筆。景慕之餘，亟思訪翼化堂主人張竹銘君，冀爲先容。適滬戰爆發，遂致中阻。今以機緣成熟，幸得陳蕭亮、沈霖生兩君之介紹，獲得見攖寧先生。飫聆高論，並讀其揚善刊中諸作，尤深傾倒。始悉先生研究玄學已四十年，讀破道書萬卷，平日對於女丹，特別注重。註解各書，簡要詳明，使讀者易窺門徑。誠我女界學道者之良導師也。

邇來諸同志創設仙學院，公請先生演講道要。列席旁聽者，坤道居多。最能令人滿意者，卽先生善於因人說法，隨程度之高低，定課程之深淺。雖其權巧方便，不執於一法，不偏於一門，而尤推靈源大道歌白話註解爲上中下三根普渡也。

慧昭修道有心，自慚不學。前讀青華老人唱道眞言，始終以「煉心」二字貫徹到底，並無秘訣可傳。後讀曹文逸女眞人靈源大道歌，亦不提龍虎鉛汞等事。通篇除闡明玄理而外，不過勸人斷絕俗情而已，竟未見口訣藏在何處。然此篇乃古代女眞第一部作品，行世垂八百餘年，學道者羣相推許。竊料其中或有奧妙，未必概屬空談，因此疑懷莫釋。今得攖寧先生白話註解，始恍然大悟矣。

蓋眞言所謂煉心者，本兼有「動」「靜」二義。動煉者，卽此篇所謂「應物無心神化速，戰退陰魔加慧力」之類是也；靜煉者，卽此篇所謂「齋戒寧心節言語，閒閒只要養元神」之類是也。又如唱道眞言上卷十段所謂「先天一意」「太極一圈」，十一段所謂「玄關一竅」，十三段所謂「一元常見」，二十七段所謂「忽然一覺」，二十九段所謂「躍然一動」，種種形容，皆不離乎「一」。此篇所謂「太極布妙人得一，得一善持謹勿失」，又謂「混合爲一復忘一，可與元化同出沒」云云，亦單提直指「一」字上之工夫，較眞言玄旨，絲毫無間。誠哉，古聖昔賢，其揆一也。

攖寧先生讀者須知第四條，開示兩件要義，第一要悟通玄理，第二要斷絕俗情，否則，縱得口訣，亦無用處。而唱道眞言上卷五段，亦謂心源未澈，情欲纏繞，則築基必傾，藥材多缺；下卷五十八段，又謂七情六欲之身，不能作大丹之爐鼎；六十九段，又謂俗情未除，胎仙豈結。二書互相印證，始信攖寧先生之語，爲確有可憑。世間學道者，俗情果能去盡，而後玄理愈明。玄理既明，則知道在目前，毋勞遠索，人人有分，個個全眞，尚何男女異同之足辨哉！

今夫文章之妙，固不限字數之多寡，眞言累數萬字而不厭其詳，大道歌僅九百字而不嫌其略。但爲學者易於念誦計，則大道歌尤屬切要。況乃歷代女眞著作之祖乎？此篇文字，有幾處每覺其隱奥難明，自攖寧先生白話註解出，而後見地塵消，義天日朗，其嘉惠後學之功爲何如耶？

本書原是講義體裁，乃先生主講仙學院時，按期口授而筆錄者。慧昭亦爲席前聽講之一員，玆喜出版在卽，特追叙其顚末如此。

戊寅閏七月七日趙慧昭謹序

朱昌亞女士序

佛與仙之別，昔者吾不得而知也，知之自讀揚善半月刊中攖寧先生各種著作始；仙與道之別，吾更不得而知也，知之自讀靈源大道歌中攖寧先生白話註解始。揚善刊出至九十九期後，正值非常時局，遂停止發行，讀者數千人，每引以爲憾。今者幸有大道歌註解出版，庶幾稍慰學道諸君渴望之情矣。

夫仙學與道學，其不同果安在乎？**攖寧按** 道家之學，本是古代中華民族政治界最高首領的修養法，所謂達者兼善天下也。後來治國者不講此道，只有些山林隱士尚能够懂得其中一部分理論，他們利用黃老治國之道以治其身，遂一變而爲自了漢，所謂窮則獨善其身也。即如老子著書，意在發揚黃帝之道，而老子的事功竟不及黃帝的萬分之一，此乃受客觀條件所支配，雖有大心者亦無可奈何，只好終身做隱君子，僅留下五千餘言的道德經供後人當做哲學研究而已。——中華民國廿八年三月，陳攖寧於仙學院。　蓋聞古今學仙者，必從煉丹下手，不煉丹，不足以成仙也；學道者，則無煉丹之必要，只須後天神氣合一，返還到先天之性命，再使先天之性命合一，歸本於清靜自然，而道可成矣**攖寧按** 四句話包括盡了。試問二者孰爲優劣乎？曰：此則視學者立志如何，無所謂優劣也。立志於返老還童、長生住世、陽神脱殼、白日飛昇者，則學仙；　立志於德配天地、功參化育、神歸渾穆、體合虛無者，則學道。是故仙有五種等級之分，而道止有一；　仙固不能離道而獨存，道則以有仙而愈顯其妙用；　仙乃大道全體中一部分之結晶，而道則宇宙萬物共同之實相。　明乎此，則仙道之辨，判然矣。

所謂成仙者，卽是將此玄妙無形之道，在陰陽爐鼎中，密集煆煉，提出精華，使其團結不散，而成爲靈感有形之仙；　所謂成道者，卽是將此大患有形之身**攖寧按**　此處雖也說大患有形之身，但非解釋老子，在動靜修持中，陶冶銷融，去盡重濁，使其輕清超脱之元神，返本還原，和宇宙本體無形之道合而爲一**寧按**　成仙與成道的分別，雖是我當日在諸同學面前講過，假使沒有這樣精妙簡潔的文筆，也不能把這種深奧的理論表示出來。若用白話寫，就累贅多了，恐怕幾十句話還說不明白，是值得贊美的。。

如參同契、抱朴子、呂祖詩集、三丰玄要篇等書，卽仙學之代表也；　如邵康節、黃元吉諸前輩著作，以及唱道眞言等書，卽道學之代表也。　雖仙學書中，亦偶爾談道，然其宗旨，則偏重於仙也；　道學書中，亦雜用仙學名詞，然其宗旨，則偏重於道也。　正派仙學，必不走旁門邪徑；　先天大道，更不是孤寡頑空。

以上所述仙道辨別，至爲明晰，或可以補充白話註解中未曾洩漏之玄機，學者果能會而通之，當勝過讀遍丹經道書萬卷。　蓋此寥寥數語，乃古昔聖賢所未嘗顯言者。　昌亞不敏，烏足以知此，近常聽講於仙學院，側聞攖寧先生之緒論，遂筆以記之耳。嗟乎！學者茫昧久矣，今得先生一言，非但千百年來仙道兩家互相詆毀、互相輕視之心理可以除，即彼三教混同，仙道不分，强人就己，張冠李戴，隔靴搔癢，借題發揮諸流弊，亦廓然頓絕。其有功於學術界者，不亦源遠而流長耶！豈僅吾黨同門之幸歟仙與道之界說，前人未言，後人雖言，亦不能有加於此，昌亞云云，實非私譽！

若夫白話註解屬稿之因緣，已詳於趙序；仙學與人類進化之關係，以及科學與仙學之比較，洪序已宣闡盡致。洋洋大觀，吾何容贅焉？

中華民國二十七年戊寅中秋上海朱昌亞拜識於仙學院

讀者須知

一　靈源大道歌，雖是女眞著作，但不是專講女丹口訣。凡是學道的人，無論男女老少，用這個工夫，都很有效驗，絕無流弊，可以算得仙道中最穩妥最普渡的法門。以前學人，對於本篇不大注意，埋沒多年，甚爲可惜。久已想用白話註解，出版流通，無奈得不着機會。今以仙學研究院需要講義，註解方能完成。又以丹道刻經會志在流通，出版方能如願。可知世間萬事成功與否，各有時節因緣，信非偶然。

二　本篇正文的好處，在毫無隱語，從頭到尾，都明明白白，闡揚眞理。不像別種丹經，滿紙的龍虎鉛汞、天干地支、河圖洛書、五行八卦，弄得學人腦筋昏亂。本篇註解，雖没有特別優點，但是少用文言多用白話，完全順着正文的意思，力求淺顯，使粗通文理的人一看就懂，並且能依照註解的意思，再講給好道而不識字的人聽。於是乎普渡的願心，慢慢就可以實現了。

三　有人疑惑本篇中，女功爲什麽不講斬赤龍，男功爲什麽不講煉精化氣，對於命功一層，恐怕尚不完全。但要曉得，女子煉斷月經和男子閉塞精竅這兩種功夫，有急進法與緩進法，有勉强法與自然法。他書上所說的法門，是勉强，是急進；此書上所說的法門，是自然，是緩進。勉强急進，做得好時，效驗很快，做得不好，就要弄出許多毛病，反而誤事；自然緩進，做得好時，同樣發生效驗，做得不好，至多没有效驗而已，決不會做出毛病。比較起來，要算這種法門最穩妥而無流弊。所以當日曹眞人就把這篇歌訣傳於後世，並非是不懂斬龍與煉精的工夫，更不是保守秘密弗肯對人說。

四　或問：本篇中三分之二是高談玄理，三分之一是勸人斷絕俗情，做工夫的口訣，究竟在何處呢？答曰：學道的人最難悟通的就是玄理，最難擺脱的就是俗情。這兩件事果能做到，雖說目前尚未能專心修煉，但已經具足修煉的資格了。等到一天實行用功，就很容易見效。否則，縱讓你把口訣唸得爛熟，也無用處。倘若你一定要曉得口訣隱藏在什麽地方，我可以指與你看。本篇中有四句最要緊的口訣：第一句，「神不外馳氣自定」；第二句，「專氣致柔神久留」；第三句，「混合爲一復忘一」；第四句，「元和内運卽成眞」。工夫到此，大事已畢，以後的口訣不必再問了。

五　本篇未嘗没有缺點，但這個缺點，是各家道書千篇一律的，不是本篇所獨有的。試看古今道書所講，大概不外三件事：一鋪張玄妙，二隱藏口訣，三勸勉修行。若問及學人的生活環境、飲食起居要合於那幾種條件纔能正式做煉養工夫，倘與某種條件不合，對於做工夫是否有妨礙，各家道書從來不注意到此。因爲中國以前社會情狀，和現在大大兩樣。今人所感受的痛苦，古人或許夢想不到。人生今世要想修道，必須注意自己環境，並社會情狀是否適宜，切勿徒知責備工夫無效。

六　本篇宣傳大道，開示靈源，直指性命，專講神氣，所以不用鉛汞等類代名詞。汪東亭先生曾言，此歌通篇無一字及鉛，所說無非眞汞一物。愚按：本篇所云「神水」，雖可以說是眞汞一物，但又云「神水難言識者稀，資生一節由眞氣」，這個「眞氣」，却是指鉛，不是指汞。況且修道比較煉丹，究竟有點分別，假使我們把他顚倒過來說修丹煉道，在旁人聽了未免要笑我們文理欠通。因此可以明白兩者不同之點。修道的人，果能夠從後天神氣返還到先天性命，就算是功德圓滿，不必再去討論什麽鉛汞問題。只有三元丹法，纔須注重鉛汞。世上道書，往往把修道和煉丹混而爲一，籠統批評，貽誤後學非淺。

再者，汪又云：「歷代女眞著作，皆是言汞不言鉛，言水不言火。蓋女眞身屬坤體，故不便言陽火，而只說陰符也。」愚按：孫不二元君所作女丹工夫次第詩，有「神鉛透體靈」一句，明明說出「鉛」字，又孫詩第七首標題「符火」二字，明明指陰符與陽火而言，可知汪說亦不足爲定論。

七　古人學道，必須從師口授，所以各家道書皆沒有初步下手的規程，今世學人每視爲憾事。往歲見福州洪太庵君所著五大健康修煉法，條理詳明，可作爲初學入門參考書之用。

中華民國二十七年戊寅中秋節皖江陳攖寧識於上海仙學院

靈源大道歌

宋朝曹文逸女眞人　作

我爲諸君說端的，命蒂從來在眞息；照體長生空不空，靈鑑含天容萬物。
太極布妙人得一，得一善持謹勿失；宮室虛閒神自居，靈府煎熬枯血液。
一悲一喜一思慮，一縱一勞形蠹弊；朝傷暮損迷不知，喪亂精神無所據。
細細消磨漸漸衰，耗竭元和神乃去；只道行禪坐亦禪，聖可如斯凡不然。
萌芽脆嫩須含蓄，根識昏迷易變遷；蹉跎不解去荊棘，未聞美稼出荒田。
九年功滿火候足，應物無心神化速；無心心卽是眞心，動靜兩忘爲離欲。
神是性兮氣是命，神不外馳氣自定；本來二物更誰親，失却將何爲本柄。
混合爲一復忘一，可與元化同出沒；透金貫石不爲難，坐脱立亡猶倏忽。
此道易知不易行，行忘所行道乃畢；莫將閉息爲眞務，數息按圖俱未是。
比來放下外塵勞，內有縈心兩何異；但看嬰兒處胎時，豈解有心潛算計。
專氣致柔神久留，往來眞息自悠悠；綿綿迤邐歸元命，不汲靈泉常自流。
三萬六千爲大功，陰陽節候在其中；蒸融關脈變筋骨，處處光明無不通。

三彭走出陰尸宅，萬國來朝赤帝宮；借問眞人何處來，從前原只在靈臺。
昔年雲霧深遮蔽，今日相逢道眼開；此非一朝與一夕，是我本眞不是術。
歲寒堅確如金石，戰退陰魔加慧力；皆由虛淡復精專，便是華胥清淨國。
初將何事立根基，到無爲處無不爲；念中境象須除撥，夢裏精神牢執持。
不動不靜爲大要，不方不圓爲至道；元和內運卽成眞，呼吸外求終未了。
元氣不住神不安，蠹木無根枝葉乾；休論涕唾與精血，達本窮源總一般。
此物何曾有定位，隨時變化因心意；在體感熱卽爲汗，在眼感悲卽爲淚。
在腎感念卽爲精，在鼻感風卽爲涕；縱橫流轉潤一身，到頭不出於神水。
神水難言識者稀，資生一節由眞氣；但知恬淡無思慮，齋戒寧心節言語。
一味醍醐甘露漿，饑渴消除見眞素；他時功滿自逍遙，初日煉烹實勤苦。
勤苦之中又不勤，閒閒只要養元神；奈何心使閒不得，到此縱擒全在人。
我昔苦中苦更苦，木食草衣孤又靜；心知大道不能行，名迹與身爲大病。
比如閒處用功夫，爭似泰然修大定；形神雖曰兩難全，了命未能先了性。
不去奔名與逐利，絕了人情總無事；決烈在人何住滯，在我更教誰制御。
掀天聲價又何如，倚馬文章非足貴；榮華衣食總無心，積玉堆金復何濟。

工巧文章與詞賦，多能礙却修行路；恰如薄霧與輕煙，閒傍落花隨柳絮。
縹緲浮游天地間，到了不能成雨露；名與身兮竟孰親，半生歲月大因循。
比來修煉賴神氣，神氣不安空苦辛；可憐一個好基址，金殿玉堂無主人。
勸得主人長久住，置在虛閒無用處；無中妙有執持難，解養嬰兒須藉母。
緘藏俊辯黜聰明，收卷精神作愚魯；堅心一志任前程，大道於人終不負。

靈源大道歌白話註解

皖江陳攖寧 作

宋朝徽宗皇帝宣和年間，有一位曹女士，在當時頗有女才子之名。徽宗皇帝生性好道，又喜歡會做詩文的人。曹女士道學即可以配稱第一流，而且詩文確也做得不壞，所以宋徽宗很看得起她。召她到京城居住宋徽宗時首都在汴梁，即是現在的河南開封縣，特別優待。又勅封她爲文逸眞人**攖寧按**「眞人」二字，是後來學道者對她的尊稱，不是皇帝的勅封。

攖寧按 曹文逸是宋眞宗時宰相曹利用之族孫，廿一歲即出家爲女道士，雲遊四方。晚年應詔居汴京，賜號文逸大師。羽化後，朝廷又賜謚爲希元觀妙先生。詳情見於明朝宋濂所編的汴京勾異記卷二。我當日做註解時，尚未得見此記，所以不曾將其生平事略寫入本書中，未免遺憾。

這篇靈源大道歌，就是這位曹文逸眞人，在那個時候，做給一般學道人看的。流傳到現在，差不多經過八百二十年從宣和初年算起。

孫不二女丹工夫次第詩，比較此歌後出幾十年。其餘各種女丹經，更在孫不二之後，大概都是明清兩朝的作品。

黃庭經雖由晉朝魏夫人傳出，然不能算是魏夫人自己的著作。謝自然、何仙姑等，雖在唐朝成道，也沒有著作流傳乩壇上沙盤中扶出來的詩文，不能算本人著作。

我們可以說，歷代女眞，自己肉體在世間親筆所寫正式丹經**攖寧按** 因無爲法和有爲法性質不同，本篇只能稱作道書，不能說它是丹經。當初撰稿時，未免疏忽過去，今宜改正，當以此篇最古了。全篇共計一百二十八句，所講的道理，所論的功夫，不限定女子方面，男子亦可通用。現在特把本文依次序分開，每句每字，用白話註解如後。

我爲諸君說端的，命蒂從來在眞息。

我，曹文逸自稱。諸君，指當時並後世修仙學道的人。端的，卽是眞正而又的確。命蒂，卽是吾人生命最關緊要的地方。凡花葉瓜果，和枝莖相連處，都叫作蒂，此處一斷，花葉就立刻枯槁，瓜果就不能生長。眞息與凡息不同，凡息粗，眞息細；凡息淺，眞息深；凡息快，眞息慢；眞息是凡息的根源，凡息是眞息的發洩；眞息可以化爲凡息，凡息也可以化爲眞息。譬如山中石頭縫裏流出的泉水，就是眞息；江河中風翻浪湧的長流水，就是凡息。

照體長生空不空，靈鑑含天容萬物。

照體，是回光返照自己性體。長生，卽是性體永久存在。空，是說性體本空。但因爲這個性體無所不包，眞空與妙有同時顯露，所以又說不空。靈鑑，是鏡子。靈鑑，就是指性體而言。含天容萬物，就是把天地萬物都包含容納在這個靈鑑之中。

第二句，說的是命。第三、第四句說的是性。

太極布妙人得一，得一善持謹勿失。

易經上說：「易有太極，是生兩儀。」道德經上說：「此兩者同出而異名，同謂之玄。玄之又玄，衆妙之門。」這就是「太極布妙」的意思。「一」就是道。「得一」就是得道。

老子說：「道生一。」周子就說：「無極而太極。」老子說：「一生二。」孔子就說：「太極生兩儀。」因此，我們可以明白，道就是無極，「一」就是太極，「二」就是兩儀，兩儀就是陰陽，陰陽就是性命，性命就是神氣。

道不可說，「一」不可見。凡可以說可以見的，不是「二」便是「三」。譬如上下、左右、前後、大小、長短、厚薄、多少、輕重、冷熱、剛柔、吉凶、利害、善惡、是非、虛實、有無、性命、神氣、陰陽，這些相對的都是「二」。在這些「二」的當中那個就是「三」。有了「三」以後，就能演變而成千成萬。所以老子說：「三生萬物。」

萬物既然是從道中生出來的，我們人類號稱萬物之靈，自然也是從道中生出來的。離開道就沒有世界，也就沒有人類。人得「一」，是說每個人都得着大道全體中極小一部分，但可惜微末得很。倘若我們把這點微末東西再弄失掉，恐怕第二世連人也做不成，漸漸要變成下劣的動物。所以，作者勸大眾們，幸而生成一個人身，就應該時時刻刻小心謹慎，護持此道，切勿令他喪失。

宮室虛閒神自居，靈府煎熬枯血液。

宮室虛閒，比喻人身沒有惡習和各種不良的嗜好，以及心中沒有妄想和雜念。果能如此，我們的元神自然安安穩穩住在裏面，不致於流離失所，飄蕩忘歸。然而世上人們，心中常常被七情六欲（攖寧按 七情者，喜、怒、哀、懼、愛、惡、欲；六欲者，一色欲、二形貌欲、三威儀姿態欲、四言語音聲欲、五細滑欲、六人想欲。七情是儒家之說，六欲是釋家之說。七情之說見禮記禮運篇中）攪擾，沒有片刻清涼。情欲一動，陰火跟着就動。陰火一動，周身氣血津液都要受傷。弄得面黃肌瘦,形容枯憔。這個病根,就在於人人心中看不破,放不下。所以說「靈府煎熬枯血液」。

人的意識與思想發源之處,叫作靈府。

一悲一喜一思慮,一縱一勞形蠹弊。

凡人當失意的時候,就要悲哀; 當得意的時候,就要歡喜; 遇到困難,不能解決,就要思慮; 未得患得,既得患失,更不免時時用盡心思。我們平生所經過的境界,十分之九都是失意,很少有得意的時候。幾十年有限光陰,就在憂患中消磨乾淨。

身心放鬆是縱,身心緊張是勞。一時放鬆,一時緊張,就是一縱一勞。我們的肉體受不住這許多刺激,自然要變成衰朽,不可救藥了。

形蠹弊,是說身體裏面腐壞,等於木頭被蟲蛀一樣。

朝傷暮損迷不知,喪亂精神無所據。

早也喫虧,晚也喫虧,自己糊糊塗塗,不曉得厲害,精神耗喪而昏亂。若問他們在世做人怎樣可以做得好，出世修道怎樣可以修得成，他們絲毫没有把握。

細細消磨漸漸衰，耗竭元和神乃去。

因爲是細細消磨，所以吾人身體雖有虧損，尚不致於感受劇烈之痛苦。因爲是漸漸衰老，所以人生數十年中，每容易忽略過去，不知不覺地頭髮白了，面皮皺了，不知不覺地血液枯了，筋骨硬了。

元和，就是元始中和之氣，又名爲先天炁。實在講起來，就是生天生地生人生物的一種生氣。宇宙間生氣，本是無窮，但每個人身體上由娘肚子裏帶來的那點生氣，可憐太少。從小到老，幾十年中，身體裏面所儲蓄的生氣消耗已盡，我們的靈魂就要和我們的肉體告别了。形神分離，人豈能不死？

只道行禪坐亦禪，聖可如斯凡不然。

「禪」字可以作「定」字解。一般唱高調的人，都曉得說「行也在定，坐也在定」，甚至於「睡臥也在定」，不必要做什麼功夫。倘若早早晚晚，刻苦用功，反嫌他過於執著，缺乏活潑天機，或者笑他是磨磚做鏡。然而這種話只能對程度很高的人說，不能對普通人說。聖人可以這樣做，凡夫萬萬辦不到。

萌芽脆嫩須含蓄，根識昏迷易變遷。

草木最初從土里長出的小體，叫作萌芽。因爲它的體質脆弱而嬌嫩，經不起損傷，須要培養有法，保護得宜，他日方有成材的希望。這就是比喻人身中一點生氣，根基不牢，最容易喪失，須要設法把他含蓄在身内，不讓他常常向外面發洩，然後吾人壽命方可延長。

眼、耳、鼻、舌、身、意，叫作六根。六根所起的作用，就是六識。根與識被塵境所擾亂，陷入昏迷狀態，容易由善變惡，由正變邪。若不徹底下一番苦功，恐怕没有什麽好結果。

蹉跎不解去荆棘，未聞美稼出荒田。

荒田之中，多生荆棘。倘若懶惰懈怠，游手好閒，不把田中荆棘斬除乾淨，好的稻穀決不會生長出來。這兩句話，比喻人心中妄想以及惡劣的習慣若不去盡，工夫很難有進步，好的效驗不易於發現。

九年功滿火候足，應物無心神化速。

九是陽數中的極數，九年，表示純陽之意，不是必定要九個年頭；功滿，是說工夫圓滿；火候足，是說用功到了這個時候，可以告一段落。應物，就是在世間做利物濟人的事業；無心，就是隨緣去做，不是有心要做功德；神化速，就是用自己全神來行教化，功效自然很快。孟子書說「所過者化，所存者神」，與此處意思相同。

無心心卽是眞心，動靜兩忘爲離欲。

無心心，就是無念頭的心體。普通人心中沒有一分鐘不起念頭，他們認爲這個念頭是心的本體，其實錯了。諸君要曉得，那個無念的心方是眞心，有念的心却是假心。人能認識眞心，自然一動一靜全是天機，可以做到忘物忘形的境界，這個就叫做離欲。

神是性兮氣是命，神不外馳氣自定。

古丹經常說「是性命，非神氣」，是對功夫深、程度高的人說法；此處說「神是性」「氣是命」，是對普通人的說法。各有用意，並非矛盾。

因爲普通人只認得他們自己的肉體，除了肉體以外，從來不注意到神氣上去。如果教他們認得「神」「氣」兩個字的作用，比較普通人已算是大有進步，「性」「命」二字的眞相，只好留待日後他們自己去參悟了。

修煉家初等工夫，離不掉神氣。須要把自己的神收在肉體裏面，然後氣方能定得下。

本來二物更誰親，失去將何爲本柄。

二物，就是神與氣。這兩樣東西，本來最親密不過。神離開氣，神無所養；氣離開神，氣無所馭。沒有氣來養神，神就要逃亡；沒有神來馭氣，氣就要耗散。失掉一項，卽等於失掉兩項，請問還有什麼東西作我們身體的根本，作我們自己的把柄呢？

混合爲一復忘一，可與元化同出沒。

混合爲一，就是做心息相依、神氣合一的工夫；復忘一，就是功夫做到神氣合一之後，不要死死的執著捨不得放鬆，須要把這個合一的景象忘記方好。既能合一，復能忘一，那時身中氣候，自然與元始造化機關同出同没。出是顯露，没是隱藏。化機應該顯露時就顯露，化機應該隱藏時就隱藏，自己絲毫不做主張。

透金貫石不爲難，坐脱立亡猶倏忽。

尋常人精神被肉體限制住了，不能直接的達到身外物質上去。修煉成功的人，精神可以離開肉體，而能支配肉體以外的别種物質，所以説「透金貫石不爲難」。倏忽，是頃刻之間。坐脱立亡，是坐着或者是立着的時候，我們的神倘若要離開肉體，頃刻就可以離開，不至於被肉體所拘束。

此道易知不易行，行忘所行道乃畢。

這個道理，雖容易明白，却不易於實行。縱能勉强去行持，也難以畢業。必須由勉强而進於自然，由自然而造於渾然，由渾然而至於釋然，纔是「行忘所行道乃畢」。

莫將閉息爲眞務，數息按圖俱未是。

息，是鼻中呼吸。閉息，是把呼吸暫時閉住；數息，是數自己的呼吸，從一、二、三、四數到幾十幾百。按圖，是按照圖樣做工夫，或用全副精神死守身中某一竅，或動手動脚做各種姿式。

這些法子都不是大道，因爲閉息病在勉强，數息未免勞心，按圖又嫌執著，對於自然大道相差太遠。

比來放下外塵勞，內有縈心兩何異。

比來，等於近來。曹眞人意思說，修道的人們，在近來這個時候，既然能把身外的一切塵勞都放下了，爲什麼身內的塵勞却放不下，仍舊有許多東西掛在心頭？請問身內百事縈心，比較身外一切塵勞，有何分别呢？

但看嬰兒處胎時，豈解有心潛算計。

諸君請看嬰兒尚未出胎在娘肚子裏那十個月的時候，嬰兒心中可曾經在暗地裏算計什麼？諸君既要學道，何不先學嬰兒？

專氣致柔神久留，往來眞息自悠悠。

老子道德經第十章說：「專氣致柔能如嬰兒乎？」專氣，就是專心一致在氣上面做工夫；致柔，就是工夫柔和到了極處，沒有絲毫剛强急迫的樣子。果能如此，神就可以久留於身中，而不向外馳，「神不外馳氣自定」。

氣定之後，眞息自有發動之時。「悠悠」二字，是形容眞息的樣子深長而久遠、和緩而幽閒。

綿綿迤邐歸元命，不汲靈泉常自流。

綿綿，微細不絕之意；迤邐，旁行連延之意；元命，卽人身生命根源。這句是形容眞息在身內行動的狀態。雖說四肢百骸無處不到，然自有他的歸根復命之處。

靈泉，在後文又叫作「神水」。地面上泉水總是往下流，不會往上流。人要用水，非拿器物汲取不可。人身上的靈泉，却無須汲取，自然會在身中周流循環。眞息所到之處，卽是靈泉所到之處。因爲津能化氣，氣能化津，充滿一身，所以有如此妙用。

三萬六千爲大功，陰陽節候在其中。

今曆法一晝夜共九十六刻，古曆法一晝夜共百刻。張紫陽金丹四百字序上說：「夫一年十有二月，一月三十日，一日百刻，一月總計三千刻，十月總計三萬刻。行住坐臥，綿綿若存。胎氣既凝，嬰兒顯相。玄珠成象，太乙含眞。三萬刻之中，可以奪天上三萬年之數。何也？一刻之工夫，自有一年之節候。所以三萬刻能奪三萬年之數也。故一年十二月，總有三萬六千之數。雖愚昧小人，行之立躋聖地。奈何百姓日用而不知。」此段文章，說得很明白，可以作此處註解。

曹文逸是宋徽宗宣和年間人，在民國紀元前約七百九十年。張紫陽是宋神宗熙寧年間人，在民國紀元前約八百四十年。兩人前後距離不過五十年，所以他們的論調頗有幾分相近。

蒸融關脈變筋骨，處處光明無不通。

此二句是說工夫的效驗。

蒸是蒸發，融是融化，關是關節，脈是血脈，變是變換。先蒸發而後方能融化。常常融化，不要讓他堅硬，而後方能慢慢地變換。這個工夫，就叫做金丹換骨。

處處光明，即是孫不二女丹詩中所說「元神來往處，萬竅發光明」的意思；無不通，即是周身全部通暢，沒有一處閉塞。

三彭走出陰尸宅，萬國來朝赤帝宮。

三彭，即是三尸。道書常說，上尸名彭倨，在人頭中，令人愚癡沒有智慧；中尸名彭質，在人胸中，令人煩惱不清靜；下尸名彭矯，在人腹中，令人貪飲食和男女之欲。或名三尸神，又名三尸蟲。太清中黃眞經上有兩句：「可惜玄宮十二樓，那知反作三蟲宅。」這個意思，就是說吾人潔淨美好的身體被許多三尸蟲盤據在裏面，弄得穢惡不堪，是很可惜的。

道家斬三尸法子，有用符咒的，有守庚申的，有服丹藥的，都不算徹底解決。此處用內煉工夫，運元和之氣，充滿臟腑，蒸融關脈，變換筋骨，逼令三尸無處藏身，非拋棄他們的老窠逃走不可。壞東西一去，好東西就來了。

萬國來朝，比喻五臟六腑四肢百骸的精氣神，都聚會在絳宮一處。絳宮屬於心的部位，心屬火，其色赤，醫家稱爲君主之官，所以叫作赤帝宮。

借問眞人何處來，從前原只在靈臺。

眞人，卽是眞我。吾人肉體有生有死，不能算是眞我，只可以叫作假我。除掉有形質的肉體，尚剩下那個無形質的念頭，是否可以叫作眞我？然而也不是眞我。因爲那個念頭，也是忽起忽滅，不能由自己做主的。再除掉忽起忽滅的念頭，另外尋出一個無生無死萬劫長存的實體，這個方是眞我，又名爲眞人。

這個眞人，從前未曾見過面，此刻第一次認識他。究竟他由何處而來呢？其實他從前就住在我們靈臺之中，未嘗瞬息離開，並非由外面進來的。

昔年雲霧深遮蔽，今日相逢道眼開。

因爲歷年以來，被雲霧遮蔽，把眞人的面目隱藏。雖說他從前就住在靈臺之中，我們却認識不出。今日工夫做到相當的程度，道眼遂開。道眼既開，如撥雲霧而見青天，眞人因此露面。「雲霧」二字，比喻我們的七情六欲妄想雜念。

此非一朝與一夕，是我本眞不是術。

這個工夫，不是一朝一夕做得成，須要經過若干歲月，並且不是用什麼取巧的法術，討什麼意外的便宜，僅此尋得吾人本來眞面目而已。

歲寒堅確如金石，戰退陰魔加慧力。

論語上有一句話：「歲寒然後知松柏之後彫也。」歲寒，是每年天氣最寒冷的時候。彫，是樹木落葉子。松柏後彫，是說別種樹木到這個時候，都已枯槁零落，獨有松柏仍舊青翠不彫。比喻修道的人有堅忍的力量，可以耐得困苦，受得折磨，而不至於改變初心。「確」字，同「堅」字一樣解釋。松柏不彫已經稱得起堅確，金石比松柏更要堅確，所以此處拿金石比喻修道人的志氣。有金石般的志氣，自然能够戰退陰魔。

陰魔既已去盡，慧力卽同時增加。慧是智慧，力是毅力。只有智慧而無毅力，雖可以見道，而不能成道。只有毅力，而無智慧，又恐怕認不清大道，誤入旁門。必須智慧與毅力二者俱足，方免遺憾。

皆由虛淡復精專，便是華胥清淨國。

心中沒有妄想和欲念，就是虛；不染一切嗜好並惡習，就是淡；仔細研究，徹底明白，就是精；信受奉行，始終如一，就是專。

列子書上說「黃帝晝寢，而夢遊於華胥氏之國。其國無師長，其民無嗜欲。不知親己，不知疎物，故無愛憎。不知背逆，不知向順，故無利害」，其實是一種寓言，等於今人所謂烏託邦之類。人們心中果能十分清淨，也同到了華胥國一樣。

初將何事立根基，到無爲處無不爲。

世間無論做什麼事，起初總要立一個根基，以後方能有所成就。修道是大事業，更要把根基立穩，方能步步前進。等到工夫純熟，程度高深，自然顯得頭頭是道。表面上很像無所作爲，實際上已是精全氣全神全，沒有絲毫缺陷。老子道德經第三章說：「爲無爲則無不治矣。」又第三十七章說：「道常無爲而無不爲。」此篇「到無爲處無不爲」句，也是根據老子的意思。

念中境象須除撥，夢裏精神牢執持。

這兩句就是立根基的辦法。吾人當靜坐的時候，須要把心中雜念打掃乾淨。等到坐功純熟之後，雜念可以完全消滅。然後，在睡夢之中，也不忘記修道之事，也同平常靜坐的時候一樣，自己很有主宰。

不動不靜爲大要，不方不圓爲至道。

工夫偏於動，嫌太浮躁； 工夫偏於靜，嫌太枯寂； 性情偏於方，嫌太板滯；性情偏於圓，嫌太巧滑。不能落於兩邊，而得其中和，纔是大道。

元和内運卽成眞，呼吸外求終未了。

吾人果能在身内運用元始中和之氣，流行不息，就可以成道。倘若在外面呼吸上永久執著，不肯放鬆，到底未有了脫之日。

元氣不住神不安，蠹木無根枝葉乾。

元氣，卽是上文所說元始中和之氣； 不住，卽是不能長住於身内而向外面發洩。發洩太多，身體裏面的元氣漸漸虧損，元神因爲没有元氣來培養，遂不能在身中安居，而要逃亡。譬如樹木被蠹蟲所蝕，根本受傷，枝葉自然就乾枯。 人身中元氣，被七情六欲、饑飽寒暑、勞心苦力所傷，身體自然也不能長久。

休論涕唾與精血，達本窮源總一般。

鼻中生出的流質叫涕；口中生出的流質叫做唾；心中生出的流質叫做血；外腎生出的流質叫做精。雖有四種名稱不同，但是這些東西本源却是一樣。

達本，是看透他們的根本；窮源，是追究他們的來源。

此物何曾有定位，隨時變化因心意。

人身上各種流質，不是分疆劃界固定在一處而不許移動的，都是臨時因外界的感觸和內心的刺激而後生的。

在體感熱卽爲汗，在眼感悲卽爲淚。

皮膚裏面的流質，外感於天氣溫度太高，就變化爲汗，從毛孔中出來；眼睛裏面的流質，內感於情意過分悲哀，就變化爲淚，從淚腺中流出來。

在腎感念卽爲精，在鼻感風卽爲涕。

外腎裏面的流質，內感於心中淫慾之念，就變化爲精，從精管流出來； 鼻黏膜裏面的流質，外感於空氣中寒冷之風，就變化爲涕，從鼻孔中出來。

縱橫流轉潤一身，到頭不出於神水。

縱，指人身上下； 橫，指人身前後左右； 流轉，是說在身體裏面周流循環； 潤一身，是說身中無一處不走到，無一處不滋潤。 所以能有這種變化和這種功效，總不離乎神水的作用。

神水難言識者稀，資生一節由眞氣。

神水這件寶物，它本身的道理太玄妙，頗難以言語形容。 而且世間有學問的人雖多，識得神水的人却很少。 須知汗、淚、涕、唾、精、血等等，都是神水所生，神水又是眞氣所生。 人身若沒有眞氣，神水就不免要乾枯。 神水既然乾枯，於是乎有眼不能視，有耳不能聽，有鼻不能嗅，有舌不能嘗，有生殖器不能生育，有四肢百節不能活動。 到了這個地步，去死也不遠了。

按：學者讀丹經最感困難的，就是同樣的一個名詞，無論在什麼方法上都可以混用。卽如「神水」二字，在此處是如此解釋。若在別種丹經上，雖有同樣的名詞，却不能作同樣的解釋。

請看張紫陽悟眞篇後序云：「金丹之要，在乎神水華池。」又張紫陽金丹四百字序云：「以鉛見汞，名曰華池；以汞入鉛，名曰神水。」這是人元丹法的神水。

又張紫陽金藥秘訣序云：「金水者，乃得金氣之玄水，又號神水。煉丹之訣，但能引神水入華池，萬事畢矣。」許眞君石函記中聖石指玄篇云：「鉛砂摶成如土塊，六一固濟相護愛。用火煅煉一晝夜，火滅煙消土化灰。騰鉛倒製入灰池，火發鉛鎔化神水。」這是天元丹法的神水。

又明鏡匣云：「若人識眞汞，黃金內神火；若人識眞鉛，白金內神水。」白紫清地元眞訣云：「華池神水，神水眞金。閃灼先天，發洩乾金。」這是地元丹法的神水。

又靈陽子洞天秘典云：「陰陽鉛汞爲神水，神水施爲不離鉛。誰識丹爐神水，乃爲月魄金漿。」伍沖虛修仙歌中自註云：「暗進者，暗進神水，暗進神火，屬烹煉之工；明進者，明進神水，明進神火，屬超脫之工。」朱癡伯金火燈云：「生鉛但有壬水癸水，既成白金，其中方有神水。」這是黃白術的神水。

以上所列各種丹經中神水名詞，比較靈源大道歌中神水，確有霄壤之別。又朗然子詩云：「夾脊河車透頂門，眞修捷徑此爲尊。華池神水頻吞咽，紫府元君直上奔。常使氣衝關節透，自然精滿谷神存。一朝得到長生路，須感當初指教人。」此詩所指用神水名詞，專指口中津液而言，乃狹義的神水。靈源大道歌中神水，包括人身一切粗細流質而言，乃廣義的神水。義意雖同，而不完全相同。倘若學者止知其一，不知其二，依先入爲主，看見名詞相同，就說方法是一樣，那眞是誤人而又自誤。

天元丹法，重在服食，不重點化。地元丹法，旣能點化，又可以進一步煉成服食，而上接天元。黃白術僅能到點化程度而止，不能再往前進。人元丹法，要用同類陰陽，雖有鉛銀砂汞等名詞，其實與五金八石毫無關係。這是四種丹法不同之處。

至於靈源大道歌的宗旨，乃是修道，不是煉丹，也不是參禪止觀。其中作用，學者應當辨別清楚，不可稍涉含糊。世上流傳的各種丹經道書，都病在籠統，理絡不清，閱之往往令人厭倦。我深悉其中弊病，所以專重分析，想把科學精神用在仙學上面，以接引後來的同志。因爲這個緣故，凡是拙作論調，每不肯附和前人之說，亦自有苦衷，讀者能諒解爲幸。

再按：揚善半月刊第四十一期第六頁所載玉華宮侍書仙子降壇詩末二句云：「爲惜前緣開後覺，早留眞液渡衰殘。」「眞液」二字，正合靈源大道歌「神水」二字的本意。留得住眞液，纔可以濟渡衰殘。卽是留得住神水，纔可以維持生命。這種理論，已成爲鐵案如山，不能搖動。既然當年曹文逸眞人不惜苦口婆心，把第一等修煉的方法宣布流傳，諸君總算有緣，雖然在八百年以後出世從宋徽宗宣和時代算到今日，但是能讀他這篇歌訣，也就如聞其聲，如見其人了。因此奉勸諸君，務必努力奉行，不可虛度歲月。否則，轉世投胎，未必再有今日機會。

但知恬淡無思慮，齋戒寧心節言語。

「但知」二字的意思，就是只曉得照以下所說的方法做去，其他一切都不去管。恬，是心中安靜；淡，是把世間虛榮看得很淡；思，是思想；慮，是憂慮。

齋戒，是古人在將要祭祀天地鬼神之前一種預備的行爲，如沐浴、更衣、不飲酒、不茹葷、不作樂之類；寧心，是心不妄想；節言語，是口不亂說。

一味醍醐甘露漿，饑渴消除見眞素。

牛奶第一轉叫作酪，第二轉叫作生酥，第三轉叫作熟酥，第四轉叫作醍醐，醍醐可以算得牛奶中精華所結成的；芭蕉有一種名叫甘露蕉，花苞中有露水，味甚甘，就是甘露漿，可以算得芭蕉中精華所結成的。一味，是說没有第二樣。

因爲上面所做的工夫，純潔而安靜，所以身中發生的效驗，也是甜美而清涼。饑則思食，渴則思飲，都是表示吾人身體裏面有所欠缺，需要補足，方好維持。假使身體內部無所欠缺，自然就不饑不渴；能入大定，自然就能看見本來面目。凡絲類没有染顏色的叫作素。吾人眞面目，本是白淨無疵，一塵不染，所以叫作眞素。

他時功滿自逍遥，初日煉烹實勤苦。

到了將來工夫圓滿之後，自然逍遥快樂。但在當初下功的時候，實未免勤勞而辛苦。

用武火時叫作煉，用文火時叫作烹。如何是武火？打起精神，掃除雜念，端身正坐，心息相依。如何是文火？全體放鬆，含光內守，綿綿似有，默默如無。

勤苦之中又不勤，閒閒只要養元神。

雖說下手做功夫要耐得勤苦，然又不是勞心勞力動手動脚的事。所以老子道德經上有一句口訣，教人「用之不勤」。

既說要勤，又說要不勤，豈非自相矛盾嗎？須知所說「不勤」的意思，就是不勞動（攖寧按「不勞動」這個意思，是說在每天做靜功的時候，身體和腦筋都要全部休息，不要於外部再做五禽戲、八段錦、易筋經，也不要於内部再做存想、守竅、運氣、吐納等類工夫，因爲那些工夫容易使人疲勞），不執著，不揠苗助長；所說「勤」的意思，就是不虛度，不懈怠，不一暴十寒。閒閒，就是表示不勤。能閒閒，方能保得住元氣，能保元氣，方能養得住元神。「揠苗助長」「一暴十寒」二語，見於孟子書中，是兩種比喻。

奈何心使閒不得，到此縱擒全在人。

奈何世上的人，總是要休息而不可得。雖說因爲環境所困，不能完全放下，然而有一半也是歷劫以來的習慣，難以改變。做工夫的人，常常被這個念頭所累。到了此種地步，或任他放縱，或設法擒拿，全在各人自己做主。

我昔苦中苦更苦，木食草衣孤又靜。

曹眞人言他自己當日做工夫時期，受過許多困苦。喫的穿的，都是別人家不要的東西。所處的境遇，旣孤寂又冷靜。

心知大道不能行，名迹與身爲大病。

心中分明認得大道是好，無奈不能實行。所以不能實行的緣故，因爲受三種之累：一種虛名，二種事迹，三種身體。虛名之累，就是能者多勞；事迹之累，就是權利義務；身體之累，就是衣食住行。

比如閒處用功夫，爭似泰然修大定。

修道的人，就怕不得閒。幸而得閒，又被許多有作爲的旁門小法所累。比如我們身心，已經得到了清閒境界，與其再要用各種旁門小法工夫，倒不如一切放下，專修大定的工夫爲妙。

「爭」字與「怎」相同，「爭似」猶言「怎若」。按：張紫陽眞人悟眞篇七言律詩第二首云「大藥不求爭得遇」、第十三首云「爭知火裏好栽蓮」，七言絕句第一首云「爭得金丹不解生」、第八首云「爭似眞鉛合聖機」、第四十首云「爭得金烏搦兔兒」、第六十四首云「教人爭得見行藏」，凡所有的「爭」字，都作「怎」字解。宋朝人文章上面所習用的字眼，和現在人所用的兩樣。爲諸君讀道書便利計，特附註於此。

形神雖曰兩難全，了命未能先了性。

大道之要，在全神而又全形。全神，普通叫作性功；全形，普通叫作命功。修道的人，能得形神兩全最上。如其不能，先做性功以全神，等到有機會時，再做命功以全形，亦無不可。

下文所說，就是了性全神的辦法。

不去奔名與逐利，絕了人情總無事。

不去同人家爭名奪利，謝絕人情上的往來應酬，就能夠達到清閒無事的境界。

決烈在人何住滯，在我更教誰制御。

不貪名利與謝絕應酬，這兩件事，看起來很不容易做到。但是事在人爲，倘若眞肯下決烈的心，未必一定就有什麼障礙。在我自己本身，更是要做就做，教誰來干涉我呢？

住滯，卽障礙之意； 制御，卽干涉之意。

掀天聲價又何如，倚馬文章非足貴。

掀天，形容其人聲價之高； 倚馬，形容文章下筆之快。但是對於修道上都無用處。

榮華衣食總無心，積玉堆金復何濟。

上句說一心向道，不注意於榮華衣食； 下句說有錢的人，若不肯修道，等到老病死的時候，雖有錢又何濟於事呢？

工巧文章與詞賦，多能礙却修行路。

此言成功一個文學家，也無大用，反而爲修行的障礙。

恰如薄霧與輕煙，閒傍落花隨柳絮。

此言文人不能成大事業，就像那些薄霧輕煙，和落花飛絮爲伴，總覺得飄蕩無根，虛而不實。

縹緲浮游天地間，到了不能成雨露。

上句說薄霧輕煙的形狀；下句說薄霧輕煙比較雨露不同。雨露有益於人世，煙霧無益於人世，然而煙霧終久是煙霧，不能變成雨露。

縹緲，形容其飄蕩無根；浮游，形容其虛而不實。

名與身兮竟孰親，半生歲月大因循。

世上没有一個人不喜歡名譽，更没有一個人不愛惜身體。名譽和身體比較起來，那一樣同我最親近呢？自然是身體最親切了。可惜世上人半生歲月，就此因循過去。

「因循」二字的意思，就是遵守舊章。我們抱定人類始祖所遺傳的飲食男女習慣，永遠不肯改變，服從小兒造化所支配的生老病死定律，絕對不敢違抗，這些都叫作因循。

比來修煉賴神氣，神氣不安空苦辛。

比來，就是近來，大概指中年以後而言。因爲凡人到了這個時候，身體已漸漸衰朽，全靠在神氣上面用工夫，纔能有少許補救。神氣若不能安居在身內，所做的工夫都是白吃辛苦。

可憐一個好基址，金殿玉堂無主人。

好基址、金殿玉堂，皆指人的身體而言；主人，指人的元神而言。

身體譬如一所房屋，元神譬如這房屋的主人，倘若時時刻刻讓他在外面游蕩，不肯回到腔子裏，就像一所好房屋，無人居住，無人打掃，無人修理，漸漸的這個房子要變壞了。

勸得主人長久住，置在虛閒無用處。

我們應該用種種方法，把房屋的主人勸回來，長久住在家中，不要野心勃勃，常想跑到外面去。並且要把他放在空虛閒靜的地方，使他心無所用，然後他的舊習慣始能慢慢改變。

無中妙有執持難，解養嬰兒須藉母。

我們的元神，當其寂然不動的時候，不可以說他是有；當其感而遂通的時候，又不可以說他是無：只好說是無中妙有。

凡世間道理，不可拿言語形容，不可用心思推測的，都叫做妙。妙有也是這種道理。既不偏於無，亦不偏於有，因此就難於執持。所謂難於執持，就是說把握不牢，捉摸不定。照這樣看來，工夫究竟如何下手呢？

但諸君要懂得，世上養育嬰兒，全靠母親力量。我們元神譬喻嬰兒，試問元神之母是什麼？老子道德經第一章云：「無名天地之始，有名萬物之母。」第二十章云：「我獨異於人，而貴求食於母。」攖寧按　老子原文是「我獨異於人，而貴食母。」因爲這兩句話不容易解釋，唐太宗就添了「求」「於」兩個字在下句中。第二十五章云：「有物混成，先天地生。

寂兮寥兮，獨立而不改，周行而不殆，可以爲天下母。吾不知其名，字之曰道。」因此，我們可以斷定母就是道。若要養育元神，必須憑藉道力。

道是什麽？道就是陰陽，陰陽就是性命，性命就是神氣。初下手工夫，就是以神馭氣，以氣養神。神氣合一，就是修道。

緘藏俊辯黜聰明，收卷精神作愚魯。

精神發於耳目，叫作聰明；發於言論文章，叫作俊辯。緘，是封閉；藏，收藏；黜，是廢棄；收卷，等於收捲。

這兩句大意，是勸人把自己精神收藏在身體裏面，不要發洩在身體外面，要學老子道德經上所説「大辯若訥，大巧若拙」的樣子，是爲修道初步下手的辦法。

堅心一志任前程，大道於人終不負。

心要堅定，志要專一，任我們向前途走去，終可以達到目的，那時纔曉得大道不負於人。所怕的就是人們自己不肯走這條大道，偏喜歡走邪路旁門，非但今生落一場空，並且來生尚要招得種種惡報，何苦乃爾！

附錄

曹文逸女眞人贈羅浮道士鄒葆光詩

羅浮道士眞仙子，躍出樊籠求不死。冰壺皎潔水鑑清，洞然表裏無塵滓。
叱咤雷霆發指端，馘邪役鬼篆飛丹。朝吞霞氣松窗煖，夜禮星辰玉簡寒。
琴心和雅胎仙舞，屏絕淫哇追太古。幽韻蕭森海島風，餘音繚繞江天雨。
眞居僻在海南邊，溪上簾櫳洞裏天。靈鳳九苞飛檻外，珍禽五色舞花前。
金絲擣露紫河車，青霓跨領鐵橋斜。羅浮自古神仙宅，萬里來尋況是家。
我昔閨中方幼稚，當年曾覽羅浮記。形質雖拘一室間，精魂已出千山外。
如今親見羅浮人，疑是朱明降上眞。劍氣袖攜三尺水，霞漿杖掛一壺春。
松姿鶴步何蕭散，風調飄飄驚俗眼。吾師出處任高情，止則止兮行則行。
富有溪山寧顧利，貴懷道義不干名。我今寄跡都城裏，門外喧喧那入耳。
上床布被日高眠，不爲公來不肯起。問公去速來何遲，得接高談幾許時。

白雲偶向帝鄉過，去住無踪安可期。我亦韶華斷羈紲，何異飄蓬與翻葉。相逢邂逅即開顏，禮樂何曾為吾設。志同笙磬合宮商，道乖肝膽成吳越。相近未必常往還，相遥未必長離別。翩然孤鶴又南征，寄語石樓好風月。

古今圖書集成神異典引羅浮山志

羅浮山志云：「宋徽宗宣和中，有曹仙姑居京城，作詩贈道士鄒葆光。時徽宗廣求學仙之徒，與工詩賦奇女。仙姑與吳妙明皆徵至京師。仙姑明於丹術，嘗作大道歌，深得要旨，道流競傳誦之，勅封文逸眞人。每遇道流，藐謂無人。獨與葆光語，甚見稱許，故有此贈。」

汪東亭先生對於靈源大道歌之意見

體眞山人汪東亭曰：「大道歌，又有人謂是劉祖海蟾著，名至眞歌。余觀歷代丹書，凡有女眞著作，皆是言汞不言鉛，言水不言火。蓋女眞身屬坤體，故不便言陽火，而只說陰符也。惟獨此歌更洗刷淨盡，通篇無一字及鉛，所說無非眞汞一物。且靈源者，泉窟也，泉窟即神水之根也。本歌云：『神水難言識者稀。』又云：『縱橫流轉潤一身，到頭不出於神水。』此皆祖述悟眞所言：『本是水銀一味，周流遍歷諸辰。陰陽數足自通神，出入不離玄牝。』蓋玄牝卽靈源泉窟也。又『至眞』之義，丹經皆指眞陽。此歌一味眞陰，與『至眞』二字何涉。況劉祖著還金篇、還丹歌，皆是鉛汞對待，何獨於此歌只言汞而不言鉛耶？余謂文逸仙姑所作，確無疑也。」汪說見於道統大成女丹訣中。

揚善半月刊七十七期靈源大道歌之按語

攖寧按　靈源大道歌，在各家道書中，常名爲至眞歌，謂是劉海蟾眞人所作。與此篇對勘，僅題目及作者姓字不同而已，本文未見有何特異處。至眞，靈源，劉作，曹作，紛紛聚訟，迄無解決之方。

余觀此篇體制，殊不類劉眞人手筆。然欲判歸曹仙姑名下，又苦於搜不出證據。雖光緒年間，體眞山人汪東亭，曾有論斷，理由亦不充足。余後偶閱古今圖書集成神異典，見其中引羅浮山志一段云云，方知大道歌確屬曹作。

曹爲宋徽宗時人，其名不傳，「文逸」二字乃其封號，曹在當時並有贈羅浮道士鄒葆光七言長歌一首傳世，格局氣味，與靈源大道歌極相似。於是數百年疑案遂以大白。

與蔣竹莊先生討論先後天神水

來函之一段　靈泉神水，似指先天，雖後天之津液，從此而出，今卽以津液釋靈泉，先後天不分，恐致學者誤會。

覆函之一段　「神水」二字，原是一種代名詞，說後天可，說先天亦可。但在各家道書丹經上，雖其所用名詞，往往雜亂無章，而先天與後天的界限，却劃分得很嚴，不便通融假借。

凡所謂先天，都是無形的；凡所謂後天，都是有形的。如涕、唾、精、血、汗、淚等物，當然屬於後天。卽大道歌所云神水，亦不合先天定義，惟比較涕、唾、精、血、汗、淚等物，其程度則超過一級耳。蓋因大道歌原文「縱橫流轉潤一身」這七個字，已將神水的界限劃定了。儼然是有形的物質，而非無形的先天。至於所謂「神水難言識者稀，資生一節由眞氣」，這個眞氣，似指先天而言。假使說神水是先天，則神水所賴所資生的眞氣，更是先天，於是乎有兩個先天，恐不合理。愚謂：自先天無形的眞氣，一變爲有形的神水，自有形的神水，再變爲不僅有形而且重濁的涕、唾、精、血、汗、淚等物，其中顯分階級，可知本篇所謂神水，乃先天無形眞氣變後天有形物質時，中間過渡之物，今世醫學家所謂內分泌者，或不無關係。

據汪先生云：「靈源者，泉窟也，泉窟卽神水之根也。」汪意蓋謂靈源如山中石隙之泉眼，其水至清潔，而且靜止。神水如尚未出山之流泉，其水因流動所經過路程太多，已不免泥沙混入，惟幸其尚未出山，究與江河湖沼渾濁之水有不同。故汪不曰「靈源卽是神水」，而曰是「神水之根」，可知神水之根乃先天，而神水則非先天矣。

拙註引朗然子詩「華池神水頻吞咽」句，的確是指口中津液而言，然較之常人口中涎唾，則有清濁之別。黃庭內景經第三章「口爲玉池太和官，漱咽靈液災不干」，又第三十三章「取津玄膺入明堂，下溉喉嚨神明通」，又外景第一章「玉池清水灌靈根」，又第二章「玉池清水上生肥，靈根堅固老不衰」各等語，皆同朗然子之意。昔日拙作黃庭經講義，對此略有發明。

總而言之，靈源大道，是指先天；涕唾精血，是指後天；而靈泉神水，則是先天變後天時中間過渡之物。若按返還功效而論，亦可以說由後天返還到先天時中間過渡之物。

是否有當，敬請指教。

吳彝珠女士跋

仙道之學，玄妙難知，乃吾中華獨有之國粹，亦惟吾漢族古往聖哲特別之智慧，始能發明到此。

余何幸生爲中國之人，而得聞此道耶！幼讀小說家言，頗羨神仙有超人之能力，常於靜夜，炷香禱天，以求仙度。長者每斥我爲妄，黠者羣笑我爲愚。雖然，妄與愚，且置勿論，而其一念之誠，或不無可取也。後以夙世因緣，得識吾攖寧夫子。花晨月夕，對坐清談，方知世間眞有神仙之學，決非小說家空中樓閣之言。惜彼時專攻醫術，嗣又服務社會，致令三十載大好光陰，盡消磨於塵勞苦海之中，詎堪回首。

丙子春，攖寧夫子爲編輯揚善半月刊故，謀隱居僻處。余復以困於痼疾，不能任繁劇，遂同意遷居滬西梅隴鎭之鄉村。既便於呼吸新鮮空氣，且欲代其料理衣食住之瑣事。有暇，輒煑茗吟詩以爲樂。一日偶讀圓嶠眞逸詩「太息平生晚聞道，雙修偕隱兩蹉跎」之句，不禁觸動愁懷，泫然流涕。夫子見而謂曰：「爾欲聞道，此其時矣。惟不能以私情而廢古制。」余乃照例具表立誓行禮如儀，遂於歷代道祖仙師位下，敬恭承受超生死，脱輪迴，歷劫不變，千聖相傳，天人合一之絕學。此丙子冬月事也。嗚呼！大道無私，豈不信哉？

靈源大道歌者，余三十年前，已能背誦，但未明其奧義，僅喜玩其詞章。而今則幸矣。一者幸萬方多難之秋，尚有此仙學勝緣之集會；二者幸文化銷沉之際，尚有此白話註解之流通；三者幸諸位道友序文，皆各擅眞知灼見，逸想遐思，足以補充註解未盡之意；四者幸天下後世有緣的士女，得讀此書，於最短時期，卽能洞明最上乘之玄妙，並預賀彼等將由此而獲修身立命之方，識返本還源之路。則作者、註者、序者、捐資刊印者、設法流通者，種種願力，皆不致虛拋耳。

噫！余老矣，且苦病，今生能完其素志與否，固不敢存奢望。惟大道無私，成功亦何必自我乎！

中華民國二十七年戊寅季秋內弟子吳彝珠謹跋

汪伯英跋

靈源大道歌，向無單行本應世。至於白話註解，更未之前聞。今觀此歌，通篇既無龍虎鉛汞、五行八卦等類代名詞，而其宣傳大道，開示靈源，且直指性命，專講神氣，又至爲親切。若能依法行持，可保絕無流弊。不論男女老少，士農工商，只須有一時一刻之工夫，便可調一開一闔之眞息，補救已損之精神，攝收漸耗之元氣，勉維現狀，庶渡衰殘。倘再能斷絕塵緣，專心致志，將見混一忘一，得大自在，倏忽之間，眞可以坐脱而立亡矣。

雖然，本篇因是文言，初學猶難領會。茲幸吾師陳公，復用淺顯流暢之白話文以註解之，使粗通文理之人，亦能展卷了然，無師自悟，庶免歧路徬徨，空抱向隅之歎。惟學者既得此書，卽當徹底研究，切勿如走馬看花，或竟束之高閣。若徒遇斯盛緣，而不得其益，結果仍與醉生夢死之庸俗人無異，終不免爲最狡猾最頑皮之造化小兒所玩弄，豈不甚可惜哉！

原夫曹眞人之啟發於前，與吾師之細釋於後也，蓋欲普渡衆生，願人人成道耳。則世之讀此書者，又安忍辜負作者及註者之一片苦心，而不力求上進耶？

中華民國二十七年戊寅季秋弟子汪伯英謹跋

壺天性果女丹十則

第一則　養眞化氣

凡男子修行，皆從初工運煉築基起手。若是女子修行，與男子不同。男子陽從下洩，女子陽從上升；男子體剛，女子體柔。男子用丹田陽精，常常保守不致外洩，積之既久，用火煅煉，使精化爲氣，氣化爲神，神化爲虛，由漸而進，工完了道飛昇。若女子則不同，女子乃是陰濁之體，血液之軀，用乳房靈脂變化氣質，久久運煉，自然赤反爲白，血化爲氣。血既化氣，仍用火符煅煉，亦能氣反純陽，了道歸眞。

女子初工，先煉形質，後煉本元。不似男子之工，先煉本元，後煉形質。其體各殊，其工自異，若不分門立教，何以能造化陰陽，男女共濟也？

吾於往昔詣師前問道時，便請女子行修工課。師言：「至矣哉，汝之心有濟世之心也。吾當與爾言明，後日好度世上男女。」因此蒙師逐一講明女道口訣，吾今業已了脱塵凡，救世之心未嘗抛置，故將師授口訣錄之編後，以開後世誠念女子，了俗道姑，同登彼岸，共出迷律。上可以報師尊之遺意，下可以救孽海之女流耳。

何以謂之養眞？

大凡女子之性必剛，女子之意必雜，女子之情易漓，女子之氣易動，種種塵心難於制伏，其體烏可長存？其工焉能有濟？故起手之工，貴在養眞。

這眞者，不是眞實之眞，不是眞僞之眞。女子之心，原是易動易滅，若是教他長守於內，便生煩厭，煩厭一生，諸念皆起，似此何能進道？故起手先教他一個養眞之法，自然煩厭少釋，四體安和，方能進步。

這「眞」字之義，乃是有形有象之法。大凡女子修持，定要教他念念歸眞，方爲了當。如何又是有形有象之法？

女子之工，先煉形質。形質工完，赤龍變化，那時方纔是陰返爲陽，血化爲氣。從此逆修，方可還丹。

這有形有象之法者，上丹坐煉之時，或平日行持之際，用氣機運動，從丹田血海之中運動氣機，照着心內神室之地，覺有青氣一縷自血海而出。定久之際，其氣必動。隨其氣機鼓舞，自然向上飛騰，衝上泥丸，復轉下降。斯時微以意引之，隨着氣機從泥丸降下重樓。此時切不可用意，恐傷形體。卽隨氣機自重樓下至兩乳間，內有空穴，凝聚良久，若有動機，照前行持。行之不過四五十日之間，其氣已透，血化爲氣，赤反爲白。斯時丹元已露，道心已誠。若能堅持靜守，再求上進。苟能朝夕不懈，時刻用工，何患大丹不結，女仙不成者哉！

此乃女子第一步工課，錄之編首，以教後世女子。若能將此段工夫行到那極玄極妙的地位，以後工夫，皆從此有進也。女修之子士宜加勉焉。

第二則　九轉煉形

夫形者，天地之所生，父母之所養，稟五行之氣而成，感陰陽之變而產。未受此身，先具此形，是形之與性命相生相感而有得焉。

然形既爲我有，何必用煉？女子之體，原屬陰濁。不若男子之體，實秉陽剛。苟不陶煉，不能使血化爲氣，如何孕得出先天，產得出眞氣？若不得眞氣，仍然一片純陰，又焉能復得了還丹，成得了大道？故女子之形，是必先煉而後可。

然煉形者，是調攝之義也。血液屬陰，實重濁，凝居於下，藏於血海胞裏，化於五蘊山頭，灌溉一身，榮養百脈，循環不已，游溢諸經，變爲渣滓之物，去而不用。直待二百四十刻漏三十時辰已周，那時鎔華復露，先天化形，留爲生人之用。此卽所謂氣之清者上升於乳，氣之濁者下流爲瘀，生人生仙之機實分於此。故女子修煉，預先認定清濁，方能煉得眞形。

夫形何以煉？當其坐時，用神機運動，候口中液滿，微漱數遍，使其清澂，然後用鼻引清氣，隨同玉液嘓然咽下重樓，入於心舍，下降黃房，至關元血海而止。略凝一凝，從血海運至尾閭，升上夾脊，透頂門，逕入泥丸，仍從泥丸復行下降至兩乳間而止。停聚良久，使津化爲氣，是爲一轉。如是者三。三轉既畢，方用兩手運兩乳迴轉三十六。轉畢，以兩手捧至中間，輕輕運至血海而止。仍又依前運煉一番，三轉三番，共得九轉煉形。倘女子沈潛莊重，根器深厚者，行之不過百日，而形已煉成，長生有路矣。從此往上再進，大丹可期。獨憐閨閫女子，孽海佳人，不得親覯正傳，以修無上真正之道。勸諭後世女子，早求師援，共證菩提可耳。

第三則　運用火符

女眞之道，原與男子之工大不相同男子之道貴在養精，女子之道貴在煉形，果是以前段工夫逐一講明，果能旦夕行之，虔心進步，使身中五臟之血皆返爲氣，自然化生。若眞氣潛生，將陰濁之體變爲純陽，工夫至此，方能用火行符，纔與男子同等。若不分門別類，其工焉能有濟？故男子先煉藥，後煉形；女子先煉形，後煉藥。因其體相攸分，故前後工夫差別。吾今立法教人，不得不分明指示，方使學者無虧。

學道女子，照依前段口訣，用心行持。若行到丹田血海之中，氣機温煖，自然有清氣一縷，上衝心舍，直至兩乳。此時切不可動念，仍前依舊行工運轉，他自然復行下降，仍舊歸於血海。斯時氣機已動，眞氣已生，赤血之陰變爲白氣之陽。若不用火行符，其氣仍然化爲赤血，白者復變爲紅，枉費工夫。

到此時，當用眞火以煉之，又用眞符以應之，符到火足，其氣必凝。當此氣凝之候，別有景象。倘不分明講出，恐用火過當，用符差錯，必定有壞丹元。修眞至此，宜細心熟記，毋自忘失。若此刻工夫有悞，不惟前工枉費，後工難修，而且有傷身命，防有血崩之患，終難治療。學者當記清楚。

然其景象何等相似。當其氣歸血海時，此氣是血化成，並非是血，故血海不相應。如人外出，變相歸家，卽家人婦子皆不能識認，安能如前日之相投？

血既化氣，與血不相類，仍是不相投，故其下降血海時，血海之中必如魚吸水一般。斯時四肢若醉，身體難容，如夫婦交媾相似，莫能禁止。到此地位，必須拏定主宰，切忌不可放縱一念。凝守中宮，停聚良久，他自然向上衝關，升入泥丸，化爲玉液，以意引下重樓，還至兩乳間而止。用凝氣之法，以混合之，使其聚而不散。久久行之，自能返本還元，以通胎息。若胎息一通，則仙道可計日而至。女眞修煉之者，當共勉之。

第四則　默運胎息

女丹修法，其理原本不繁，當其運煉亦自不雜。諸丹經內，不傳女子修煉者多。何以不傳女流？蓋因其未能男女雙度故也。吾今垂法教人，實願男女雙度，故此於丹書後編，接列女道十則以渡有緣之輩。

何以女丹之道至簡不繁？

女子之性純全，女子之身安靖，但得一點工夫，便能徹底造就。不似男子之念頗多偏僻，故其身心所向不同，其工亦當淺顯發明。行持之際，原有順逆之分，女眞修士果能照前口訣盡心行持，自然眞氣日生。眞氣旣生，血化爲液，其液自兩乳中間流通百脈，潤澤周身。此液是血化成，常用身中玉乳以養之，始能鎭靜中田，以爲超生之本。

玉乳者，是身中呼吸之氣也。呼吸由中而生，亦由中而定，倘得玉液歸根，故用此氣以凝之，其液方無走失，可倚此而結成還丹。

呼吸者，是運煉之呼吸，非口鼻之呼吸也。運煉之時，其勢不著於口鼻，而實不離於口鼻。雖有呼吸之名，實無呼吸之相。何也？是借呼吸以爲呼吸之義也。

何以云是借用呼吸？

口鼻之呼吸由先天之呼吸而生，此時是用先天不用後天。故先天之呼吸有名無形，隨後天口鼻之呼吸一出一入，自然升降。若女工運煉，亦只用中宮內運呼吸，隨着口鼻之呼吸而行，出入自由，無礙無滯。久久行之，自然息息歸根，呼吸之氣覺得不由於口鼻一般。行持一月，胎息已成。胎息若成，女仙不難造就。女子修此，宜當盡心。

此段工夫，極細極微，女子修行至此步工夫，必待前工養純，性情煉熟，方可行此。若不純熟，必得奇病，爲害不小。女子修此，當自謹省。

第五則　廣立功行

女子修行，原本屬至靜之理，靜而生陽，方謂之動。一動一靜，皆由內之所養，非屬外面事也。雖然靜養一身，尚屬至眞妙道。只守靜而無外行帮扶，靜何能久？若女子果能潛修至道，已經產得先天，復行煉得玉液，兼保得住胎息，初工至此已過半矣。雖然工夫業已小成，必假外行以培養之，方纔內無所虧，外有所補，內外兼成，仙道可期。

當其外行，如何行法？

女子之身，常居內室，終日閨閫，未嘗出外，如何行得了功行？這等看來，是外行定不能立了。然亦有不須出外而可立功立行者。譬如翁姑在堂，朝夕孝敬，視膳問寢，善事翁姑，此便是第一大功，第一大行。果能盡心竭力而爲之，則仙女便可立地成就。

凡與人應接，當存忠厚之心，切勿瞞心昧己。若見苦貧孤老，當存憐憫矜恤之心，必須損己待人，竈前毋厭穢，厨下勿高聲，供奉神明，尊敬師長，謙恭長幼，和恤鄉鄰，舉動勿輕浮，言語勿暴慢，與夫一切舉動行爲，在在皆歸理法之中。久久行之，自然氣質沖和，行動賅理，不求功而功修，不思行而行立，平心處事，常在道中。行到那極則的地位，雖非天上之仙卿，却是人間之雅婦。苟能若此，行何及焉？

凡屬女流，常存内守，切不可出外迎神拜佛，假託行修。似此所行，終屬鬼眷，如何超得過生死，了得脱性命，成聖眞於高上者耶？女眞修士，宜自勉旃。

此則雖屬外行，實爲女子修行莫先於此一着。若先行得此，則工夫前進不難至矣。

第六則　志堅行持

女眞之士，若能覓得明師，求得口訣，又能立得品行，虔心進道，立志潛修，恒久不怠，可謂得訣之眞。修身之要，誠如是也。

然女子之性，易漓易變，間有不如意之事，或有不投心之行，定然自失其性，必爲歧途所引，終不能立志前行，以期了道。倘存偏僻之見，此道遂不能行了。辜負一生，前工枉費。可憐九泉之下，没盡許多紅粉骷髏；枉死城中，藏却無邊閨閣雅秀。那時始知，身不自由，造物每多遺憾；孽海翻騰，輪迴無盡，要想出頭，怕没日子了。

吾嘗每至冥司，觀見此等男女，無不悲憫。蓋因世上遇道者寡，求道者難，往往有眞心之女而不得眞傳實授，以致昧死昧生，無有出期，良可歎矣。

吾今立法教人，故於女丹口訣，顯明指示，願彼有緣之輩，苟能遇此，頓悟迷津，得登彼岸，使那夜台無叫苦之聲，閨房得返魂之旨，長守不失，享樂無窮。

雖然此舉口訣易得，人心難齊，若是眞心女流得授至眞妙道，便能長一而修，終無悔念，志向純一，不爲歧途所惑，更兼道心永久，自可造就出世之相。若彼奇忒之婦，口是而心非，前行而後悖。不愼言語，妄與女友而示奇懷，不守師盟，輒以矢口而洩妙道。言行相違，居心苟且，假借修行而望長生，德寡行微而期體健。如此之人，是孽海之物耳。生受五苦之厄，死遭陰律之刑，吾門不度此輩耳。日後有緣廣度之時，定宜詳審方可示授。

若是眞修女流，一心守吾門清規，行吾門口訣，日夕不懈，旦暮施工，自始至終，總要廣務行持。工夫行滿，那時言清行實，身强體健，正氣充溢，返老還童。從此進修，成仙可冀。切不可有乖道念，自將本體喪失了。

吾有規戒，女眞記之。戒規列後。

第一戒，要孝養翁姑。若無翁姑，凡族親以及尊長於我者，皆宜謙恭盡道，敬老尊賢。

第二戒，要端方正直。凡行動舉止，以及服飾衣物，宜從樸實莊重，毋致奢華。

第三戒，要謹愼言語。凡應接上下，宜小心說話，以及他人是非，彼此議論，並師授妙諦，皆宜忍口，恐生嫌言致禍。

第四戒，要小心行持。凡坐煉工夫，宜居淨處。倘在穢側路旁，以及浸濕喧鬧之地，大宜避忌。

第五戒，要尊師重道。凡遇高明，請教必當謙受，毋致謗語祟興，矢口相對，自高自恃，不能受益。

第六戒，要立志存心。凡進道修行，必誓以終身，或期以數世，毋失堅心苦志，有悞前程。

以上六戒，誠爲女子修行要道，着實工夫。倘不從此規戒，當逐出門外，任他自棄可矣。姑錄於此，女眞鑑觀。

第七則　調養元神

女子之工，比男子便捷些。女丹從養眞至胎息，其工已得三分之二，不若男子之工，便有許多作用方能到得調神地步。所以女道丹書，從養眞直至胎息工畢，便接錄外行工修。俟其外行有餘，方可煉調神一段事體。

夫神何以調？因其前日運煉氣血時，已將血化爲氣。氣因血住，其氣便化神了。到此時候，若不陶冶性情，輔立外行，恐將來凝之不住，反失丹道，有悮前工。故行修到此，必須使他照依戒規，嚴遵法度，將他心性磨煉成一塊頑石相似。必須煉而復煉，磨而復磨，直至養道心花開發，本體光明。到此時候，性已養純，神已入定，内外貞白，表裏玲瓏，此誠所謂「萬傾冰壺光射目，一輪明月映深潭」。纖塵不染，體相皆空。行到此地，若運煉之時，自有一番清靈善化之機，照映在腔子裏，定久之際，渾然若死人一般，不動亦不言，不食亦不饑。此時必須用人扶養，不可因其入定，便妄驚叫喊。若妄驚動，恐傷神體，必走入魔營，爲害不淺也。

女修至此，當留心着意，毋致差失。當其入定之後，只見他氣息不存，顔色不改，任其自聚自散，或一二日，或五七日，或十餘日，皆不可動。須當用人日夜護持，待等他鼻息微微，神光半露，方可低聲呼之。

倘彼出定之後，卽凡飲食衣服，隨心所適，以後必須着着防危，庶免丹元有失。此後工夫，直至養到出神之後，方無危險。學者記之，慎之勿忽。

第八則　移神出殼

女子之道，原從陰返爲陽，陽極而神全。丹工至此，長守不懈，使那神體煉而復煉，存而復存。直煉至身若冰壺，神如秋水。然亦不可使之久留身中，如瓜熟自落，神圓則遷。若不遷神移出身外，終爲守屍之鬼，何足爲異？此時當用出神之法，將神移出身外。倘出之速，恐神迷無所歸，復將所出之神，復轉身內。一出一入，由近及遠，切記不可放縱。調教老成，方可任其去來。純熟之後，自無畏避。

雖然，出法故爾如是，而出神之工，又當分別。若未出神之前，此神屬至靜，其工仍同養眞規矩，直待至神圓，方可止步。若神旣出之後，此神屬動，便不似前面工修，當用逸神之法，使神靈通圓融，並無隔礙，直至煉到神通盡顯，方可休息。從此以後，務宜逸養元神，或遊山而玩水，或靜坐以操琴，常以樂事，快爽無邊。遇有功處且行功，當立行時便立行，神功運用，道妙無窮。苟能八百行滿，三千功圓，那時金書選詔，龍女降臨，眞仙保舉，待度飛昇，九重天上果逍遥，蓬萊洞天眞快樂，誠所謂「脱下胎州襖，作個女神仙」。豈不美哉！豈不快哉！信女何憚而不行哉！

第九則　待度飛昇

女丹之工，業已修成，養就純陽之體，出没自由，無拘無束，此時廣行功德，多種善根，切不可因其神出，逍遥自得，便將道果置之於度外，或因心用意而妄洩天機，或扭轉乾坤而復從世俗，多言洩造物之奇，行乖負天理之正。種種妄爲，罪該天譴。工夫到此地，只宜代天宣化，護國救民。功行滿日，自有上聖高眞，度脱飛昇。那時上朝金闕，膺受勅封，從兹永住天宫，快樂無邊。

女眞修成，何以必用待度？因其血弱之軀，假内工修煉以成陽體。體雖成陽，而陰凝之性，尚未煉盡。故女子工夫，少還虚一段運用，未能盡天地之妙化。所以不得超昇世外者，悉由體相之不堅故也。不若男子之體，已煉成金剛不壞之身，還虚之工養成，神光充滿天地，故不用待度而可了道成眞，覲朝上帝，遊晏蓬萊。若女子則不然，女丹修成，務必廣行功德。倘功德行滿，上聖見而憐之，保奏上帝，方得勅旨下頒，金書選詔，仍得人天無上道果。否則就成一個散仙而已，不能與天地齊壽，終歸運化。女眞修此，若到出神之後，直待上聖拔度歸眞，方可了手。倘功行完滿，永受人間享祀，上可以代天行不全之化，下可以救世人疾苦之厄。功德圓融，與天地齊壽，日月並明，躲脱輪迴，直超刼運，無生無滅。至此方稱閨中雅秀，閫內高人。世間有志女子，毋自棄焉。

第十則　了道成眞

女子修行，所貴者，在於成眞了道。若修行未能成眞了道，猶如田中之蛙未出泥途一般，終歸是那孽海之物，焉能躲得脱輪迴，超得過劫運，復還爲先天之體？

雖然，此等道理，只怕人行不到。若能立志堅心，道念不改，終身由之而不失其正理，勤勤弗懈，亦不過三五載功修便能證上乘果位。蓬萊洞天，逍遥自在，那時生由我生，滅由我滅，天地造化，皆在我掌握之中，誠所謂「一人成眞，九玄皆度」。斯時，德敷宇宙，功及九泉，上帝眷之，天仙喜之，神明畏之，人民賴之，萬劫長存，千秋享祀，極人間之快樂，享天上之逍遥，朝遊海外，暮宿崑崙，挾持天地，澤遍寰宇，任爾凡夫説長道短，總莫能及修行這一件事。若捨此而向別求，是人行邪道，豈能了脱生死，證道果於將來？後世女子當明鑒之。

偈曰：「丹工雖已錄簡編，其中道理妙而玄；　十進步中操得詣，九還丹内覓的端。不是知音休顯示，倘無緣遇莫陳觀；　苦我類數辛勤力，遺留後世待高賢。」

沈太虛　述註　閔一得　訂正

泥丸李祖師女宗雙修寶筏

又題女功指南

第一則

泥丸氏曰 女功進步，初則止念，繼則調心，念止心調，便可從事按摩矣。法忌避炎就涼，蓋女以血爲本者，其性偏陰。陰性喜涼，不假按摩以微行氣機，則易淪入純陰。陰則涼，涼則冰。如不加之以運動，釀成痰凝、血瘀等病，而功難行矣。然須從止念調心始。女屬坤，而坤藏眞火，火伏則吉。火發爍金，不調而運。金遭火逼，則有翰音登天之象。故女修訣，惟從止念調心始。止念調心，功不厭多，亦不忌久行者，靜中有動也。

太虛氏曰 念止則氣純，心調則氣和。續行按摩，則有陽發之機。慮或機鬱躁生，故復示戒。且女性喜涼惡熱，而初得止念調心，和趣中，或遭機鬱躁生景象，必起提灌眞陰之念，此純陰洶聚之由。蓋靜則陰凝，不動則陽鬱，初學必有此弊。不知推究發躁生煩之由，遽求得涼快一時，誤矣。必須加功，用運通氣機之法。氣行則躁自釋。不悟此而求效，適更增病。此又痰凝血瘀之所由致也，故切戒之。法惟續事按摩者，正以杜斯瘀凝之竇。又以人情樂功喜進，或致按摩過猛，地火焰騰，凡火從之，則有爍金之弊，故有翰音登天之戒。翰音者，酉禽也，逼之極，則飛走上登。故又申說止念調心之妙，蓋示此則爲女宗澈始澈終之要訣云爾。

第二則

泥丸氏曰 女子精修，以陽旺爲始，而以陰格爲終。此法至秘，知音鮮矣。迷者循修男訣，智者趨向禪宗，亦克自證一果，得有立亡坐化之效。不知仍淪鬼趣，離道遠矣。蓋女以血爲本者，血旺則精盈，心涼則生血。古云液血之煉，血精之化，還仗神清。血無液化，液失神烘，液泥成痰，流注脾胃，蒸升著肺，散流經絡，百病猬生，五臟被災，六腑遭厄。故古丹訣必先息心，心息定而神清，心斯涼矣。故必當俟心涼液湧，然後念注乳溪，加以用手旋摩，務使氣機洋溢。次舉兩手分旋其房，亦惟俟此絪緼周繞，更覺煖氣後烘，雙關得有煙燄，勢逼透關，滿關泥液，分沛乳溪，一如泉湧。旋以眞意導入南洋，寂而守之。約有四九之息，舍意一鬆，覺此個中，油然而降，分注兩腰，左右盤旋，各約神息四九之數。乃一意引聚臍輪深處，緩旋四十九，急旋四十九。察吾尾閭，煖炁後穿。如或勢緩，可用提縮二便法，自得穿尾升脊，上過崑崙，降注泥丸。覺此泥丸寬廣如海，自可停留涵育。既而降注華池絳闕。大地閻浮，露珠沛灑，混忘所事。但覺恍焉惚焉，不呼自呼，不吸自吸，不提自提，不咽自咽。此中滋味甘香，氣神充和，三田一貫。已而玄泂四塞，急須内顧。順將萬緣放下，旋覺身虛若谷，大地亦無，隱隱涼氣襲人，絪緼四塞。忽復霧散雲收，下現性海，碧波瀲如，我總一念不動，忘境忘情。忽現金光萬道，細雨如珠，隨光下注，左旋右轉，化成皓月，浮沉晶海，蘧然如夢而醒。

泥丸氏曰 此際急須內省此身，斯時以氣爽神清，遍體和暢爲得。得則全身照凝片時，以意注牝，覺得此中恬泰是矣。遂復摩手摩面，運神繞腹，雙聳轆轤，俱各共行四十九息，徐徐扭腰，擺灑膝腿，坐點趾尖，各行二十四息而止。行之百日，日行三次無間，天仙根基立矣。

太虛氏曰 此則大略，古名「上天梯」，大道丹訣在是，只欠末後大著。後之學者，務必熟讀，字字體去，息心默會，日十百遍，則行功時，如人熟徑，不爲境迷。縱或現象稍異，而層次井然。切戒學者持作西遊記看過。蓋男子丹經，汗牛充棟；女子丹經，世少全册。得如金華直指一十八則，已屬不傳之秘；得此指南以合參之，坤道天仙秘訣備矣。若僅得夫直指，地仙、人仙而已矣。

第三則

泥丸氏曰 男子雙修不用鼎，用鼎終非得道人；抽添小術非眞訣，眞訣三才爲一身。女子雙修總一般，無含三有育成丹；個中眞一如滄粟，造化爲爐熟任餐。

又曰　可知世有無遮會，種子原來遍大千。假個壇場作爐鼎，盧能去後失眞傳。

又曰　吾說此偈，天龍八部，應各驚駭，謂吾饒舌，恐遭玄罰。而我暢言之者，蓋承玉清神母懿旨，謂惜大道絕傳，曾勅不二聖姑鄭重宣示，口以授我，意在直洩，毋復假名易號，重誤後人。其說曰：「孤修非至道，同類自相須；身外有身者，形忘堪事諸。」其訣曰：「乾元得自頂，坤元失之牝；人元遍大千，三元一心領；不外心寂虛，不外身無梗；動靜合眞常，我無元自併；元併一亦併，一元卽情性；情乃性之元，性爲才共稟；能無元一化，自超無上品。」是乃玉清神母之懿旨，不二聖姑之口授也，能者從之。

太虛氏曰　同類相須，太極之理，是卽所謂「二五之精，妙合而凝」也。悟眞內外，全部參同，所言只此一理。世人誤會，乃有三峯之穢行。今得師訓，千百載心傳始白，炳何幸而得授（炳乃太虛翁派名也？）世何幸而得明？是爲男女二宗末後大著，第非具有慧力，鮮克有終者。炳味宗旨：「法惟無我，乃能無物，物我兩忘，眞一乃現。眞一已現，循一以持。一自相鎔，化化生生，無窮無已。」個中皇道，莫如無遮佛會。丹書所謂生龍活虎，遍滿虛空，炳於斯會見之。然須一循古制，乃無悔吝。以斯會也，其義至密，而迹至顯者，切莫誤會。夫所謂密，密在一心，有得有失，人莫得而知者是；其所謂顯，顯若市聚，行行止止，纖毫無隱者是。惟其則法乃爾，故能不爲世忌。噫！哲人之心苦矣！哲人之見遠矣！

第四則

泥丸氏曰　然古聖有云：「凡質不化，了道無期；功行不圓，證果無日；躐等而進，適證岐迷；不圓而證，下品小果。」學者凜此慈示，須預煉得法身堅固，則有受煅之基。此基不立，未可與言上則也。上則所事，純是化功，而步步起自色身，是乃寓虛於實，卽實致虛之作用。天仙功法如此。

太虛氏曰　法身者，身外之身也。夫此一身，非存想所得有，非法煉所能成。其訣則借假修眞。其加修，不外色身。訣惟「煉此色身，內外貞白，是身非身，非身是身」，所謂「功舉則身無，功停則身有」。方其無時，一切寒煖覺非我，一切痛癢覺非我，所謂「覺而勿著」者是也。如何得能？法惟神宅虛無，身不爲身，則能之。能識眞一，一外皆幻者更能之。如是煉至無遠無近，無內無外，則更進矣。加修至夫無去無來，無入無出，則眞造夫無遠無近、無內無外也矣。再能加修夫無起無滅、無動無靜，斯眞無去來出入矣。如是，則已具法身淨境矣，然不外於色身中討者。

第五則

泥丸氏曰 眞陽之言是（眞陽，太虛氏之號，爲泥丸氏所贈也。）如是精修，法身自具。如是不退，身外有身。汝須知古哲，必藉末後大著以了道者，乃是了道中之捷徑耳。蓋以一身之眞陰、眞陽有限，從而煉之，不外後先互煅。平時煉得此訣，非無日增月纍之效，無如一身後天凡纍，亦有日生月增勢。縱能勇於精修，而遭大厄者，古今不少，良可憫矣！無他，總緣一身之眞先，多寡可計；而一身之僞後，滋長莫測。況修不自童眞，沾染破敗，人人難免乎！汝於此，可爲世人懼矣。

太虛氏曰 飲水飲湯，冷煖自覺。苟其法身已具，所謂調護之訣，收放之宜，無勞訪得者，固已有內驗足審也。卽或法身未具，所謂調護之訣，收放之宜，亦只宜於一身中其尋消息者，亦不外乎塞通、升降、寒温、燥潤也。於此而施其則法者，夫豈外乎？塞者通之，寒者温之，燥者潤之，循環顚倒於其間乎。其大旨，以專以柔，不爲物誘。調其心炁，一其氣機，知此身爲寄器。凡夫按摩提縮，與諸守運頻加者，不過靈活其氣機焉而已。苟其炁機已靈且活，法惟專柔爲主，念起卽化，一收卽休。愼毋騎牛覓牛，收不知休，是名頭上安頭。卽如通塞、升降、温涼、平潤等驗得之，皆忌粘滯，亦猶收當知休之義耳。準此以修以養，萬無脱斃之虞也。炳見如是。

第六則

泥丸氏曰 然。汝言是。女之神飛，男之精泥，皆緣頭上安頭之故。蓋神之所戀者，精也。神凝精平則安，精涸神孤則飛。不知者謬爲蜕化，大可哀也。於是可知過行按摩存注之非。其故何哉？女子内陰而外陽，卦義屬離。而眞陰每隨月信漏失，故靜勝動者吉，動勝靜者凶。男子以精爲本，女子以血爲本。精以煖旺，血以涼生。知此，則知所以養矣。女功之不廢按摩存注者，其義有二：一，以通其氣機，則經絡疏暢；二，以煉其津液，不使液滯化痰，而液乃化血。古哲謂以靜存爲宗者，亦有二義：君安臣庶安，則神清不飛。又靜則慧生，不爲慾攪，而命得保固。此則一己雙修之訣也。氣機既舒，志意淨寂，加之以充和，繼之以貞白。日計不足，月計有餘，踵而事之，一旦證夫身等虛空，三田一貫，惟覺肢肢節節，竅竅光明。功修至此，一己之身外身具矣。果能踵事不退，神足氣充，念不外馳，則神不逐念，血生必旺，眞陰亦足，氣精自有彌天塞地局境。然或逐念騰飛，便墮二乘，丹書所謂陰神出殼是也。學者不可不戒者也。

太虛氏曰 炳嘗聞諸夫子，神者，心神，守而不飛者，戀精而守也。精一涸，則神飛矣。精者，腎精。精之不泥者，得神以御耳。蓋此泥精，尚非元精，乃是液類，血且未成者是也。眞神一離，斯精乃泥凝矣。易曰：「一陰一陽之謂道。」偈曰：「半斤八兩始成眞。」又曰：「孤陰不生，獨陽不長。」乾坤、坎離、震巽、兑艮，地天、日月、性命、男女，一陰陽也。循環終始，謂之常道。修或一乘，感或一偏，便成弊政。

又曰 大凡人之初修，惟在一身中求配合，而第有先後之分。先者曰眞，後者曰假。原夫假育於眞，眞亦名假。假返於眞，便亦名元。採或失時，或著色相，便落旁徑，卽成凡幻，大足爲患，然猶有救。其最烈者，莫如孤修。功足之候，感入杳冥，而念或一偏，則格致亦偏。雖求中止，事不及矣。女則神飛，男則精泥。可不愼哉！噫！要知崔公入藥鏡「是性命，非神氣」。曰神曰精者，猶如黄葉止兒啼也。不識眞金，焉辨黄葉？鍾祖有言曰：「四大一身皆屬陰，不知何物是陽精；有緣遭遇明師指，得道神仙只事身。」又云：「有無交入爲丹本，隱顯相扶是水金；莫執此身云是道，獨修一物是孤陰。」合之師示，蓋有所謂眞種子者在歟？然不外於此身求者，其旨玄矣。

第七則

泥丸氏曰 然。道德經云：「有物混成，先天地生。寂兮寥兮，獨立而不改，周行而不殆，可以爲天下母。吾不知其名，强曰道。」又云：「恍兮惚兮，其中有物；杳兮冥兮，其中有精；其精甚眞，其中有信。」蓋此一物，同在形山。古人有言，不在身中求，不在身外採，恍恍又惚惚，似在虛無杳冥之間，而不外乎玄關一竅。此一竅也，其大無外，其小無內，思之不得，運之不開。法惟身等虛無，萬緣放下，空忘其空，寂忘其寂者，神自入㲉，炁自內出。氣體絪緼，無頭無尾者，是此物之發現，身外身之始兆也。此竅不開，縱能斷龍神化，尚是黃葉之幻有幻無也，何得謂之結胎？何得謂之入門？前則所示，尚是黃葉，非眞金也。

太虛氏曰 按摩雖妄，棄之則氣機不通；注想亦誣，廢之則炁精不足。踵而上之，修至有物無物，而師意猶未許爲究竟者，以猶是這邊事耳。雖然，這邊事盡，那邊易通。那邊未通，機隔重山。其通也，以念引之，油然沛然，四鄰自至，故雖隔山隔湖，而氣機之通，有如覿面。

其法惟何？聞之師云，放光以引之，攝心以俟之。若彼升我降，彼退我歸，會而已矣，無益也！法惟於不寂中，寂然不動，虛而善受。氣機一到，覺有諧暢之攝，仍自寂然不動，以意包攝之，深藏內煉。由坤達艮，乘搓入漢，覺有金光電掣，涼氣彌空，如雲如煙，繞身內外。於斯時也，戒雜人意。或慕或疑，念起立撤之。覺有一種氣機，油然充塞於中，無有內外，無有邊際，倏忽之間，變態疊現，難以計算，莫之能繪，莫之能說。然亦有寂無光耀，黑漆成夜者。是皆謂之玄影，又名彼岸圓像，實則彼我圓圖，謂之華嚴、楞嚴、法華三境；三山、十洲玄景，其實彼我化工之氣機。彼岸非彼岸也，而彼岸得證，又不外此。師云：「某嘗質諸清淨元君，元君曰『如是如是』。又曰『男功何獨不然』？」

第八則

泥丸氏曰　偈有之「翻來覆去乾坤事，二炁交精合艮金」，又曰「鷹拿燕雀，鶻打寒鴉。細中之細，妙中之妙」，而不外夫知白守黑、知雄守雌，又豈外夫存無守有也哉？

太虛氏曰　道德、南華，非女子所能日誦。清靜一經，讀之宜熟。內則宜崇，外惟坤寧、貞一二經歟！蓋性不徹者命難存，戒不嚴者功不篤也。味師引偈，其義隱奧，詎易測覈？雖沐揭示上上法，凡女何知？依然洋望，天下比比也。蓋含全部火記於中，熟讀黃帝陰符，參看龍虎、參同、悟眞，乃可與言是則也。炳爲略示端倪曰：「翻來自覆去，其事有循環；識得一中一，參參一在前。都來只二炁，精交影萬端；身無一乃現，能包彼大千。大千影燦燦，燦燦是彼元；不爲元引去，元始卽吾元。元元不一一，一一一無全；寂然不撒手，功夫豈等閒。雀燕由渠燕，鴉寒亦聽寒；不饑時不到，時到任吾餐。是爲妙中妙，玄中更有玄；知白故守黑，渾忘得大全。問渠何得爾，極無極具焉。」師之精義蓋如此。雖然，有無自相生，取捨須循一也。色身不化，百事無成者。

第九則

泥丸氏曰 善哉！汝說也。語有諸：「欲事超凡，先淨凡思。繼空三界而不慾內，則不媚鬼神，孝敬慈祥，無違夫子，柔順利貞，不違坤道，動則循理，靜則釋如。寓道妙於執箕執帚，悟火候於執爨執炊。」詩曰：「委委佗佗，如山如河。之子不淑，云如之何？」其垂戒也，謂何如哉？

太虛氏曰 師此一則，其旨微矣。蓋夫世之皈道皈釋者，鮮循內則，罕識性宗。能柔順以事師長，每嫉狠以悖倫常。其弟其師，不齒於名教，抑將自投於鐵圍阿鼻也。不亦哀哉！

一得曰　我師太虛翁無上大道得傳於師祖泥丸氏者，十有八九，更於此書見矣。按此個中心轉，豈僅女宗之寶筏？男宗枕秘，於中逗透者，不一而足。原本蓋由輾轉傳寫，頗多訛舛，謹訂正而釐定之。惜有男女宗雙修寶筏，爲長山袁氏攜去，待訪之，應未失也。蓋男宗書中，亦逗女宗寶秘。而其謄本，乃亦大有脱簡。若得而訂正之，合刻之，斯成完璧，兩書得以會參矣，度世之功不小也！識此以告得男宗書之君子云：燬去善書，必遭冥罰，見諸經典，可不戒哉！

金蓋山人閔一得謹跋　時維道光十年歲次庚寅孟秋望日

西王母女修正途十則

沈一炳 授 閔一得 註

蒲團子按 此書原題「呂祖師申重題，孫元君遵劖重述，沈太師太虛翁授，受業弟閔一得註」。另有純陽子、孫不二序文各一篇，無關宏旨，今刪。

若曰 按：女修，應受九戒。戒律曰：行持不退，大有利益。戒果圓成，不經地獄之苦，生逢十善之家，名登紫府，位列仙班。今頒女修正途，應以九戒戒文，爲第一則。

文曰：孝敬柔和，愼言不妒；貞靜持身，離諸穢行；惜諸物命，慈愍不殺；禮誦勤愼，斷絕葷酒；衣具質素，不事華飾；調攝性情，不生煩惱；不得數音「索」赴齋會；不得虐使奴僕；不得隱善揚惡。

以上共九戒，能遵，方可受持正途。蓋以所頒，至珍至貴，不戒授受，爲褻天寶，授者受者，一體受罰。愼之凜之！

謹按 全部則則皆冠「若曰」兩字者，文成於述授之手，乃代西王祖母金口口宣，記者之詞，猶佛經冠以「如是我聞」，道經冠以「道言」之義。**又按** 此則則中九戒文，前人取冠於第一則則前，乃在淨身、淨口、淨壇等等文列。呂祖申正全部，始將戒文加以申說，纂作正文第一則。從此道不輕傳大義，開門見山矣。

若曰　女修正途第二則，題曰本命。

蓋言女子，陰質也，月象也。當十三四五歲時，元炁充足，眞血盈滿，有陰中之一陽，月圓之光正旺。至天癸一降，元炁逐破，眞血逐洩。若到婚嫁之後，或生男女，元炁漸損，眞血漸虧。雖月月有信水復生，卽月月有信水復傷。女命難修，在此一著。女欲保命還元，須尋修訣。得訣以修，功成甚速也。題曰「本命」者，蓋以女命還在天癸。天癸不化，命何能保？還元無日，無如修訣至珍。故以九戒文爲第一則，而以本命文爲第二則。先性後命之義，進體此則之下。接曰性原，蓋言修性正以保命耳。

謹按　全部除去第一則出自呂祖創纂，第二至九則，皆屬不二元君重訂輯成，復經呂祖手正者。意在明顯，故措詞從達。恐復因文掩義，貽誤後人，見者切勿以文欠古雅，疑非仙筆焉。至如第十則，全經呂祖纂出，蓋自申準以後，而續演政者也。

若曰　女修正途第三則，題曰性原。

蓋言女子，水性也，花質也。時當年少，知識已開，卽宜自飭，毋任戲遊，兼戒奔馳。於斯時也，自有一點初經，合於內牝，如星如珠，乃是先天至寶，藏於坤腹之上，位在中黃之中。女子斯時，若知潔性，不看淫戲，不聽淫詞，舉止幽閒，動循內則，靜則釋如，則此一物，得附性天，便成元一，不變赤珠，不化天癸。無如凡女無知，童性喜動，或隨嬉戲，或逐跳奔，不無氣動心搖，精神內亂，眞炁不固，則此星星天寶，油然融化，其熱如火，奪門而下，破扉而出，舉世名曰天癸。際此以後，縱或守貞不字，總是凡女也矣。此無他，不識性原之故。志欲修還，惟自下則修起焉。

謹按 內牝，卽是牝户。以下又有「泉扉」，亦名牝户。故以中黃之户曰「內牝」云。

又按 初經命寶，不識知修，則附性天而化元一。古之聖女，有行之者，大士、天妃，此明證也。世間不乏慧女，可惜內無仙父母，外無聖師友，千慧千墜，悲夫！

若曰 女修正途第四則，題曰修經。

蓋言女子天癸已下，眞炁已破，眞血已虧，不事修經，眞血日少，眞炁日虧，縱欲精修，有何益乎？丹書曰「竹破須將竹補宜」，其訣惟何？凡有月信者，先斬赤龍；無月信者，又須先復而再斬。究其起手，皆用周天之法。於子午二時，跨鶴而坐，萬緣放下，叩齒七十二次，以通肺腧二穴。次用兩鼻微微呼吸三十六次，以通周身血脈。於斯時也，誠恐炁從下洩，必須鶴跨加勁，毋任放鬆。須以兩手分叉臍下扉上，以意往後向上而送，約行三十六息。再以兩手作托天，必須分意存在尾閭，導炁後達而升，如是約行三十六息，再行緩托三十六次，急托三十六次，則自覺尾閭氣動，有騰騰上升之機趣。如是後，可將兩手放下，仍叉兩腰，加用兩肩往上直聳三十六次，則自覺夾脊雙關、肺腧等地氣勢動升，而或有塞阻處，加行咬緊牙關，意存後頸，往上直提三十六次，則自覺玉枕、泥丸皆通矣。如是後，方用下嘴唇包上嘴唇，微微著力，則自覺玉枕泥丸之炁，下到鼻中低處。其時只用舌搭天橋，無須着力，須以意存舌搭之處，甘露自降。乃於鼻中微帶縮法，以意送露咽下，直降絳闕。存留片晌，方以意導向退降，須分左右，達存兩腰，各旋三十六次。再以意導，分向臍輪，左旋三十六次，右旋三十六次，則自覺滿腹通暢。於斯時也，兩手仍叉臍下扉上，以意分導，乃是左右同刻，齊提三十六次，則自覺有一點點入子宮，則須若存若忘，片晌而已。此是修經之大略，個中尚有無上活法，此時未可言也，然不外夫寂虛而視一句云。

謹按 子宮卽內牝，蓋卽男子之玄竅。丹書曰：「陽曰玄，陰曰牝。」合而言之，是卽老子所謂「玄牝之門」，黃帝陰符經「載之奇器也」。曰奇器，曰玄竅，曰牝户，曰子宮，名雖有四，而穴則一穴。

謹按 此則之以子宮言，蓋假人事以明之。然可見聖胎凡胎，皆結於此。**又按**「不外夫」句，蓋言有消息可體行，愼毋大意云耳。

若夫子宮體得一陣熱氣盤旋，此時泉扉更宜緊閉，莫教放鬆。得有逸趣，最忌念起。稍有戀情，便致遍體酥麻。非惟急宜定情，仙凡從此兩分。

言當緊閉，不可大意。扉閉稍鬆，眞炁扉洩。下文云云，則更危矣。蓋以其時，扉内必有非凡震癢，再經提閉，則此牝内，必將非常逸趣。不加定情，必致遍體酥麻，溜入情海。雖欲定情，恐不及矣。故曰：「仙凡從此兩分。」大師太虛翁曰：「法惟艮背，闕情乃定。」否則扉必洞開，精漏若注也矣。惜哉！惜哉！

於斯時也，急須息心多時，寂俟子宮安靜而已，蓋卽魏元君「寶歸北海安妥妥」也。雖然，尚是黃葉之止兒啼，切莫認作結胎云。

謹按　覺海卽南海，則此子宮卽北海，而位却在中極中黃之北，蓋卽周易「黃中通理」之處。乃以前後爲南北，不以下上爲北南也。況有魏元君句足證乎！故必寂俟子宮安靜，乃可停功。竊按此則，是有赤龍而修。修至龍斬以後等等功法，大宜靜體以行，一鹵莽，功盡廢。故曰「仙凡從此兩分」云。**又按**　此則乃是全部圓影，所謂還元返本，造至結胎，玄景已具。第是則就一身之天地、五行煉而還返之至寶，尚屬小還小返，大可日行、時行而得。丹書所謂「一粒復一粒」者，是此至寶也。此則故以黃葉曉之，然於收取煅煉之訣，引歸安妥等等處所，乃是完完全全一部大還玄影，大宜體識，切勿鹵莽看過。

若曰　女修正途第五則，題曰復還。

蓋言世上女流，有年至老而身未淨者，有年僅四十五六而龍已云斷者，皆當修致還元，一如處女樣。此功此法，卽前四則內之功、之法也。但以往上後提者，改爲往前下注。流歸溪海，應咽甘露，只許咽咽留闕，不許下送。加用手摩乳溪，左旋三十六，右旋三十六。覺此闕溪，現有溶溶趣味，再加分摩兩乳。緩摩三十六，急摩三十六，先輕後重，亦各行三十六，共成百四零四之數。自覺兩房及溪之中，眞炁絪縕，得有涼液如泉，出自雙關，湧歸南海。息心俟之，毋許心後分注兩腰，只許於中宮萬緣放下，而却絕不用夫引導等等，隨機散布而已，自覺遍體極清極和，如是行持，一日不間，弱自漸强，衰自漸壯，老者亦漸還少，而面有花色。兩乳漸收如處子，中漸結若桃核。如是百日之内，足得天癸色若胭脂水。三日之後，卽行四則内功，一毫不加不換，赤龍又自斬矣。然以得見日月，而現若雙環，乃爲眞得云。

謹按　道典言有年老婦女尚有信水，水非信水，乃是飲食之津，是經民相火烘而成，不歸肝脾之物，或變腸紅，或變赤帶，或成倒經，皆此物也。症皆屬虧，故與先期而斷，同用修復，一如處女樣後，方可從事斷龍耳。**又按**　「得見」，「見」字，當從「現」韻讀。蓋此「見」作「現」韻讀之，「見」乃「現」兆。惟心寂體，乃可見也。現若之現，體之卽見也。按此兩字，義有深淺，不可鹵莽讀過。

若曰 女修正途第六則，題曰乳房。

蓋言乳房，上通心肺之津液，下澈血海之眞汁，煉得乳房如處女小兒形，便是女換男體。其功法不外四則、五則者，女子以血爲本也。而此則題旨，乃在煉赤返白。又患本虧，故有煉液化血一著。化液成血，莫如露露留闕，神注雙關。關内舊積泥液，油然鎔化，而溪歸海，血生必旺。其中精義，乃在第五則内。

若欲化血返白，莫如意注溪房，口齒緊咬，加意虛寂心念，炁自歸溪達房。加用兩掌分揉兩乳，先緩後急，先輕後重，共行百四零四，炁聚倍旺。加意後退，分注兩腰，更以目神分率炁旋左右，共成七十有二息，必得炁烘若炙。更以意導繞輪，不計其數，必得下極若沸，則此赤化新白，必自化氣，穿閭升脊，踰枕透谷。斯時内現三山玄圃，不如淨境，急須從事忘忘。忽又冥寞成夜，我自寂守。久之，必自得有電掣電轟，露灑若注，華池充滿，咽不勝咽，油然降闕達臍，遍體清和，吾乃寂體以視之。如是百日不間，兩乳中壯者，平如小子；　兩乳中空者，實若核桃，一如處子。究其得如小子，乃從化白功足；　得如處子者，功從化赤功足。

吾宗遵行得驗者不少，著有詩詞者，鳳姑也。茲堪採以作證，其詩曰：

「左日右月一陰陽，關鼻內運名運罡；　若欲陰陽歸日月，手把眞火揉雙房。」

受者勉諸！

謹按　雙關，位在脊前宮後，關內有二穴，人身泥液之所踞，左曰膏，右曰肓，藥力不能到，眞炁不自至者。泥液踞禍一身，造化生人，乃爲設關以護心，故名其處曰雙關。夫液曰泥，似液而非液者，本屬飲食之所化，津類也，乘氣著肺，散布一身，以潤經絡者。此一物也，身內眞炁旺，物經則化，爲用無窮；　眞炁若衰，物經不化，流注臟腑經絡，亦不爲害。惟適感至陰陰炁，乃成泥液，似精非精，壅塞炁道，而被注留最多處，雙關下極兩地。留禍最肆，莫如雙關。蓋以眞炁不自至之故，故其聚積，積若崑陰冰雪，歷經三伏而不化。雖有己土心罡，以防以護，神旺則安，神衰則危，古哲知之，故有聚神烘關一訣，而世罕得聞。知而行驗，載諸詩詞者，其惟鳳眞，茲故取以印證也。然考鳳眞遵行得驗，還仗先事虛寂心念一訣。惟能虛寂心念，故得神歸炁旺，加以注溪揉房工法，始得泥液鎔湧出關，達洋承煉，是得有無相濟之妙用耳。

又按　乳之左房通肝，右房通肺，溪則通心通腎又通脾，故宜時刻觀注。然於平時，只須有意無意以持之。蓋以女子命根根於心，義得坤卦中爻而成離，伏有眞火。然血以涼生，血旺而神安，故宜倍加虛寂。原是治病養生，復元成道之要地。第當行得清靜經三觀觀法爲妙耳。

若曰　女修正途第七則，題曰玉液。

蓋言男子清靜入手，功到運徹河車，眞精保足，不出玄關，逆流至頂，露灑天谷，沛下華池，亦名玉液。然以得到陰神出現，魂遊玉府，魄朝帝眞，圓光罩頂，潮湧玄海，響徹玉清，乃眞玉液之丹還，古眞名曰醍醐灌頂。

若夫女子玉液，乃是赤龍液化白鳳髓。厥髓充足，乃可從事逆流，不爲虛行故事。個中功法，雖不離乎四則之所示，而妙義須循六則。蓋以能如是，方能用用無窮，是卽前賢所謂「一粒復一粒，用取豈有竭？得到眞種子，此事還當力」。然其致足致得之由，總因克事虛寂心念。受者勉諸。

謹按 此則當引翠娥仙子自述一則註之。則曰：「余昔從事還法，用人忘其人，法忘其法。入手時至則行，故能吾忘爲我。但自今斯明斯今，今日；明，明日；斯，指此還丹大事也，日忘其日，時忘其時，一旦天地亦無，久之而吾忽醒如悟如，寂聽寂視而已，然竟渾忘何事而事也。但覺炙如焚如，而後現有脂如油如後，乃北極之後；脂如油如，赤龍液化白鳳之髓也。無際無涯，若有聲，若無聲，時流時止，載激載噴。有時而懸若雪練，有時而淨若冰湖。時非一時，處非一處，目不爲眩，神不爲疲。忽於個中，見見聞聞，却足迷性者。吾於斯時，尚克自警曰：『毋爲物誘。』又忽覺曰：『逝者如斯。』蓋可頤指而氣使者。將起試之，忽又覺曰：『天地與我同體者。』返身內省，吾身諒亦同然。理果外然內亦然，則必內然外亦然也。於是反躬自省，吾無有我。寂體久之，我乃現焉。然欲深入內省，絕無門竇，蘧然如夢覺。覺此身中，中下下極，火熱如炙，聲發如雷，風聲潮聲，起自個中。倏忽之間，穿閭升脊，透枕達谷，如注甘露，乃由鼻落，華池水滿，咽不勝咽。而時不半晌，已造液湧南洋，尋將注腰繞臍，以鎔以冶，天地同體，外然內然，其信然矣。我於斯時，竟循常序，功竣乃退」云云。仙子所述，純是化工。想其平時，必克專事虛寂於前，進事忘忘於者也。一得故採以證印事是功法者。

若曰　女修正途第八則，題曰胎息。

蓋言胎息，至道也，天梯也。女子還丹以後，精氣充足，與男體同，不假胎息，還虛無日也。夫此一息，功用無邊，而訣修至簡，然非盡人一成，其中大有差等是非。造物有以主之，造物亦自因物成物也。方人假寂以尋息，鼻無思也，無慮也，朝斯夕斯，一朝摸著祖竅，竅自洞開，不招也，不拒也，翕然息與鼻合，浩浩兮無涯，冥冥兮莫測，不知祖是我，我是祖。一鼻呼吸，古哲名曰胎息。然此竅中陰陽、五行、天地、人物，皆生於此。息隨機感而機應，自成天、水、地、人、神、鬼六等仙眷者。訣惟虛寂致極，德合眞一，而修成天仙；德合玄一，而修成水仙；德合貞一，而修成地仙；德合精一，而修成人仙；以下二乘，德合情一而修，偏陽成神，偏陰成鬼。善人之證果，未可得謂眞仙也。差等致如是，種在機感機應，雖曰天賦，豈非自取？受者勉旃。

謹按　此則說胎息一功，眞至道，眞天梯也。敢不勉旃！

若曰 女修正途第九則，題曰南無。

蓋言女修大成，無如大士，乃苦行薰修，修證佛菩薩，其得力乃在「南無」二字。二字之中，蘊藏玄義，惟能體守，此身卽佛。猶如一座晶製七級浮屠，安鎮普陀岩上，座前有個紅孩兒，乃是識神領袖。大士一任他東參西參，參到五十三參，參參見佛，公案了了。繼憑南洋龍女捧獻自在玄珠，乃用紫竹林隔住，旋任白鸚鵡上下飛舞，手持清淨瓶，插住楊柳枝兒，收取自然甘露水，穩坐普陀岩上，用哆囉之法，以一「唵」字，放在眞意之地，收得至寶，放在魚籃之中，念「伽囉伐哆」，將一切娑婆，縱在南海。海中由他波浪滾滾，俺只自在觀自在。此一部大法，却少不得第四則內功，尤當息息出自上則，則步步返眞虛眞寂。功圓行滿，乃得與大士相視而笑，穆如釋如也矣。受者勉諸。

謹按 此則純以化工了化機，只許意會，毋須饒舌。但須要勤勤懇懇於南無，體守此身卽佛，活活潑潑，無住無所焉而已。

若曰 女修正途第十則，題曰慎終。

蓋言女子，坤德也。地道無成而代有終者，是亦應行贊襄化育於光天化日之下也。而功仍自虛寂入手，不費分文，不勞絲力，坐而致之，人莫知之，而德參造化，是蓋卽身以醫世也。而功純以調心虛寂爲用，調至胸懷清靜，而天都泰安；調至坤腹通泰，而閭閻富庶；調至四肢通暢，而四夷安靖。如是體調而身安，身安而世治。嚮應如是，故能一刻清和，卽有一刻實德。雖不見效，而效自有焉。第恐素學未淳，三田不貫。蓋未有一身未濟，而能得濟世才也。訣惟朝斯夕斯，人一己百，人十己千，雖愚必明也。受者勉諸！

謹按 此則乃是西王母準重頒授全部，不二元君乃遵玉清神母口授醫世大道，輯易昔傳末則，以殿則末。信屬開闢以來，未有之曠典。呂祖謂爲造化幸甚，元君謂爲道運之當重振。其有厚望於後學如此。一得願得見是書者，互相勸勉云。

用中貞一子 著

女金丹

序

大道不問男女，皆能有成，故男子道成爲眞人，女子道成爲元君。自來丹經言男子修煉之功至詳且悉，女子修煉之道多不論及。間有論及此者，不過略露一斑。非薄女修也，推其意以爲人同此性命，卽同一功夫，言男修而女子之功不煩言解矣。不知男子外陽内陰，女子外陰内陽，秉性不同，形骸各別，雖同一性命，其行持大有不同者。修眞辨難曰：「男子下手以煉氣爲要，女子下手以煉形爲要。」許祖曰：「男子修成不漏精，女子修成不漏經。」其初關迥然各別，至煉己、得藥、還丹、温養、結胎、出神諸事，雖與男子同，而細微節次未嘗不無大同小異之殊。

壬辰春，適有坤女問道，僕教以多看古書，證其所授。而丹經言女修者獨少，難以考證異同。爰不恤洩漏天機之罪，因將其所以同者何如，所以異者何如，並逐節次第何如，形於楮墨，以爲問津程途。俾得尋文釋義，不致魚目以混珠；深知力行，庶幾金鼎可烹汞。以成無上至道，而方諸、瑶池之會，不難與男仙同謁木公、共拜金母矣。

旹大清光緒壬辰歲中和月用中貞一子序於玉帶溪之臥雲西軒

女金丹上卷 戒規

立志入道

天陽地陰，乾剛坤順。陰無陽不長，陽無陰不生。剛柔得其中和，水火始能既濟。陰陽必有匹偶，人物由茲孕生。是乾坤皆禀眞元之氣，男女各具不死之身。乾曰大生，可以道成正覺；坤曰廣生，亦能果證元君。

如謂坤陰難入仙道，何以王母長處崑崙？蟾蛾竊梁間之丹，永作月宮皇后；逍遥讀漆園之書，自號瑶池謫仙。洛神巫女，自古維昭；紫姑湘妃，於今維烈。跡載史篇，固可考也。身秉坤德，豈不能乎？特以沈溺慾海，不發入道之心，安能跳出迷津，以作登雲之女？性本陰柔，見多偏隘，罔知四德，寧曉三從，過惡當改不知改，福田宜修未能修，縱無情之欲，喪本性之眞，自暴自棄，愈趨愈下。豈知人世如浮雲，塵寰原孽網，與其將身入輪迴，何若回頭登彼岸？

蓬萊本有路，只在目前；玉京豈無梯，須由心悟。佛卽是心，心卽是佛，仙能傲我，我亦可仙。玉汞金鉛，實度生之寶筏；丹經釋典，誠入道之天梯。特以天機不輕洩，語多露尾藏頭；卽使琅函已卒吟，還要參師訪友。聞一訣方知一訣，進一程更有一程，果能擺脫塵緣，拜明師以求心法，何難步入瑶闕，謁金母而列仙班！

人須立志，各自勉旃。

入門戒規十二條

婦女所當戒者，雖不止十二條，戒此十二件，去仙不遠矣。

一戒妄念迭生

心之所發爲念，念頭正則所行無不正，念頭差則所爲無不差。蓋心爲天君，念爲役使。天君泰然，百體從令也。

妄念者，一切狂妄不正之念也。古人所謂「無念之念方是正念」，卽眞意也。這點眞意，却少不得。有這點眞意，方能煉鉛求汞，凝神養胎。丹經所謂「行住坐臥，不離這個」，這個，眞意也。豈若此不正之妄念，千頭萬緒，莫可名狀。始則憑空而來，繼則對境成幻。一念未已，一念續之。緣此及彼，觸境生心。想到得意時，不禁自慶自足；想到失意時，曷勝自怨自悲。盡日之中，無有寧息；宵之寢也，神亦不存矣。

夫所發之念既妄，則見於行者無不妄，如此妄人，安足語仙道哉！　即使未見諸行事，而無端妄想，神目如電，指視何其嚴乎？　況人之生死輪迴，莫不由一念造之，鍾情之區，卽受生之地。　噫！　一念之輪迴，種無邊之生死，人顧可不愼所發哉！

若夫至人，知此無根無據之妄念，牿亡吾性，死趨六道，精心體認，勤加覺察。　此念何自而起，何自而滅，未起之前如何，既起之後如何。　知此一念起，卽提慧劍斬之，務拔其根，勿使潛滋暗長於隱微之中。　務令此性空虛靜寂，萬念俱泯，一靈獨存，瀟瀟灑灑，活活潑潑。　如此則私欲盡淨，天理流行，仙道不遠矣。

故入門者，先須於關頭謹守勿忽方是。　果決烈女，道中法器也。

二戒縱慾貪淫

人所最難破者，色欲一關耳。　人胡爲有生？　因這點淫根未拔，見淫事而性卽入男女之身根以投胎而生。　人胡爲有身？　因父母淫姤而始成此身。　人從淫事而來，故其習染最深，而根株未易拔也。

且人所恃以生者，全憑這點精氣。　貪淫則精傷，精傷則陽關不固，百病交作。　古人謂：「服藥百粒，不如獨宿一宵。」惜此精氣也！　惜得幾分精氣，卽多添得幾年壽數。　基成無漏，陽關一閉，則長生矣。

況婦女之性情易蕩，一貪淫事，則慾火焚身，情難自禁。無夫以遂其欲，必有喪廉之行。即使不至失身，淫心一動，火逼一身，精氣已不存於中矣。昔韋十一娘學道，其師化一偉男子百般調戲，且致逼污，而此心不易，方授仙術。故淫根未拔者，多失仙緣。即或僥倖聞法，而此道乃色相中事，亦行不得。即或行之，而所結之胎特一淫胎，一朝出神，必見淫垢而投胎，前功盡廢矣。天宮仙女，多有謫下紅塵者，莫不因情緣未斷之故。可不戒哉！

戒之之法，要在不思不視而已。不思則能禁情於未然，不視又能絕念於當境。文昌帝君云：「未見不可思，當見不可亂，既見不可憶。」誠戒色良箴也。然豈徒不思、不亂、不憶已哉？務要拔盡情根，看色即是空，空即是色，對境忘情，在慾無慾，方可與言仙道。若抱淫慾之心，以希上真之道而有成者，吾未之聞也。

附考 韋十一娘，宋長安貧女也。嫁同里鄭氏子，鄭子喜遊俠，屢諫，反目。政和間，往邊城從軍，久無音回。伯子不良，每以言語調戲，韋正色拒之。因憶趙道姑自幼相愛，況有道術可傳，遂投姑。姑欣然挈入庵中，教以法術。日暮，姑下山，留韋獨宿，戒曰：「勿飲酒及淫色。」韋思深山中焉有此二事？更餘，一男子踰牆入。韋速起問之，不答。男子近前擁抱，拒不從。彼求益堅，韋抽劍欲擊，彼出劍相刺，甚精利。韋知不及，棄劍哀求曰：「妾命薄，久戒塵心，何忍亂我？且師有明戒，誓不敢犯。」彼以劍加頸逼從，韋引頸受之。其人收劍笑曰：「知子心不變矣！」視之，則道姑也。從此盡授其術。

三戒剛暴殘刻

剛，美德也。人無剛，則柔懦不振，百無一成。這個「剛」字却少不得。然剛而無禮，則流於暴，狠戾自用，不知退讓，不顧是非，不恤人言，無禮於姑舅，不和於妯娌，不敬於夫子，虐凌於子姪，苛責於奴婢，是謂悍婦。故剛而繼以暴，每多殘忍不仁，刻薄寡恩也。

夫人必有仁慈之心，而後有胞與之量。聖母元君視天下爲一家，視中國如一人，凡天上地下一切物類，莫不受保愛若赤子一般，何嘗起點憎惡之心而流於殘刻哉！觀音大士稱爲「慈航」，以其仁慈成性，普濟眾生，而爲浩劫之慈母也，故神氣亦浩劫不朽。如剛暴，則失坤陰柔順之德；殘刻，又無坤厚廣生之量。如此之人，天上選爾何用？地下留爾奚益？不如速死之爲愈也，安望長生？

夫惟戒之，性暴者，養以和緩，藹然如春風之宜人，而與物悉無忤也；殘刻者，易以慈惠，浡然如時雨之及物，而無人不沾其恩也。見於外如此，而性之在中，無不靈明自在，活活潑潑，渾含生機於無窮矣，而謂慈航觀音不虛座以待爾哉？

四戒煩惱嗔怒

煩惱者，遇事煩勞而生惱恨心也。人生一世，孰無事業？須慢慢做將去，不計功過，不辭辛苦，不憚煩勞，事方有濟。如因煩勞而生惱恨，天下事何者能成？

至養性，更要耐煩。緣此心馳放已久，一旦操存，如生龍活虎，伏之未肯卽伏，降之未肯卽降。須從容涵養，不拘不束，勿忘勿助，任其自然。今日養一分，則得一分；明日養一分，又得一分。養到十分，自有圓明時候。若以難純而遂生煩惱，其性豈能圓明乎？

嗔怒者，事不如己意而嗔恨怨怒也。試思天下事豈盡能如己意？未必嗔怒而事遂能如己意，何不思之甚也？亦惟安於所遇耳！況嗔怒心甚者，其心必毒，死多投於毒蛇腹中，夏臘以嗔怒而化蛇，郗后以嗔怒而變蟒，此固明徵也。

但嗔怒有因煩惱起者，煩惱有由嗔怒生者，二者皆爲心累，急戒之可也。

五戒憂思驚恐

思傷脾，憂思則氣鬱而不伸；恐傷腎，驚恐則神散而不藏。事未至則憂思不已，事將來而驚恐不休，蔽性之端，亦損精耗神之具，不戒，多成內傷之疾。戒之之法，惟鎭定空寂，心不留物，憂至則思理，理不能遣，聽其自然，憂之何益？且人所以生此驚恐心者，恐其禍及吾身也。平日仰不愧天，俯不怍人，我無虧於人，人必不害我，何驚之有？卽使橫禍忽來，而死生有命，亦順受之而已。聖人泰山崩前而不驚，刀鋸加頸而不恐，神定故也。

昔宛丘以色、聲、香、味、觸、喜、怒、憂、思、悲、恐、驚，試青鳥公，有二者未泯其迹，僅成地仙。學者不於此着力，亦凡夫耳！安冀有成？

六戒目多妄視

目爲六賊之魁，眼見色，心卽爲色所牽，而魂從眼漏，其傷在肝。蓋人之魂，夜藏於肝，日寓於目。妄視則魂漏於眼，夜多夢寐。聖人無夢，以其能收眼光内照，不使魂日馳於外，亦不使心爲色所引也。故欲收其心，先攝夫目。其法常將眼光返照玄關一竅之中，使此性靈明不昧，以養如如不動之神，自然目不妄視，心不妄動，魂不外遊。神不外馳而先天之氣歸於身矣。

七戒耳多妄聽

腎開竅於耳，妄聽則心爲聲動，精從耳漏，其傷在腎。腎爲先天眞一之水，能灌溉一身之營衛，傷腎則肌膚憔悴，精脱耳聾。人能常凝耳以内聽，不惟使心不爲聲動，而心得所養，精亦常凝於腎，去仙不遠矣！

八戒口多妄言

言易招尤，南容三復「白圭」，聖人稱之，以其能謹言也。多言則不足以養吾心之仁。故司馬牛問仁，聖人以訒言告之，制外養中也。且言爲心聲，心藏神，多言則神傷。能守口如瓶，神自常住於心，性不因言以亂，而酬酢往來間，亦不失口於人矣。

九戒慳吝惜財

財以濟用，天下無人不需財，但要不爲所迷耳。如一味慳吝，分文不捨，則雖堆金等山嶽，能買無常不來乎？與其積財自富，而作一家之守財奴，孰若散財積福，以結道中之仙緣。自來仙眞，莫不由廣種福田而成。古人云：「若是吝財並惜寶，千萬神仙不肯來。」蓋至人等富貴若浮雲，視金玉如糞土，一塵不染，一物不戀，卽此身且非我有，況身外之財乎？故入道者，此關更宜打破，休爲所愚。

十戒殺生害命

天地以好生爲心，聖人以愛物爲懷。天地生之，我輒殺之，大干天地之和；聖人愛之，我竟害之，大非聖人之仁。況人物同此性命，好生惡死。人物同情，己有生，惟恐其傷，豈物有生，不懼其死？推己及物，必有不忍殺害者。古人云：「汝欲延生須放生。」夫我既欲學道以求長生，要當推己心以惜物命。雖曰物命在人，而好殺傷生，多遭慘報。救蟻中狀元之選，放雀獲明珠之報，古往今來，以放生得福者多矣。人可不慈心於物，以養我好生之仁哉！

十一戒不節腥葷

腥葷雖養人之物，而齋戒斷味者，未聞有傷。可見養生不盡在血肉也。上古草衣木食，其民多壽，自火化興，血肉食，民遂夭折者，何也？蓋肥甘動火之物，食之過多，每易縱情損精。不如穀食，得天地中和之氣，爲至清至潔之味，其養生最好。況食物類之肉，以補我肉，其心亦有所不忍。佛家絕腥葷，蓋不嗜口腹以增殺孽也。南嶽夫人戒楊羲曰：「修道之士，不欲見血肉。見而避之，不如不見。」已死之物卽爲屍氣，觸之最能害道。入道故貴節腥葷。

十二戒慢道輕師

天地間至貴重者，莫若金丹大道，可以出凡籠，可以了生死，可以超九祖。古人萬劫一遇，夫豈等閒細事哉！

雖貴如漢文帝，猶且折節於河上公；富如馬丹陽，猶且虛心於王重陽；武如漢鍾離，猶且低頭於王玄甫；文如抱朴子，猶且屈膝於鄭思遠，況下焉者乎？故求道者，挾不得一己之富貴，逞不得一己之勢力，恃不得一己之學問聰明，必虛心誠求，如伍沖虛灑掃役力，切問二十載，方能得之，而授之者亦不輕易。

抱朴子曰：「受眞一之訣，皆有盟文，歃白牲之血，以旺相之日，受之以白銀，白絹爲約，尅金契而分之，輕說妄傳，其神不佑也。」沖虛子曰：「自古仙眞授受眞道，必清淨齋醮，如科條具信贄，刺血盟天，奏告上帝三台、北斗南辰、三官四聖、五帝司命各位下，請命降允，而後可傳。凡傳一人，遍天地間神聖無不告知者。倘有惡類，妄自行財及詭詐，私相授受，師弟同受考掠，可不愼哉！」

使者既不輕易以傳，授者何可輕褻？抱朴子曰：「明師之恩，誠爲過天地也，重於父母也，可不尊崇之乎？」觀此可見，求道者既遇眞師，卽當尊崇恭敬，勤求切問，歷久不怠，方得卒聞心法，而昇天有路矣。

女金丹下卷口訣

收心

金丹道理最幽深，逐節功夫着意尋；若是入門初下手，掃除妄念以收心。

金丹大道，至聖至神，至玄至妙，有內有外，有始有終。其中微細節目，須知之清，方行得到。若不着意行之，則知內不知外，終落空亡；知始不知終，僅成小果。其下手用功，以收放心爲首。孟子曰：「學問之道無他求，其放心而已。」倘此心日放於外，如野馬、山猿，刻不寧息，此心日與情私爲緣，眞性卽日爲物欲所蔽，秉夷旣牾，則夜氣不存，欲望結成仙胎，不亦難乎？故入門先把萬緣放下，一絲不掛，一塵不染，放心於無何有之鄉中，清清靜靜，空空寂寂，久久純熟，其心自死，心死則神活。雖不得仙，去仙亦不遠矣。

養性

一顆牟尼似水晶，何期塵垢蔽精英；但能靜坐回光照，依舊天心夜月明。

眞性本自靈明，但爲氣稟物欲所拘蔽，則有時而昏，然其本體之明未嘗息也。如能勤加拂拭，用力涵養，依舊如天心之月，明照萬國。

涵養之法，每日靜坐，先將萬緣放下，回光返照，如月到天心、風來水面一樣情景，悠悠揚揚，活活潑潑，似有似無，勿忘無助。事至物來，雖如如不動，却又了了常知。不知則流於木石之蔽！返照時總要安舒自在，不自在則未合法，不可再照，恐成氣鬱。

古云：「先時要放又要收，自後熟來不放亦不收。」收放得宜，久久調養，忽見石火電光，此眞性初現景象也。由此用功，自有圓明時候。

但返照之功不可久用。古人云：「未得大藥，不可久照，恐出陰神，入於魔道。」故十二時中，以一時返照，餘時則瀟灑自在，其功夫總要不可間斷。純熟之候，自有天然慧光發現，明照九州。慧觸未來，又要知而忘其所知，忘到忘無可忘，自臻化境。

養氣

雖能念住持初禪，息到沖和始見天；養氣方知無別巧，同行同坐夜同眠。

佛云：「初禪念住，心無生滅也；二禪息住，息無出入也。」息無出入，則息住而氣得所養矣。此息非口鼻呼吸之息。蓋人生之初，隨母呼吸之息以成胎，後及裂胞而出，此息藏於祖竅穴中，雖與口鼻之息相通，常人之息由口鼻出入，不能入祖竅以歸根，眞人則息息歸根。故莊子謂「眾人之息以喉，眞人之息以踵」是也。

欲尋眞人之息，須調後天呼吸之息以尋之。眞息歸根於祖竅穴，其氣卽藏於祖竅。故息調則氣和，息住氣不散。古仙所謂「氣歸元海壽無窮」者，此也。然息必調到沖和時候，乃可採藥，乃可養胎。故云：「沖和始見天。」劉長生曰：「沖和結坎離。」又曰：「沖和養神氣。」

何謂沖和？伍子曰：「不偏不倚，不疾不徐，非有非無。」如何作用方能沖和？伍子又曰：「夫妻並肩，陰陽合一。晝則同行，不前不後；夜則同住，不即不離。」如斯了悟，方是沖和三昧。總之，伍子之言，不過喻心息相依、朝夕不離之謂也。

鍾離曰「人能心息長相依，換盡形骸玉液流」，故心息相依，調到沖和，養氣之能事畢矣。

凝神

神是夫兮息是妻，休教異路隔雲泥；兩相匹配歸根處，便與同登步月梯。

神者，火也。息者，風也。煉丹全憑風以扇火，火以煉精。風火同用，神息相依，兩不相離，猶如夫婦一般。故必凝神於氣穴中，神抱住氣，意繫住息，不卽不離，勿忘勿助，方是眞匹偶、眞交媾。

朱元育曰：「要覓先天眞種子，須從混沌立根基。」混沌卽歸根復命之處也。海蟾祖曰：「先賢明露丹臺旨，幾度靈烏宿桂柯。」旌陽祖曰：「與君說破我家風，太陽移在明月中。」無非喻凝神入氣穴之旨也。

三丰祖曰：「大凡打坐，須將神抱住氣，意繫住息，在丹田中婉轉悠揚，聚而不散，則內藏之氣與外來之氣交結於丹田，日充月盛，達乎四肢，流乎百脈，撞開夾脊雙關，上泥丸，入絳宮，下重樓，神氣相守，息息相依，河車之路通矣。」功夫到此，築基之效已得一半。觀此，則知凝神之功，無論剛人、柔人，皆不可少也。

三命

女子原來命有三，紫白黃光不似男；少上衰中成在下，關頭一路要深諳。

女命有三，紫、白、黃是也。光之黃者，丹田生丹之處也；白者，胎元結胎之地也；紫者，血光生血之海也。其在上者，爲陽穴；在中者，爲黃房；在下者，爲丹田。當其少也，天癸滿一斤之數，丹田眞元之氣足，上升血元生血，陽極變陰，化濁經而流形於外，故少則從上；及其衰也，天癸耗盡，氣不能上升以生血，而腰乾血枯則經無矣，故衰則從中；若欲修成乾體，需從下田運上陽穴，神火薰蒸，使經變黃，黃變白，白化無，形自隱矣，故曰成則從下。與男子不同。不識此關頭，則丹不成。

氣穴

氣穴無他卽乳房，休將臍下妄猜量；人如不識陰生處，安使毒龍自伏藏。

氣穴，卽血元也，卽乳房也，在中一寸三分，非兩乳也。男命在丹田，故以下田爲氣穴；女命在乳房，故以乳房爲氣穴。陽極變陰，從氣穴化陰血而流形於外，故斬赤龍須從陰生之處用功，久久行持，形自隱矣。若以男子臍下一寸三分中之氣穴指之，則誤也。

知時

每到花開對月時，羝羊正欲觸藩籬；勸君信至休遲誤，莫待赤龍出水湄。

先天玄微曰：「女子未生以前，父母媾精之際，父精先至，母血後行，血裹精而成女形。女子受生之時，先得母之鉛炁一兩，先生右腎，牽一條絲於上而生雙睛，牽一條絲於下而生金丹。自茲以往，十二日生癸水一銖，一百八十日生癸水一兩。自是而後，十五日生癸水一銖，一年生癸水一兩。至十四歲，生癸水十四兩於血海中，同前胎內帶來一兩，共成全一斤之數。三百八十四銖，合周天三百八十四度、一年得三百八十四日、易卦三百八十四爻天地之數。陰極陽生，癸盡鉛現，二七而天癸降矣。十四歲天癸降後，至廿六個月零七日半，耗去癸水一兩，至四十九歲耗之已盡。」女子自二七經行，一月一度，運行不息，與月之晦朔同度，不差時節。若差時刻，病作矣。故月月花開，時時經行。其所以行此經者，陽變爲陰也。陽既變陰，則不可運，若亂行妄運，殺人不少。須在羝羊未觸藩之先，信至時用工。

上藥靈鏡三命篇曰：「月信者，非以經至爲月信者也。『信』之一字，如人在外，尚未回家，而信先至焉。信至之日，彼自知之，或腰腿疼痛、頭目不安、不思飲食，此信至而成血也，乃氣也。當在兩日半之前，專心行工。若經行，則赤龍陰精，不可把持，亂行妄運，殺人不少，須待其經後兩日半，以白綾試之，其色黃金，乃經罷時也。照前工運上以斬之。」

凡此之言，正示人當知時行功也。

斬龍

陽欲化陰出玉溝，火輪忙駕莫停留；巽風吹上紅元府，斬斷赤經永不流。

陽欲化陰，是信至猶未經行之時，急忙鼓動巽風，駕起火輪，從丹田運上紅元府以斬之。太陰煉形法曰：「初下手時，閉目行存神，大休歇一場，使心靜息調，而後凝神入炁穴，將兩手交叉捧乳輕輕揉摩三百六十遍，將氣自下丹田微微吸其二十四口，仍用手捧乳返照調息，久久自然眞息往來，一開一合，養成鄞鄂，神氣充足，眞陽自旺，其經水自絕，乳縮如男子，是謂斬赤龍。如此久久行持，後不必捧乳吸炁，只凝神於炁穴，回光返照，是謂玄牝之門也。眞息悠悠，虛極靜篤，陽氣薰蒸，河車逆轉，萬朵紫雲朝玉宇，千條百脈種泥丸。」斬赤龍之功有如此效驗，故女子修煉以斬赤龍爲要也。

形隱

殺人無過此妖精，七七數周命遂傾；煉到太陰行隱後，安排紫府慶長生。

許祖云：「男子修成不漏精，女子修成不漏經。」蓋女子之經爲生人之始信，返經成炁，則乳縮如男子，而經自不漏。若男子，則煉精化炁，陰根縮如童子，而精自不漏。不漏而後命可延。若不斬此妖精，到七七四十九歲，血枯經盡，無生機矣！生機絕則命傾。

上藥靈鏡三命篇曰：「女子以血爲腎，乃空竅焉。過四十九歲，腰乾血枯，無生機矣。養而久之，又生血元，似處子焉。此又無中生有之妙也。見而有之，一斬卽化，而命生矣。」如何養之使復生血元？亦不過收心、養性、養氣、凝神而已。

不二元君曰：「本是無爲始，何期落後天；一聲纔出口，三寸已司權。況被塵勞擾，那堪疾病纏；子肥能益母，休道不迴旋。」別有補功，未敢輕洩，卽孫不二所謂「縛虎歸眞穴，牽龍斬益丹」之謂也。

女子修到經不漏，其後性命功夫與男子之功大同小異，患無人以訣破其奧妙耳！

求丹

煉形化氣築基工，上品天仙事不同；若問金丹端的處，日來映月照鴻濛。

日來映月，方能發光萬古。能明此理，丹道不遠。

煉己

生龍活虎戰蓮房，最怕心猿意馬狂；煉己不到純熟候，安能過海把帆揚。

呂祖步蟾宮詞曰：「煉庚甲要生龍虎。」須知龍虎不是身外之物方是生的，行道時驅活虎以就生龍，最怕心猿發狂，意馬揚威。不知馴服，安能過得海去？取得經回？故必煉己純熟，使神全氣盛，七情不動，五賊不亂，六根大定，色相兩忘，乃可入蓮房以求丹。

天仙正理曰「煉己者，所謂苦行其當行之事」，曰「煉熟行其當行之事」，曰「煉禁絕其不當爲之事」，曰「煉精進勵志而求必成」，曰「煉割絕貪愛而不留餘愛」，曰「煉禁止舊習而全不染」，曰「煉己者，卽我靜中之眞性，動中之眞意，爲元神之別名也」。

古云：「未煉還丹先煉性，未修大藥且修心。」煉己之道也。

順逆

順則生人逆則仙，乾坤爲泰是眞詮；臨爐莫訝丹難結，到挽羊車自見天。

不二元君曰：「着眼絪緼候，留心順逆途。」無根樹曰：「順爲凡，逆爲仙，只在中間顚倒顚。」丹道用逆，故泰之卦象，坤居上而乾居下，乃能天地交而萬物通。不知倒挽羊車，則羣陰阻塞，安能去濁陰以見天心？故修仙不問男和女，只要於中知順逆耳。

丹生

恍惚渺冥情似癡，融合正是藥生時；丹田有信機緣至，速整火工採玉芝。

此丹禀於父母，藏於炁穴，年少壯時却有向外拱闢變化之機。取此變化之機，逆入黄中，故謂之丹。

但丹生之時有象可覩。道德經曰：「恍恍惚惚，其中有物；渺渺冥冥，其中有精。」泥丸曰：「精神冥合炁歸時，骨肉融合都不知。」尹眞人曰：「俄傾癢生毫竅，肢體如綿，心覺恍惚。」丹生景象也。

且有信可聞。邵子曰：「忽然夜半一聲雷，千門萬户次第開。」混然子曰：「時至炁化，機動籟鳴，信至時也。」信至之時，卽活子時也。一聞此信，急準備火工，莫差時刻，若當面錯過，安能採玉芝於片餉？

採藥

猛覩先天一粒丹，其光灼灼似金丸；巽風不把橐籥鼓，縱欲過關却也難。

金丹一粒，圓陀陀，光灼灼，明亮似金丸。若不吹巽風、鼓橐籥，安能過尾閭，上夾脊雙關、泥丸，以入丹田乎？入藥鏡曰：「起巽風，運坤火。」蕭紫虛曰：「乾坤橐籥鼓有數。」夫巽風，喻呼吸之氣也；橐籥者，消息也。有呼吸之氣，方能鼓動此消息，使藥升降往還，以成一周天。

柳華陽曰：「金丹之道，從陽生時，凝神入炁穴，鼓其橐籥之巽風，息息向爐中吹噓，猶鐵匠手中抽動一般。風生則火焰，火焰則精化，精化炁生，採此生炁升降往還，謂之周天也。」

升元

日出扶桑大海東，火輪飛渡莫鬆功；鹿車搬上崑崙頂，木汞自歸神室中。

扶桑紅日，自西而東，正藥如紅日燦燦，自東而來西方也。斯時也，忙駕火輪飛渡洪濤大海，由尾閭上夾脊雙關。純陽曰：「子後午前定息坐，夾脊雙關崑崙過。」又曰：「憑君子後午前看，一脈天津在脊端。」蕭紫虛曰：「幾回笑指崑山路，夾脊分明有路通。」但逆行道左，非鹿車不能推挽。

鹿車，眞意也。有這點眞意，方能踰越險阻，過得雙關，上得崑崙，下得鵲橋，使活汞入於金鼎神室，而永爲身寶。

合丹

艮男初歸混沌竅，夫妻從此結絲羅；六門緊閉勤添火，帳裏春光要太和。

艮男，喻藥從艮宮而來也；混沌竅，祖炁穴也。艮男之藥自東北而入祖炁穴，與眞鉛配合，猶夫婦結絲羅一般。然初歸時不相凝結，須緊閉六門，調息綿綿，神火薰蒸，使合爲一。但合丹之火須文火温温，非若採取之時武火烹煉。故要太和沐浴，方能著手成養。

火候

火記雖垂六百篇，未將眞候寫鸞箋；最明莫過沖虛語，呼吸分明了却仙。

紫賢曰：「聖人傳藥不傳火，從來火候少人知。」丹經萬卷，不筆與書，而沖虛獨曰：「火候誰云不可傳？隨機默運入玄玄。達觀往者千千聖，呼吸分明了却仙。」可見火候之要，當於眞息中求之。

蓋息從心起，心靜息調，息息歸根，金丹之母。然火候不一，古人以內外別之。外火候有作有爲，築基之事也；內火候則丹已得，任其自然，無爲之事也。總不離「呼吸」二字。不調外火候之呼吸，則不能運行此丹；不調內火候之呼吸，則不能温養此丹。故柳華陽曰：「凡呼吸之火，能化飲食之穀精而助元精；凡神火，能化元精而助元氣；凡元炁之火，能化呼吸而助元神；元神之火，又能化形而還虛助道。成始成終，皆承火之力以登大羅之仙。」又須知火與候原不相離，火必應候，候至火亦至。故「火候」二字，有逐節事條，不經師授，終難了徹於心，須修德盟天以求師授。

温養

已看白雪種青砂，寒燠調停切莫差；　三十六宮春意足，自然有路泛仙槎。

白雪種砂，金鉛得木汞配合，必須寒燠調停，温養青砂。温者，不使其熱之謂。寒則水冷而丹不結，熱則火燥而丹易爍。故取其温養者，從容涵育，任其自化。如天澤物，雨暘以時；　如母孕子，寢興有節；　如龍養珠，蟄伏不動；　如雞抱卵，煖炁不絕。子前進火，午後退符，餘時調息綿綿，似有似無，屏除妄念，如愚如訥。古云：「採藥只一時，合汞須十月。」又云：「十月胎完入聖基。」若非善爲温養，安能胎圓乎？

三十六宮者，周天三百六十也。每一周天休息一番，周天有程，温養有數，必須養足，方成聖胎。其中節目度數，未敢書於竹帛，懼洩天機也。

噫！仙槎非遥，昇天有路，患人不修德盟天虚心誠求耳。

胎息

功夫到此莫粗疎，神息綿綿合太虚；　借問養胎何所似，恍如父母未生初。

丹結之後，神卽炁而凝，炁卽神而住，如人懷孕一般，故謂之胎。非眞有胎也，神息住於此也。蓋胎者，藏神之府；息者，化胎之源。胎因息生，息因胎住，胎不得息不成，息不得神無主，神息相依，是眞胎息。功夫到此，切莫粗疎，必要忘相忘形，體同太虛，而眞息往來，綿綿不絕，似有似無，若忘若存，如春沼魚，如百蟲蟄，呼至於根，吸至於蒂，終日混混如在母腹未生之初一般。不二元君曰「息息返乾初」者，此也。到息住脈停，則神定矣。神定方能出定，而聖胎始完。

度數

採藥燒丹有後先，坎離艮巽倒還顚；功完九九周天數，那怕不成物外仙。

柔人行道，與剛人不同，而其成功比剛人亦易。剛人伏氣三年，柔人一年可伏，以丹在身中故也。然氣雖易伏，而赤脈最能害道。果是女中丈夫，能斬赤脈，則經不漏而基已築矣。

築基之後，則用煉精化炁之功，以離外二陽消坎外二陰，變成乾體。然坎離功足，乾體雖成，而其氣未化，其神未靈。又當用煉氣化神之功，以艮上一陽化巽下一陰，鎔盡外陰之氣，以成純陽之神，到運行周天，數終九九，神復純陽，又當用煉神還虛之功，方成物外神仙。

脱胎

七十六宫度数周，阳神忽到上田游；一声霹雳天门吼，顶上争看白气浮。

周天之功至七十六度，圣胎已完，阳神由中田迁上田，破顶而出，是谓脱胎。锺离云：「雷震天门鬼神惊，掀翻宇宙飞白云。」金丹真传云：「顶门忽然雷响，怀中抱着婴儿。」

夫神所以脱胎而出者，神定故也。沖虚曰神初不能定，依二炁为定，炁定则神随之定。炁定则无炁，神离所依而独立，乃能离定舍身而出定。若不到大定，神正要依靠，不能离气，焉能离身形？故心息相依，神定方能出定。而其出定景象各有不同，有以天花乱坠出者；有以七层宝塔出者；有以身外有身出者；有以风云雷震出者，马丹阳真人是也；有以香风瑞气出者，如丕二元君是也。总之，神之出也，由定静中一念。故变化显象，亦由一念；即千百万亿身，亦由一念。未可以所出不同遂疑其有异也。曰白气浮者，特举一端以为证耳。

乳哺

初產嬰孩氣未純，仍吞木汞復元眞；　佇看乳養經三載，變化通靈果是神。

古云：「嬰兒初產未成人，須藉坤娘養育恩。」乳哺三載，方能變化通靈，故須仍吞木汞以復元眞。非眞要三載也，特三周天耳。

面壁

丹事雖完猶有工，冥心靜坐洞天中；　忘形入定九年滿，打破虛空纔算空。

面壁之功，無爲之事也。不二元君曰：「萬事皆云畢，凝然坐小龕；　輕身乘紫氣，靜性濯清潭。炁渾陰陽一，神同天地三；　功完朝玉闕，長嘯出煙嵐。」故乳哺功滿，必須擇名山洞府，冥心靜坐，面壁調神。出則以太虛爲超脫之境，入則以上田爲棲息之所，忘形入定以煉眞空，煉到空無可空，打破虛空，神方還虛。此達摩所爲，必面壁九年也。

沖舉

煉到眞空道愈高，丹書下詔步雲霄；從今永住瑤池苑，隨着靈妃去早朝。

不二元君曰：「佳期方出谷，咫尺上神霄。」又曰：「一旦仙凡隔，泠然度海潮。」神既還虛，昇遐有期，天書下詔，雲鶴來迎，赴瑤池以賜宴，朝金母以受圖。瓊樓玉闕爲我室家，湘妃、瑤姬爲我同儕，何樂如之？特患宇宙無決烈女子，斯不能與麻姑爲伍。果是女中丈夫，修德盟天，虛心誠求，得行此道，比男子猶易成耳。人其立志自勉可也。

坤寧妙經

序

余以歷世清靜種根，遊神冥趣，示現女身，產體東吳，代經唐季，以孝母盡節，契道碧霄，得聖母煉形丹訣，授五雷飛劍玄功。丹證妙化之身，顯靈蜀岷之境。常以坤道修持不可多見，縱有閨秀，無從得師。在昔昇仙成聖，固不乏女流，而指引迷蒙，書鮮專說。切切於衷，愼思訓迪，嗣以薄德，仰成庥命，備職星垣，忝司嗣禄，沐元皇之寵誥，餐桂殿之天香，助理內宮，益隆眞號。究心奎璧之章，竊進玄微之奥。曩於蜀渝，因心懺之演，曾示符圖金子，以女經之傳，須覓有緣，囑爲留意。迨今十有餘年矣。靈根妙植，會聚黔疆，乃假清水之遊，適際天人之遇，左司執籍卿者，桃源宿契，種德再生，以善因緣，招同心侶，乃有侍閣之人，早蘊夙生之慧，遂與善念，虔禱九天。精辭三上，報云許可，勅余降筆，匝月成函。以余現女人身，借女人手，說女人法，垂女人教。本庸近之倫常，修百行之旨趣，言無彫飾，自立一家。統二十四章，分上下兩卷。工竣覆奏，請命頒行。自今末世女流，無分愚智，咸當口誦心維，實力修證。方知天壤間，女人原未嘗賤也。「坤寧」之名斯經也，其與「乾清」非匹者乎？符圖、執籍二君之功願不朽，卽余與傳經人之功願亦不朽。將付鐫印，略誌顛末。筆之簡端，用廣帝慈，永揚女教云爾。

時乾隆癸亥一陽日清眞女冠興行妙化眞人序

九天經教眞宰純孝子讚：「瑤池折后，桂閣貞仙，宏敷正論覺名媛。苦海駕法船，獨闢坤元，超證不驕天。」

瑤池司命眞君開經偈：「一炁元從無始來，陰陽各具妙形骸；乾爐坤鼎同功用，性地心田有體裁。指點化工憑匠手，精通玄象露靈臺；丹經訓迪羣蒙昧，婦女從兹步玉階。」

卷上

蒲團子按　原題九天勅演闡微覺化度厄消災錫嗣衍慶眞一坤寧妙品經卷上，今只標明卷上、卷下。

緣起

爾時，九天元皇帝君，在不驕樂育天玉眞慶宮桂香内殿，與諸聖眷，仙妃玉女，頤養靈和，講說孝道。眞妃侍從，内殿仙官，儀衛端莊，羣依丹宇。元皇撫几慨爾歎曰：「吾以歷劫化身，克盡人道，證位天帝，主掌儒宗，覺世牖民，時施方便，飛鸞演教，跡遍寰區。無奈風俗漸漓，人心愈僞，不知三教同此修齊之本，二氏豈盡虛滅之乘？凡諸末劫眾生，人事未全，輒希仙佛，良由修齊根本，視爲理學文談，於門内事少有講究也。吾今欲化女流，咸知踐實倫紀，覺悟眞功，參正天人，維持風化，爲大綱之助，爲坤道之成。果有堅志勤修婦女，俱得超進仙宮桂殿，與吾今之眷屬樂臻，妙果相等。未識爾曹，孰願代宣斯化？」於是桂香殿内，嗣禄妙化元君，出班俯伏，啟白座前，言曰：「臣以夙慧，獲侍法宮，向隸斗曹，近司嗣籍，不鄙女身，願揚聖德。曩於蜀境，已示私衷。前於蜀中渝壇曾示符圖金復陽有覓善女人傳經之命。今承恩旨，敢膺重任。伏懇準臣下方闡經度厄，卽覓善根婦女，傳以玄津，俾閨閣有教，人紀飭修，庶幾上契慈心。不揣越職以請。」帝聽恭思霽顏慰勞曰：「善哉爾願！誠如爾言，功德無比。吾卽轉奏穹蒼，準爾行化。爾其欽承，溥爲利益，毋失儒教本原，永作女流懿範。」於是元君辭陛，駕雲馭鶴，覓緣黔地，次清水彝江，遇善男信女林淳修者，肅壇垂教，宣演坤寧妙經二十四章。此叙經緣起乃瑤台司利命黃眞君所加。眞君漢人。

資生章第一

兩儀絪縕，資始於乾；萬物胚胎，資生於坤。維坤亨貞，承乾順應；蘊蓄凝結，其道以正。靜翕動闢，厚能載物；感召百和，柔行亦健。先物之儀，匪乾莫運；後物之功，匪坤莫成。容保無疆，含弘光大；不先不後，配天以立。惟貞惟一，敵乾之體；造化無兩，乾元無二。以其無二，故謂一元；西南得朋，大易之道。牝馬利貞，夫婦是造；陰陽不衍，化生神妙。物物藉之長養而曰資，息息得之常存而曰生。且資於乾，而坤應物；復生於始，而大承凝。旨哉生生之理，微乎化化之源。寓至動於至靜之中，分清流於濁水之界。欲知婦德綱維，先辨坤元奧竅；地無不載之天，陰有含陽之妙。明四德以淑芳型，却七情以歸至道；節義標青史之留傳，精魂證紫霄之位號。談經立千古母儀，秉筆垂羣蒙女教。資生之功，首宣大要。

化氣章第二

陰陽疊運，循環無端；晝夜遞遷，健行不息。赤道黃道，有二至之分；水輪火輪，總一元之妙。化機無跡，樞紐乎中；氣本攸分，互用其際。瀰淪磅礴，始無而見有，仍終有以歸無；渾灝流通，自實以成虛，卽從虛而證實。虛虛實實，究莫明虛實之端；有有無無，亦難測有無之倪。指有爲有，而有不終有；象虛爲虛，而虛非盡虛。先天後天，求之朕兆未泯之初；生物生人，得之形骸未著之始。物物一太極，物物一化機；息息於不已，息息於於穆。理本乎氣，數定乎人。能參氣化，何有坤乾？是男是女，是一是二？惟婦女者，得坤之體；承乾之功，靜一而已。靜專於寧，一純於德；幽閒貞定，靜存默然。遡元始之虛無，運先天之日月；闢崑崙之西峯，養靈臺之皓魄。不識不知，順帝之則；根陰根陽，立人之極。本翕受之眞機，妙神化於無越；綿綿任其自然，息息歸於根穴。直超無上之原，同證長生之闕。解悟玄微，瑤池仙客。

淨業章第三

欲躋仙階，務除惡業；去惡未淨，樹德難滋。況諸女身，尤多穢濁；心妄慾迷，情種於愛；以茲情魔，障一切道；留戀宛轉，悲啼嘻笑；逗入情緣，卒迷愛網。遂致種種淪溺，牽引花媒；空存縷縷絲藤，纏聯月魄。夜臺悽切，空憾情理；泉壤飄搖，猶存愛蒂。如斯惡趣，焉出輪迴？斬斷情根，惟憑慧劍。惡口兩舌，永不干衍；綺語妄言，慎毋蹈厲。身心意淨，無翳障塵污；殺盜淫罪，懺現存過去。一誠奉善，如植嘉穀；日見萌生，萬念潛消；如滙百川，同歸海宿。潔清源本，可以修持；覺悟因緣，不難證道。

思過章第四

修道謂教，必先寡過；日新其德，庶幾夙夜。矧爾婦女，鮮讀詩書；省身多疎，返衷滋愧。吾爲警覺，是何罪愆？莫贖之尤，不孝不敬。無禮舅姑，獲戾夫子；悍愎性成，驕妒習俗。不和於妯娌姑妗，罔恤夫妾媵奴婢；傲慢而不肅閫儀，鷙狠而勿修家政。糟糠是厭，怨讟頻生。或倚母家之勢，或嫉夫室之貧。罔甘井臼，有缺鼎烹；中饋末精，女工耻習。如斯種過，不可罄聲；尤有兩端，更爲惡毒。河東獅吼，絕滅胤嗣；損子墮胎，殺機顯熾。寧知冤報，無有了期；輾轉循環，涓滴不爽。歎彼愚婦，自罹惡愆；試思女身，已爲污垢；復加戕賊，益喪本根。積過如奔，崇善如登；胡不醒悟，刻責己心。萬過雖多，消於一悔；能知思過，何憚改修。放下屠刀，立成聖證；況爾女子，匪難懺除。太上有門，開自新路；清鐘夜動，驚迷昧人。莫爲怙過不悛之流，同升圓覺菩提之岸。

修善章第五

塵業盡淨，掃渣穢而心地擴清；夙夜胥融，闢荆榛而性天朗照。虛靈透露，彝好攸徵；打疊精神，專修懿行。積善餘慶，不善餘殃；載諸坤卦，良意深藏。太上之道，專於用柔；楚書之辭，惟善爲寶。柔生於順，能用則正；善歸於柔，慈祥和遜。肅志端莊，斂躬温靖；沖虛雍穆，貞一妙應。養氣寡言，清心無競。惜物命以蓄生機，參道要以明眞性。既克敦夫倫常，復潛修夫玄蘊。不泥繡佛空談，須究還丹心印。勿以小善不爲，勿以人善是憎。和光風月之中，適性簾幃之內。炷香靜禮，自性如來；酌水清修，光明大藏。莫謂女流無傑出之才，當識蛾眉勝男子之氣。諸婦勉旃，竿頭早進。

崇德章第六

天有五賊，用之則昌；　人有五極，修之則良；　秉夷同好，男女綱常。大德不德，如川之流；　小德象德，敦行而化。體也艮止，用也變通；　有得於中，迹象胥融。大化謂聖，神不可窮；　彼諸女衆，曷足語此。修爲之功，先去惡矣；　關鍵奚云，辨惑爲眞。維女子見，多失陰僻；　曖昧狐疑，猶豫不已。故其情欲，每易驕癡；　而其知解，常多回惑。矯於典籍，鮮能覽觀。不識古今，何爲理道？　宦門淑美，徒博錦幃繡閣之歡；　紳族名媛，或工弄雪吟風之學。拈針刺繡，已擅閨奇；　妙舞清歌，更誇纖巧。焉知聖后有貞靜之懿徽，莫識賢妃同堯舜之令德。自修雖不擬夫子，正家豈獨讓良人？　故敬姜誡子，見稱於尼父；　孟光舉案，推譽於梁君。昔大家作訓，語焉而不詳；　列女有篇，傳焉而未備。玆以鴻音，用垂女範；　蘭幃秀質，惟德是基。芳萼佳才，能崇是望；　初終無替，根本可固。解惑釋疑，誠信勿欺；　德肇福因，福酬德器。勉哉諸女，節孝永勵。

誠孝章第七

百行之原，先基孝道；　五倫之要，首重親恩。父母劬勞，無分子女；　孩提眞性，豈異乾坤？苟誠一之無欺，自千秋之共美。幼爲嬌娃，長居女道。三年顧復，親歷難辛；十月妊娠，備嘗苦趣。幼年無遠離慈母之時，於歸即操持家政之日。少能竭事父母，長可孝養舅姑。終其一身，孝無二念。同思養育之恩，輾轉間，子女依我鞠育；欲體丈夫之志，朝暮時，公姑賴爾扶持。閨門儼若朝廷，忠孝原無等殺；聖人筆著一經，萬世永昭子則。不言婦女重在夫綱，寧謂巾幗可遺孝德。不思孝德通於神明，俎豆馨香何分男女？稽諸史册，美蹟難數；載之儒書，芳名幾許。惟誠於孝，孝斯爲至。遵父母命，奉翁姑命；相夫之賢，成子之器。處常則心念弗衰，臨變則冰霜可矢。德言工容，必愼其修；溫良恭儉，必凜其度。女子有貞，孝思不匱。識優者須知大義，性拙者勿效愚流。刲骨醫療，終非正禮；明王旌獎，未有嘉稱。凡爾事親之人，所當佩余之教。夫白頭垂暮，誰憐待哺之鳥？乃紅粉多情，孰舞斑衣之彩？昊天罔極，清夜思維；百爾裙釵，同聲一哭。孝箴敬奉，神鬼欽承。

節烈章第八

天地正氣，在人曰忠；今古綱常，於人有節。夫婦大倫，義稱貞烈；守正則貞，從死則烈。婦道固柔，性剛莫折；從夫之言，終身不越。禮重大婚，詩歌琴瑟；婦職乎内，正家是責。之死靡他，松筠堅白；大義凜然，芳徽清潔。吾謂伊人，遠勝男子；哂彼二心，載髮含齒。然而節烈，亦有區分。既常變之各異，亦難易之判陳。或相賢夫而完齊眉之樂，或遭不良而有折翼之悲。或撫孤教子，白首全貞；或捨生取義，青年盡節。燐光塚草，夜雨悲傷；落葉秋風，子規啼怨。歷稽往迹，遥溯懿型。斷鼻割耳之堪驚，刃賊戮讎之可畏。眞心不變，視死如歸。全夫婦之綱紀，終男女之令名。受朝廷恩獎，與仙佛同尊。嗟牆茨之可羞，幾不齒於人羣；歎讒佞之事主，其何及於婦人？惟千烋之節烈，上炳熠於日星。傷再醮肇自何爲，辱其身死將焉歸；嘉良禽尚知配偶，胡以人弗如鳥禽。至於女子未嫁而夫亡，仍宜聽命於嚴君。若執義以自守，已狥名而忘親。禮宜酌夫經權，訓以垂諸後人。

女教章第九

蒙以養正，作聖之功；坤而元亨，用柔之道。女訓所傳，已備其要；内篇所載，亦盡其妙。粤自古昔，聖女端教；懿範孔彰，貞純慈良。淑媛賢姝，則傚蘭言；蕙質天成，姆誨敦嚴。守貞不字，閨閣十年；婉而善聽，幽而且嫻。温情習習，惠性娟娟；容工其次，德言其先。夙興夜寐，孝敬虔虔。誠於事親，無愧閨賢；和以馭下，莊以修己。

動容出辭，準乎法紀；龜鑑鴻篇，曾傳女史。或孝感夫神明，或忠堅於男子。或節凜乎秋霜之嚴，或烈同乎曷日之麗。或義可以貫金石，或俠可以激風雷；或智足破大疑，或才堪濟一世。歷稽美德，千古遺香；挹彼休風，百年增色。爾諸閨秀，精鑒前型；毋尚繁華，毋矜文彩。鉛華洗盡，不誇艷服奇妝；筆綵端凝，莫繪綺辭麗句。敦倫重義說禮，敦詩專事組織之工。毋徒飾爲雕巧，潔修中饋之學。務實體於儉，動柔德是正。令名克成，更能陶其眞性，葆其元精。致力於旦晝，煉氣於朝昏。是童女身而得道，可駕鸞鶴以飛昇。若虔修夫淨土，惟敬事夫空門。受內觀之上乘，體湛寂而和寧。在一心之清淨，妙蓮花之化生。總仙佛之梯航，必孝慈之足徵。至於祝髮披緇，雲堂梵宇，雖有比邱尼之傳，誰正不二門之教？優婆夷，恐盡屬鬼子母；水月殿，半已成羅刹國。是諸女流，勿輕祝髮；更是大家，勿易披緇。梵行一虧，沉淪百劫；清規有玷，飄墮無期。法戒當頭，同聽棒喝！

婦道章第十

婦德至微，操持有道；敵配於乾，母儀攸好。自古王后，用施陰教；九嬪立法，內掌閫要。順承天庥，螽斯衍兆；仲春蠶桑，躬親宗廟。齊盛衣服，職虔世祧；惟勤無逸，乃德可師。百爾婦女，則之效之；閨閫有禮，九族扶持。結悅之期，父母訓詞；必敬必戒，無違鞶絲。納婦之吉，相爾夫子；夫婦之倫，夭壽之基。御家有教，正室有禮；牝雞司晨，爲婦之耻。鹿車共輓，淑德莫擬；井臼弗辭，糟糠弗鄙。外事無干，中冓勿齒；既助家長，用誨兒孫。昔文母任，胎教眞誠；賢哉孟母，三遷其門。熊丸教子，模範縉紳。教嚴有法，中國夫人。歷數難窮，嘉修是箴。凡諸富貴之室，必去矜驕之情；門内興仁興讓，後嗣乃美乃馨。凡爾貧賤之家，務絕嫌怨之萌；齊眉可飽可歡，子嗣必雲必仍。戒貪癡以化悍妒，消嗔憾以杜荒淫；苟婦德之無忝，斯人道之有成。善慶則宜男享壽，福報則受誥增榮；果懿美克臻，乃玄修可勤。既迪爾以人事，自誨爾以眞經。俾三綱之不缺，後五炁以上升。猶必究本溯源，於是論性談心；金丹無事外求，坤基可望成功。勞勞濁界女流，智者過而愚不能。焚天仙后，有慈愛之哀；盡劫眾生，勿充耳以聽。倫紀飭修，敷陳經論。

經論章第十一

皇古渾穆，氣物淳樸；燮理陰陽，純熙噩噩；名象何分，邱索奚作。中古羲皇，畫圖演卦；書契既闢，乃立教化。垂典編謨，盛自虞夏；然所著說，總此心傳。未有區別，豈分男女；矧茲稟賦，同具一元。因有後先，斯屬坤焉；各一其體，各同其理。惟氣惟精，神爲之主；爲清爲濁，心君是省。以慧智德，以斷絕訾；清思寡慾，立基設鄞；玄牝翕合，潮信滅影。本庸近之常經，起塵埃於天頂。先除百種疑魔，盡掃千般障景。定觀既克己之功，黃庭隱眞人之容。瑤池蘊妙化於西華，金母挹靈風於王公。全形毋俟尸解，煉氣直入穹窿。童眞無感合生育之敗壞，易變坤而啟蒙；婦女多濁漏穢垢之瑕瑜，務洗滌以精瑩。思修丹不外屯復之微，冀得道必淨色想之勤。私欲悉捐，萬感俱泯；了無所空，入眾妙門。爾諸女流，諦聽斯文。

覺迷章第十二

茫茫塵海，滾滾風濤；水陸滄桑，古今朝暮。浮生如寄，嗟五濁之形軀；幻夢終霄，歎百年之荏苒。雞皮鶴髮，頓改朱顏；玉貌花容，轉委青塚。或累多於子女，或情染於紛華；生時既已渺茫，死後從何認取？不求早出迷途，焉能常留凡境？維爾婦性易愚，亦爾婦修易穩。牢固金精於玄室，斷除天癸於幽門；赤龍回首望層霄，玉女同心遊三景。功成進琅風之階，行圓遷玄圃之省。笑粉白黛綠之嬌嬈，等優孟叔敖之忸怩。乘茲普渡慈航，快上法船歸隱；古昔證道女眞，俱住蓬萊峯頂。不知幾許昇天，莫謂女流難醒；　喚回枕側癡迷，各尋本來形影。苟能節孝無虧，亦可仙佛同永；　但知還返眞工，急速下手加緊。清淨根由性命基，坤元妙理鮮人知；　一痕曉月東方露，窮取生身未有時。旨哉微乎！　淑性慧心，一齊參證。

宣說上卷已畢，一時護從侍女，瑤姬靈妃，神衛山洞，眞仙地祇等眾，各各懽喜，讚歎靜默而退。係瑤台司命黃眞君所加

蕊珠內宮侍旌仙妃盡節女讚：「妙宣聖化，遍散天香，眞經演說本倫常。節孝姓名揚，閨秀流芳，頂禮女法王。」

卷下

玉霄絳宮虛玄學士讚：「乾元翊運，掌握珠璣，欽承法乳解羣迷。大願立坤儀，妙道玄虛，直指絕支離。」

坤基章第十三

元君復臨法座，示諸女眾曰：

二氣交結，中黃應玄；五行相生，惟土斯全。其德安敦，其功積厚；其性專一，其用貞常；含育萬有，滋息繁昌。上配乎天，下通乎淵；凝和百脈，灌溉三田；彌於九州，密於一元。是以坤取於土，象形寓義；爲柔德之正，土立其基。築室用工，爲坤道之修；黃芽出土，見藥苗之新；白雪凝酥，識玄壺之妙。道無男女，體共乾坤；能知解悟，早辨精誠。覷破迷網，頓開疑城；掃除五蘊色、受、想、行、識，堅守寸心。斷慾障以斬情魔，淨色身以皈法門。灰萬念於冥漠，固元精於玄牝。下手先須克己，用工只在存神；四威儀中寂照，內觀想裏安心。直至天君泰定，方能運動周行；苟不得其眞妙，諸般盡屬虛名。譬之蓋屋，當用闢土爲先；喻夫燒爐，宜以種火爲法。一身四大，結中宮靈臺之緣；四諦一輪，衍坤維丹室之奥。不創玄基，難言至道；爾諸女流，靜聆法要。當明根本於生身，究厥性命於仙教。卽心是道，道斯可造。

根本章第十四

爲人在世，勿論男女；能知根本，卽可入道。本乃人之性根，又爲人之命蒂。如彼樹木，必植其根；根旣堅固，後可滋生。如彼花果，先發在蒂；蒂旣含蓄，斯可成熟。況乎人之根本，胡可弗保乎？爾諸婦女，各有本來；溯厥本來，其根原固。何甘戕伐，自受恙傷；滅性輕生，淪於萬有。致令無始以來，一點靈根，逐漸消爍。不加護惜栽培，日見刈根撥本。吾爲爾思，能弗悲哉？不知天地靈蠢，莫不各有根本；極之微渺物類，亦能愛養本原。矧爾人道，反無眞修性命。但婦女有虧損之虞，血氣不和，則本難聚；色身有漏，則本難全；孕育多生，則本難固；愛情染着，則本難堅；愚濁混淆，則本難清；神志昏亂，則本難安；貪私擾念，則本難淨；僞妄攖心，則本難植。如斯種種，喪絕本原，故修功不能精進。能知諸弊，一一去除；毋搖爾根，毋傷爾本。爾性爾命，勤加愛惜；爾精爾氣，時加保護。存神守貞，去妄存誠；惟本是究，卽可長生。欲知本來，爾須參夫未生前之本根。

性命章第十五

命原於性，無始之根；爲天地祖，爲萬物靈。未有命時，先有此性；既賦於命，其性本眞。彝良之好，人各具足；雖有男女，性無差別。善善惡惡，是其本初；曷以皆同，此心此理。由天所命，故謂之性；究未生前，性亦不名。太極未判，何有陰陽；兩儀既分，斯有性命。性爲命竇，命爲性原；養性卽是存心，修命可以造道。爾諸婦女，欲知性命根原，須究乾坤妙用。陽裏含陰以受質，月中抱日以生光；本來互用之天機，卽是性初之妙理。動於無始，動極而後有陰；靜於有爲，靜極而後有陽。一陰一陽，一動一靜；反覆循環而爲晝夜，清濁上下而成化生。陰陽，動靜之根；性命，身心之要。一靈覺照，性海常發智光；萬有皆空，命門獨開正路。全性則全受全歸，修命則修身修道。交功互用，性命兩歸；爲善之功，於斯爲至。毋自託之定命，是死看命字也；毋飾言爲性惡，是妄解性字也。一切渾淪，何分性命。

心體章第十六

心體無爲，湛然常寂；無形無名，有何心體？朕兆未露，化機泯焉；無極渾淪，默默兀兀。太虛罔象，妙無等倫；無臭無聲，尚多執著。危精惟一，已落知解；溯厥本來，心體何在？陰陽肇判，則有主持；强作樞紐，名爲天心。以先天妙，用後天神；以後天質，命先天名。是故天地以之立命，人物以之安身；唐虞以之授受，聖賢以之存存。究萬有於一原，歸三教於一眞。惟眞惟一，常惺常明；虛空不昧，其體光瑩。能知道心卽人心之本，乃見人心卽道心之用。說道心卽非道心，說人心卽非人心。說有心而心不見爲有，說無心而心不見爲無。無無亦無，有有非有。不動妄心，而動覺心；覺心常照，妄心常空。本體如如，眞心乃見；操存捨亡，猶是工夫。操捨兩亡，心齋獨得；四勿之語，歸於自然。無不爲無，有不爲有。非聲非色，非香味觸法；無我無人，無意想行識。寒潭月映，止水空明；心體湛如，亦復如是。非維種惡，不繫厥初；卽云種善，似亦强坐。非無善惡，譬之嬰兒未生之前，曾何知識？有善有惡，知識便生。道心人心，千古紛紜；一見爲此，一見爲彼。泥文執象，莫究本眞；太極西銘，猶譏禪學。先天後天，孰合孰分？吾今爲爾女子，開明心體，但辨道心，莫究人心；但發眞心，莫生妄心；但存覺心，莫動私心； 但住無心，莫執有心。如如泰定，百體從令； 修道修仙，圓明無礙。

說靜章第十七

太空渾然，本無動靜； 先天後天，有何形朕。一畫未兆，其機甚微； 動靜之說，從後起見。天未升也，氣從何動？地不降也，氣從何靜？ 迺知動靜，後於清濁； 惟清而靜，是玄妙機。不動之動，動而無有； 不靜之靜，靜而常存。靜中有動，陰以含陽； 動中有靜，陽以藏陰。動則應物，如鑒照影，靜於兀兀； 靜則回光，如風混合，動亦如如。妙哉動乎，無動非靜； 至矣靜也，何靜有動。動靜俱泯，性眞獨露； 卽除妄心，何有喜怒？ 七情盡忘，執著消滅； 化於無名，爲天下正。懲忿窒慾，爲百體令； 如是靜者，靜無所靜。法相先空，心相亦滅； 八萬緣中，亦復如是。雖蹈水火，遇諸障礙； 加以兵刃，皆不爲害。此何以故？ 我靜尚無，何動何怪？ 爾諸女流，心本易靜； 只求靜性，勿求靜境。一靜百靜，心靜神靜； 復爾性始，何靜不靜？ 彼性理諸說，尚未能窮盡靜性說。靜靜者，說有亦靜，說無亦靜； 無說無靜，默然言論。

指玄章第十八

玄本無指，指卽非玄；　既無可指，玄亦難言。所言惟何？虛空卽是。玄中之玄，是了明義。心性寂然，虛空粉碎；　無體無形，何有旨趣？然此妙法，爲最上乘；　玄之又玄，莫可紀極。清淨道身，方克臻此；　一聞頓悟，直超無際。彼諸庸流，蚩蚩者眾；　矧夫女子，昧暗尤多。實踐鮮能，豈期超絕；　余爲導引，開方便門。義雖第二，道則同歸；　志修眞者，以斯爲徑。夫道妙蘊於玄微，而精神凝於玄牝。生門死户，出坎居離；　無喻乎此，玄爲之關。橐陰籥陽，安爐立鼎；　莫外乎此，玄之爲鍵。是此玄者，乃性命主，乃造化基，乃胚胎種，乃元神宅。故有五玄之名，以立三才之極。是故五藏，各有精華；　然而精元，獨藏腎海。此卽人身樞紐之所，又爲星辰歸宿之地。百脈循環，總會於此；　三車搬運，發轅於此；　男女修眞，皆在於此。玄乎玄乎，窈冥恍惚；　有中之無，無中之有。我欲指之，究無可指。能知其妙，然後採藥行火，自能七返九還。若無煉己眞功，終難築基下手。古仙聖眞，言之詳矣。余欲無言，心於慈憫；　指點玄機，大丹易煉。普結坤緣，同成法眷。

金丹章第十九

萬劫眞修，千秋絕業；嗣音莫遇，孰辨焦桐；剖玉誰能，焉知荊石。兔狐乳馬，異類相求；燕雀巢鳳，小德自安。以斯種趣，希學長生；擔肩大道，何殊負山。生死未明，丹旨奚識；不墮旁門，寧甘休息。舉世學人，大都如此；睇觀海宇，良可悲悼。矧夫女子，豈悟玄微；井坐閨中，徒延美景。縱有同志，何從得師？憫爾柔姿，用開捷徑；法取眞實，義無支離。卽一身中，窮源溯本；女丹甚簡，坤道甚易。曉日東昇，光痕透露；運汞配鉛，神氣俱住。積氣本生氣之鄉，存神爲煉神之路。必先絕慾忘情，然後入室打坐。煉己同夫男修，調息綿綿勿吐。一陽動處，行子午卯酉之功；百脈通時，定乾兑坎離之位。玄牝立而鼎發黃芽，橐籥開而天垂甘露。元精凝汞上泥丸，眞人運行燒玉峯。宜審潮信之將至，逆轉黃河水自通。金精化液，朱汞流光；守靈丹於元室，養眞人於黃房。七七固丹基，百日赤龍降；煉形卽煉氣，此是大丹方。

玉斗章第二十

天有七政，聽璇璣之權；人有七竅，運形神之妙。脈絡通乎纏度，星辰會於玄竅；

解悟玉斗樞衡，立躋天眞位號。用施普濟津梁，導爾直入仙鄉。凡諸婦女，虔潔心香。每於靜夜，子轉一陽；凝神趺坐，閉息垂光。叩齒聚精，默誦靈章；注神元海，直過腎堂。由夾脊關，上朝玉皇；運印星光，天目焜煌。上接北斗，紫氣眉揚；存想眞形，照我黃房。丹元靈府，光華含吐；出五臟精，精華相輔。青赤白黃，肝心肺土；腎海玄精，成色有五。直與斗光，交映爲伍；共入丹元，蘊諸精海。化眞人形，迸出天頂；歷北極宮，志誠朝禮。周遍斗城，還歸本體；收聚金光，潛養精髓。先乃起元海之眞氣，繼則立崑崙之極體。五炁朝元，功無踰此；勤而行之，三年遐舉。是爲玉斗秘密之章，可超最上一乘之理。智者實修，有緣得與。

實證章第二十一

修佛修仙，希聖希賢。總無男女可分，惟在心志精虔；至誠無息則久，神而明之在人。譬彼木植，必固其本；喻如泉流，必清其源。三教同條，共貫一心，不倚不偏。苟能實踐躬行，自得聖智圓明。爾諸婦女，欲聞大道，須解眞修；修不能眞，證何由實？故知實證，不事枝葉；窮理盡性，即幾了命；跳出凡籠，臻於聖眞。衆生執著，盡屬狥名；以狥名故，終鮮實際。尚以三代而下，惟恐人不好名。飾非文過，一言爲俑；貽誤來學，愈薄世風；不稽之辭，良可悲歎。不知三教，皆有實證；同此心理，同此性命；不返本原，何從印證；虛不終虛，何空非實？了虛空者，究非眞空；了湛寂者，究非眞寂。湛寂虛空，都無名色；無極渾淪，了然眞實。不二法門，陰陽消息；一切羣甿，究心斯義。着實用工，毋徇名譽；太上無情，泯絕思慮；實證非虛，志向上去。

圓通章第二十二

要知了道，先脫輪迴；無始以來，種其種子。欲脫輪迴，務斷厥根；胡爲是根，愛卽其本。此輪迴種，實由於愛；種種情慾，皆爲愛助。割愛學道，依義修行；斷除魔障，清靜解脫。證圓通果，入光明藏；成上善智，號天人師。秘密法乘，如是如是；然其功用，基於戒定。戒律精嚴，定心堅進；以智慧通，圓明覺性。化貪嗔癡三惡業，皈道法師三寶徑。初由一念不起以守夫寂，繼惟念起卽覺以照於內，久則寂照兩忘，自然心華明發。靜定慧生，是名大智；無智無得，是名眞空。以斯智慧，圓合一切；於諸性相，無有隔礙，是名大通。此乃眞一法門，最上第一義諦。普門現化，十二圓通；楞嚴圓通，亦有差別。惟知本妙明心，何用執泥月指？修菩薩行，成菩薩道，我佛如來，圓通如是。爾諸女流，恒種佛性；無始之始，性本是佛；割斷愛緣，立躋聖域。三教原來一理，修仙何殊修佛？究之卽心卽佛，且弗非心非佛。直待心佛了無，同上靈鷲見佛；靈鷲不住西方，回首卽登樂國。上智易參，至誠可得；衆生有盡，我願無窮。

奉神章第二十三

昊天欽若，百神明明；臨下有赫，鑒觀惟誠。視於無形，聽於無聲；德之盛矣，不可名言。戴高履厚，全而爲人；當知敬畏，翼翼小心。旦明勿失，乾惕宜勤；主敬之學，對越如神。既修人事，敦篤彝倫；表正風化，超邁人羣。實踐弗虧，大道方成；衾影無漏，明德是馨。靈臺丹府，卽有至尊；以吾之神，合天之神。苟無愧怍，呼吸通誠；惟其之人，神格其心。豚魚物類，感召可徵；登仙作佛，參兩功能。爾諸婦女，黽勉眞肫；事神以內，勿取乎外。外相皆虛，內心無量；不求眞實，克盡人道。卽滿布施，燒香朝拜；色相莊嚴，制行垢穢。雖竭貲財，徒增罪戾；是知奉神，毋取外飾。一心堅確，可動天地；大倫完備，鬼神欽畏。然後以心念佛，佛卽同心；生爲至人，歿爲明星；芳魂烈氣，百世常存。昭告來學，濯心斯銘。

廣願章第二十四

太虛冥漠，法願洪深；　苦海無邊，回心卽岸。我願未來一切善性婦女，秉此心香，同誠矢願。發眞信心，無起疑惑；　發清淨心，無起貪嗔；　發純一心，無起淫慾；　發喜捨心，無起殺害；　發慈悲心，無起嫉妒；　發向上心，無起凡情；　發勇猛心，無起怠惰；　發智慧心，無起塵思；　發決斷心，無起是非；　發精進心，無起分別；　發遜順心，無起高慢；　發修持心，無起執著。願報天地恩，願報父母恩，願報水土恩，願報公姑恩。願無犯三業，願無作十惡，願敬禮三寶，願奉行衆善。願生生在樂土，願刼刼證金仙，願三有同升，願九玄普度。善心靡量，善願無窮，末世衆生，齊登覺路。我今明晰開導，不談因果小乘。會悟言詮，了如瓜豆；　津梁自渡，解脫有門。如是等衆，依予訓典，予亦誓爲接引，默加護持。赫赫明明，同臨鑒察，如有遵奉此典，廣爲傳佈，化誨閨闈，吾則奉達九天，紀功錄善，解其厄難，消其災沴，蔭以福澤，昌彼後嗣，作善降祥。天道不爽，有情無情，咸沾饒益，法輪常轉，永證經盟。

元君宣說全卷已，是時瑞雲浮空，天香盈室，祥煙四集，彩鵲高翔。一切聽法天仙龍女，侍衛神衹，山靈社令，並在會男女弟子，各各稽首禮謝，信受奉行。寧壽殿披香玉女讚：「慈心廣運，妙諦罕聞，性天朗徹，證圓明菩提最上乘。願度釵裙，同歸清淨門。」

觀心齋紀聞

文昌帝君語錄

惟陰陽分判，而有男女之別；闔闢翕受，而定乾坤之功。秉夷攸好，同賦氣以成形；倫紀肇端，首化源於匹配。天地既無孤行之道，人物寧有獨生之機？是以羲文演卦，妙六子之玄微；周室開基，丕二南之雅化。聖教固不遺閨範，貞修端有藉坤元。乃降本而末亦分流，遂假邪而正亦僞飾。貞潔之心漸淪，松柏之操僅見。大義猶迷，玄功奚識。雖三教示覺世之言，然千古少專家之論。提撕警惕，實予之慈；宣佈敷揚，惟子之任。據奏請演女經丹旨，情辭肫切；同此救度婆衷，原委周詳。本於誠求赤隱，開婦道之津梁。數已符契，啟女蒙之訓學。時可敷施，當卽轉咨。旋經會議，侍書種妙緣於前世，假斯警化凡流。左司植仙骨於夙生，賴以闡揚大化，任茲鉅典，贊我天工。勅元君擇吉以談經，命羣眞隨時以行化。言取誠實，醒天下閫閣之迷；文必精純，垂後世母儀之則。果二十四章之美備，自百千萬劫之超生。特勅行知，欽承勿忽。

王天君語錄

前據金子疏奏元君，懇指示修煉筆錄之女弟子林瑩可否承允演經之人等情，已經勑令該處城隍司核查林瑩前世今生案籍，申奏帝君。玆據奏覆，查得林瑩前三世，本屬明成化年間，維揚一秀士，姓魏名文熙，立身清潔，未入仕途。因其好逞才辯，每作綺語，譏誹同類，議論先達，且於色戒有傷。故於二世罰爲女身，置之空門，令受悽苦。彼時乃天啟之中年，受生於吴崑山縣西村曹氏家也。今已第三世矣。因其矢修清淨，在空門之世，曾潔志焚修，供奉太上，曾晤鍾山定慧女導師，令其習煉玄功，參悟太陰煉形之訣。惜未得手，卽經棄世。其與體恕有此一段因緣，實係彼三世前有以種之也。再查今世，雖爲女身，年尚少穉，無諸大過，其所以受女身報者，乃綺語一罪，未經消釋故也。各情案奏覆到來。又據本壇檢點奏報，淳修現在禮斗祈恩，消災懺罪。元君甚悦，已轉懇帝君，賜加化度，俟其禮斗祈恩期完，令卽具表申奏，懺罪求恩，元君擇吉降臨，親爲開示，以候演經。並奉帝君、元君之命，着詢問金本存，既爲淳修傳度師，可否保其始終不二，着明白奏覆。

此一因果，雖屬渺茫。奉帝君旨，特令乩沙指示，以見士人綺語之報，卽兩世女身，尚未消釋。今賴夙生空門之修，得入法會，若得誠虔不二，傳演丹旨，夙垢盡淨，仙緣可結矣。並諭淳修知之，凜之。

斡運元君語錄

吾奉帝君勅旨，因鑒金子本存，奏稱皈化煉筆善女人林淳修，堅志進功，虔誠罔解，且慧性清靈，堪充傳演之職。並保奏情詞，前後已悉，俱令主將示覆。今特命吾臨壇，親爲開導，使之朗悟。筆底通靈，卽可代予敷宣道妙矣。

夫天地陰陽，異形互用。判於男女，男稟乾剛，立體以健，受氣以清；女稟坤貞，立體以柔，受氣以濁。清斯輕，濁斯重，輕清象天，重濁象地。然天爲陽而中有陰寓，地之應乎上也；地爲陰而中有陽寓，天之交乎下也。所以兩儀生於太極，陰陽寄於男女。要知天體無爲，清虛高遠，雖雲蒸雨潤，下施坤輿，究不能長養含胎，乳哺萬彙。是以男子修眞，其功爲難。至於女子，取譬於地，雖載嶽承流，凝結厚重，然百卉萬物，應時以生，倒行逆施，可以升陽氣於春分，發和光於冬至。喻之女子孕育之機，同此生生不已之妙也。故其修眞，較之男子，最爲簡易。總之，世人多欲，所以遠道；至人無欲，所以造道。不論男女，能知寡欲，可以入道。蓋無慾則清，清則靜，靜則明，明則湛寂常眞。如如本體，無不覺照；智海性珠，朗然現出。豈僅施之筆端，以爲奇事耶！

吾憫世之女流，自等污賤，淪落昏迷。久欲敷演丹經，拔濟苦趣。曾與金子言之多年。今林氏淳修，夙根頗慧，三世人身，已爲難得。雖有往垢，可以懺除。間今開導之言，宜勤參悟之學，清心寡慾，竭志虔心。不惟可以闡吾度世玄文，兼可享福澤，生賢嗣，盡此一報女身，隨我逍遥斗闕也。勉之凛之。

坤元經

序一

稍刪

金丹大道，純陽一炁也。人欲修之，皆以五常始，而性分盡，則四端萬善之當然，參贊位育之極至，方滿乎性之量充塞無外，混合無名，乃曰成聖。至吾仙佛，乾坤修行，丹道大源，皆由至虛至靈之性，靜養心身，在清淨寂滅中，混沌渾淪，煉乎性眞，見乎性光，無一毫渣滓，與太虛同體，成聖之功能如一也。所謂性者，後天中之先天，則爲元神；先天中之先天，則爲元炁。先天元炁本無形，生乎有形，所以爲生天、生地、生人物之根本，故金丹之道源本此。當未有天地人物之先，元炁渾凝一團，靜而不動，惟絪緼渾涵，結一點靈光，在隱約飄渺間，虛無恍惚中，靜極動生，無極化成太極，而天地始生焉。天地位判，則天氣下降，地氣上騰，二氣交感，則人物從此生矣。得天之陽則成男，而坤陰已寓乎其內；得地之陰則成女，而乾陽已寓乎其中。然有男女然後有夫婦，有夫婦然後有父母，父母二氣交合，元炁凝結，在母腹中，成一胎形，内含靈氣，始生乎心，則爲性元，乃曰人之神始。繼生乎腎，則爲命元，乃曰人之氣根。久而五官百骸，骨節筋絡，次第長成，則貫通乎呼吸之竅矣。至十月胎全離腹，去先天而落於後天，借天地之正氣，資父母之養育。乾男坤女，二八之歲，二七之年，氣血充盈，情竇漸開，男女媾精，萬物化生，皆本良知良能，乃造成人民一大世界也。所可惜者，人多不知修煉，縱情恣欲，本來至寶漸卽銷磨，未幾，骨枯水盡，夭折喪亡，實堪憫惻。雖幸生及老，百病雜出，艱苦萬狀，悉由剥去元陽所致，焉得效仙佛能超劫長生乎？昔傳乾坤丹功，玄妙關竅，逆行之法，煉精化炁，煉炁化神，煉神還虛，教人度己度人。不料久傳則僞，旁門雜出，混亂害人，莫可言狀。至今眞傳學絕，以訛傳訛，不悟修道之玄機，動以姦巧惑人，首重財禮，相率引入地獄。今紫衣道君、玄眞五皇姑，同傳坤元經一部，傳眞女丹妙訣玄微，並證乾道工用之實。今書成，明透道根，故坤元修之如此，至乾元修之亦如此，皆以聖功建其始，而修性命之本源，俱從先天中體會，須臾不離，各正性命，保合太和之妙論也。是爲序。

清光緒乙巳年九月十五日

序二 稍删

金丹大道，乾坤修之，道由本身，身外無道。此中乾與坤分合之辨，不能不詳言之。然大綱有三焉：曰秉性，曰形體，曰功法。然考其秉性，男屬陽則清，女屬陰則濁；男性剛則急，女性柔則緩；男念雜易動，女念純易靜；男氣動易洩，女氣靜易斂；男爲離日，一年一周天，女爲坎月，一月一周天；男之氣難伏，女之氣易伏：斯秉性故謂各異。論乎形體，男喉有結，女喉無結；男乳小則無汁，女乳大則有汁；男基凸，女基凹；男曰精室，女曰子宮；男曰丹田爲命，女曰乳房爲命；男以腰爲腎，女以血爲腎；男精白爲虎，女經赤爲龍；男精陽中有陰，女經陰中有陽；男精化炁充足，女經化炁和微：斯形質故謂不同。辨乎工法，男先煉本元性功，後煉形質命功，女先煉形質命功，後煉本元性功；男陽從下洩，女陽從上升；男逆修成不漏精，則曰降白虎，女逆修成不漏經，則曰斬赤龍；男精逆行到腦，女血直奔歸心；男七蓮難放易收，女七蓮易放難收；男修爲太陽煉氣，女修爲太陰煉形；男曰胎，女曰息；男降白虎，莖縮如童子，女斬赤龍，乳縮如男體；男出神則遲，女出神則速；男可自己飛昇，女必仙人待度；　男必面壁，女少還虛；　男成眞人，女成元君：　斯工法故謂有別。今將同異明之，要知女子不同在赤龍未斬之先，既斬之後，煉藥、結丹、還丹火候次第則同乎男子丹法矣。果能明其理，用其法，行其工，層次不亂，度數不差，自然道成。少女行則化氣，老婦行則却病，孀婦行則守節。然女流成仙佛之果，全在功德大小、工夫淺深定之。女子修丹，必須絕七情，除六慾，掃三心，飛四相，萬緣放下，五蘊皆空，百折不回，萬魔不退，死心修去，煉血化炁，煉炁化神，煉神成眞，果證金仙，浩劫永存。上朝金母，下度衆生，在蟠桃會上不讓男仙，獨居其左也。女子勉之，吾立望之。

光緒丙午春三月十五日

自序一

稍刪　玄貞五皇姑

女子修行，自古最少，不如男子，則能遊方訪道求師。女子難以出門，焉得聞女丹修行之好事？此中能識字而解道意者，百難一二。果人間女丹有專書，成仙必多於男子也。因無眞訣傳度，故流弊橫生，使其多般，不得不數數言之。果得斯篇之訣，當自知乎謹戒矣。然世上女子，有謗修行人者；有鄙修行事者；有願聞修行說者；有阻人修行路者；有以不修行爲美者；有知美而夫不准修者；有父母阻之、翁姑忌之者；有爲淫欲不絕而慕道者；有名利未絕而入道者；有割塵緣，入空門，徒享清福，而聞道不修者；有幼無依、老無靠，事迫賑逼，賴佛門逃生求衣食者；有妄投旁門邪教而害人者；有不知魔而瘋狂者；有入狗群而敗名喪節，至死不改者；有聞道不循階級，不知男丹有別者；有知男丹不知女丹者；有皈依佛門，唸經、念佛修性，不知求師指女丹修命者；有入玄門，以男子臍下一寸三分爲炁穴者；有歸善堂，吃齋敬神，念佛拜佛，放牲行善，邀福免禍，不知修行斬赤龍者；有不悔罪過，消解冤孽，禳災降魔，不立功立德，不窮理盡性，即急求師口訣，便下手修命者；有知道不眞，妄行運煉，生病而死者；有善良習染太深，自高自恃，不求師指用法，依書執相，妄斬赤龍，積血氣成病，以致死不悔其錯者； 有斬赤龍後，不知與男丹火候工夫次序同用者； 有經魔障，如刀兵水火，瘟疫官非，口舌謠言，及護法師友病死鬩散，因退道心，半途而廢者； 有得一知半解，即自誇大爲是者； 有倫常應了未了，礙難清淨修行者； 有妄想雜念，利欲熏心，天人交戰，雖修未修者； 有願守貞修行，而娘家阻擾者； 有願守節而婆家逼嫁者； 有婆家勸其修行保節而不能者； 有慕仙佛，不早回頭，推到年老而不修者； 有欲積養道之資後好修行者； 有貪嗜無厭，滿腔毒殘，癡情妄想，不絕房事，不捨兒女，妄求仙緣者； 有暴氣未化，憂怒塡胸，猶想成仙者； 有身不莊嚴，心不清淨，口吐是非，甘爲妄人，望天仙接引者； 有養牲殺命，不忌葷酒，而欲修者； 有口雖齋戒，心如虎狼，視翁姑、父母、丈夫、兄弟如仇敵者； 有入正道後歸旁門者； 有誤信三姑六婆，降神扛仙，走陰觀花之說，顛瘋失性，或誘入淫室者； 有暗引良家處子，作人爐鼎，已作黃婆，自敗名節者； 有良女爲御女家所惑，甘作爐鼎，以求成而敗名者； 有朝山入廟，亂投僧道而受害者； 有與善門男師種下情意者； 有尼姑道姑，善門師孃，天恩頂航，以及符咒神印，神水神劍，步斗燒藥服餌，同流四方，開示女流，借道取人財者； 有得眞訣，不圖利己而利人者； 有得訣妄傳遭譴者； 有見賢不傳而絕道根者； 有錯聽僧道奸人南宮黃白、丹房器皿、鼎爐琴劍，受害爲是者；　有得眞師妙訣，道友忌心，暗中魔謗，阻止難修者。以上數條，流弊等情，不過略舉大概耳。然吾身居深宮，焉知人間女子有此？　時伴母后，查看女修功過中，有此等事，每長歎不能禁止，而淚灑胸前也。因無女丹眞訣，有斯弊端，貽害於世，殊堪痛恨。今同紫衣洩天機之秘，願浮界女流得眞傳，共修金丹大道，不致爲旁門邪教所惑，庶幾細心嚴守規戒，善讀善悟斯訣，自然妙得玄眞，何難步步做去，立見成功哉！　望衆勉之。

光緒丙午年三月十九日

自序二

稍删　紫衣道君

女成坤位，純陰之象，性柔情順，氣靜神清，所以近於修行之路。惜乎世少眞傳矣。今仙訣露洩，普渡人間，願世女子，堅志修行。必先孝悌，根立性天，廣積功德，輔助玄工。首重清心寡欲，斷妄絕塵，養眞化氣，惜神愛精，從此死心做去，日久自然成眞。今皇姑洩玄中妙諦，露天機秘奥，助上聖普渡之法門，端一道正統之精微。乾道書成，名曰天梯。惟坤道玄工，吾等略著，洩露眞訣。莫覺言之反覆，本諄諄而告戒；須悟訣之玄妙，當拳拳而服膺。最好童眞修行，一超直入妙境。可憐婦女，苦煉半途，失迷覺路。嗳！人生最好修行事。呀！道中須知正旁門。細心訪乎仙師賢友，莫身伴乎狗黨狐群。看他行持不正，急當遠避而除害。知其眞正大道，到處舉止而合天。信爲眞師，方敢入門，速下謙恭，苦求玄妙，感動慈悲。師尊必先試乎眞假，考驗確實，訣乃指點其一二。可歎明師最少，眞修無多，不出户庭，何處尋師而聞道？雖有心願，無由得門而下手。乾坤二道，各有秩序，使世人不混亂道規，得端風化於萬世矣。吾同皇姑著書，詩文淺俗，女子易讀，而知天機全洩，障礙一切而掃。願女修行，奉斯篇著者，莫覺得來易，須下死工夫，脱去一切苦，方見本來面。及到功成，回首自笑遇書之不早；死裏尋生，實賴斯訣之有效。至此得緣，切無視爲易能，須要虔誠熟讀，妙覺玄精，方不負我與皇姑著書之苦心也。願天下後世女子得此奉行，何難成仙與吾等爲伴侶哉！今且拭目望之。

光緒丙午年穀雨節後九日

女丹法言秘訣八章

玄貞五皇姑

靜養化氣第一章

女子坤柔之性，血液之軀，修煉丹法，入手與男子不同。秉性不一，故形體亦異。男子先煉本元，後煉形質；女子先煉形質，後煉本元。女子初工，先要收心靜養，以有形之質，用有爲之法，行無爲之事，煉伏丹田元氣，調和血海月經，神中靈覺，靜裏動機，趁斯時至，轉輪逆運，到乎兩乳中間炁穴。月月如此，久自變化，靈脂成氣。自驗月經，由紅變黃，由黃變白，由白化無，由無化炁，方還元貞，始立丹基。志求上進，採藥還丹，胎息出神，與男子丹法並用，了道成仙，同一形神俱妙也。

女子修行，用太陰煉形之法。先數月前，日日清心寡慾，刻刻妄念掃除，拋去一切喜怒哀樂，塵緣罣礙斬斷。凡遇大小功德，量力必做。齋口潔身，正心誠意，慎寒暑，節飲食。言聽視動，愛惜精神。然後選擇天清氣爽吉日，掃室焚香，至誠禮拜，方上蒲團，端身正坐，雙足對挽，口架鵲橋，心守玄關，意默血海，二目回光，返照兩乳中間炁穴，凝神調息，靜使至篤，虛令至極，鎮靜不動，一呼一吸，來往沖和。呼由後轉，至乾到肺；吸由前轉，到坤至腎。自然行持，外隨口鼻綿綿若存。將兩手交叉捧乳，輕輕揉磨三十六遍。氣自下田微微吸起二十四口，仍用雙手捧乳。吾等童貞，不用揉吸之法，婦女要用。此後目微回光照定炁穴，神抱意住，意繫息住，純一自然。眞息往來，一開一合，在丹田中挽轉悠揚，聚而不散，則內藏所伏之氣與口鼻外來之氣，鎔化無跡，交結在血海中，絪緼融會。不覺若覺，有意無意。呼則微微起意，上照神室；吸則悠悠回氣，下達丹田。久則行乎自然，靜虛到無相之極，候生動機，其氣在無意之間，丹田血海之內，有一縷清氣，自下升上，直入炁穴，凝神照定，運息少刻，舒散周身，此一片太和渾元景象，莫知所之，方可下坐，磨手鋪面。

退符一節，是塞毛孔，免受風寒生病。凡行坐後，絕不可少此一番。

大凡用功靜坐，要得四時正氣，天青日白，氣和風清，月明靜夜。忌在風雨炎寒之天，陰濕污穢之地。忌食葷膻辛酸之物，生冷瓜果之品。自己謹愼調養，保護身體。當月經信至後，七日之內，更加一番小心，不可勞乎精神，損乎氣血。

女子性柔心靜，無事之中，將自己眼耳鼻舌心意，不爲外物所引。凝神調息，靜鎮使之不動。惟心出入無時，妄念何止？一覺心走，速收回來，入在腔子之中，目凝神光，下照海底，其心自然不動，久而常清常靜，靈元生乎妙覺矣。然女子用靜工之時，魔考最多，要爾自知自解。倘若福薄緣淺，一磨則退，終沉苦海。須要至死不變，力求上進。古仙云：「要求生富貴，須下死工夫。」心不死透，絕無效驗。卽欲長生先學死，微塵一點隔天淵。能絕後天，方生先天。凡行走坐臥，不離這個。凝神收心，靜中調息，依訣行持，不過半年，氣質由濁變清，身體自少倦臥，神清氣爽。

凡處出外事，以戒規自守，細訪仙師賢友，懇求指點玄妙，實在用法。多尋女丹，細對參悟，坐自有效。或一日三坐四坐，從容自然，每日亥子中間一坐，絕不可少。

十二時辰在道中，死心修去自成功。仙人都是凡人做，要爾眞心眞用功。

此爲女子靜養化氣之初功也。

知時煉形第二章 此章宜細玩味。

女子濁陰，居於下藏，年十四經滿而漏。因身體合乎太陰行度右旋，二日半行一宮，三十日行一周天。古今女子，初來北海潮水，都在月之初三，應「月出庚」之義也；有十五，應「月生甲」之理。如太陰一月一圓，月經一月一來也。斯經由周身血管經絡，到肝入心，下至血海胞裏，上接命門眞火，下接膀胱眞水，一薰一蒸，化行生氣，貫通百脈，內潤養臟腑，外遊運皮膚，行至二十七八日之間，血海所蓄，氣之將動，血之欲鎔，引起先天中先天眞一元炁，隱涵玄根之內，壬水始生。在月信將至之時，人必腰痛身軟，頭昏脛疼，日好喜睡，不思飲食，如客還家，先有信至一般。赤龍洪濤，三十時辰卽止。癸淨壬現，先天眞一元炁，復在眞陰動時，七蓮花放，露蕊含包，此時順受生人，逆煉成仙，天機實在攸關於此。

女子修煉，先要算定某日某時，月信對期必至，早自留心，靜候信到。要避風寒燥濕，忌葷膻辛酸，掃去妄想煩惱憂思，割斷身心牽纏罣礙。惟日靜坐，光定神凝，意和氣平，耳不妄聽，目不妄視，鼻不妄吸，口不妄開，身不妄動，一切凡情，不沾一絲，靜不着相，呼吸綿綿。身覺信至，焚香靜坐，閉目存神，兩手如抱如拳，心守玄關，意默血海，回光返照乳中炁穴。運息如前，丹田血海，起意上照神室，少刻覺生清氣一縷，自下生上，入乎炁穴，微微運落中極，回光照定，意引下照復還海中，仍舊運息。呼由丹田起意，上照神室；吸由炁穴回返，下籠血海。用意抱神，隨息歸根，丹田自然生熱，斯時血化之炁，復入血海。若不相投，如客在外，變相還家，相見不識。此純陰逢眞陽之炁，引動玄根，眞一炁鼓，眞陰發動，在血海之中，如魚吸水一般。此時身體綿軟，醉人相似。其味較人難容，景象莫言。若動淫念，慾火發動，不能禁止，大喪品節。苟或强制，大傷精氣。卽覺妙景，速急回光，返照海底，意抱氣住，神籠息住，涵蘊自然，團聚熱氣，下尋去路，微微升身，用意潛引尾閭，穿上夾脊，緩步三台，直上泥丸，下過玄關，落在鵲橋，炁化甘汁，和舌下泉中生液，咽下重樓，至乳間炁穴，運液化氣，凝聚片時，調息運化。由兩乳經絡，氣通脅上，貫乎百脈，舒散周身。息中若覺，周身皆玉乳化成沖和之氣，則沖和之氣若滿周身，渾合呼吸，如同一氣，斯妙化全在行乎自然之中也。此坐工在信將至，用此默運化氣養形之法。赤龍正旺，兩日半中，不可妄行運煉。果若胡行妄動，必有血中奇症，仙人難治，自取喪命，惟悠悠自在爲妙。待到將止未淨之時，癸淨壬生，玄根所隱藏先天眞一之氣，忽又發動。在無意自動眞陰，如魚吸水，自覺七寶蓮開，速閉目存神，默守關竅，回光照定，用意含聚，神抱息住，烹蒸熱生，下尋去路，意引如前，由後逆行轉輪，落在炁穴，由乳房貫通周身，自覺舒暢。然後升足，退符下坐。若養到氣旺，一日之內，眞陰若動數次，卽要靜煉數次，不可輕視錯過。

女子還乎元貞之體，全借眞陰動出先天眞一元炁。在動機中，煉而運之，妙化無形，靜養乎體也。月月如此，信到化氣以養形，經止煉形以和氣。平常靜坐，工不可怠。待養到氣活經化，自有效驗。

觀音白雀寺修眞，海放蓮花坐化身。手捧寶瓶甘露水，枯楊養活萬年春。

此女子知時煉形之功也。

斬龍立根第三章

女子靜修，工純見驗，一日一時，不可倦怠。依前坐式，默默守關竅，神依氣運，意繫息住，呼吸往來，上至炁穴，下至丹田，婉轉悠揚，聚而不散。內藏接乎外來之氣，融會一片，凝聚眞氣，日充月盛。下起丹田，上衝炁穴，斯炁由乳運化，周身絡脈，全體舒暢，口中生滿津液，用鼻上引泥丸，入來清氣和液咽下，直到炁穴盤聚，用息舒散，液中濁濕之水，少刻入乎中極，落在玄根，意抱氣住，運息烹化，覺熱生腰，帶脈一圍，下到丹田血海。息用先武後文，靜守自然。此卽如男子玉液煉形之工同也。但覺血海液化之炁，涵乎自然，隨息默運，回光照定，丹田煖氣自生。待熱如湯煎，用意涵伏片刻，自然下潛尾閭，提上夾脊三台，直到百會泥丸，少停休息，降下明堂玄關，斯炁化爲美液，滴落鵲橋，和舌生之津，滿口咽下重樓，送入乳中炁穴，凝聚片刻，意隨息運，烹液化氣，由乳汁經絡，流通周身之氣，與內中呼吸，共合爲一，妙化自然。此卽如男子金液煉形之工同也。然女子日日坐中，用此金玉煉法，其月經之血色，臨期斬之，久而自斷。

蓋斬法是猶煉化之工，當在信之將至，坐式如前默守，運息神凝，丹田初動之機，將生之炁，意蘊默住，靈覺先天眞一，涵中若現，趁用火工，運息收還玄根，意和血海，化氣上升入炁穴，散乎周身，此謂「索龍頭」也。經之將淨，坐法如前默守，待丹田氣生，眞陰自動，露出先天眞一之機，回光照定，意抱息住，凝聚丹田熱氣，呼吸烹煉少刻，温温團結，使聚不散，用意下引，潛度尾閭，轉輪逆運，落入炁穴，藴釀氣化，舒散周身，自然不歸血海，此謂「擒虎尾」也。月月應期，用此索擒，中兼金玉煉法，久久行持，水磨之工，不可急求其效。體旺二年可斷，身弱三年可無。果欠眞修純實之工，終難斬去還乎元貞之體矣。然斬法全在陰動露出先天炁機之時，速用呼吸火工，烹煉血海，所蓄皆化爲氣散入身中，以炁穴中主持，自然不入血海復變陰濁也。斯經漸煉漸化，其色漸斬漸變，行乎自然。紅自黃而黃自白，白自無而氣自化，三命無形則丹基始立，乳頭自縮，體成男子，則知斬斷之純工也。以上三層妙法，步步實行，見驗做去，方能獲益。言雖有爲着相，要依有爲，行不着相，不可離法行乎無爲也。總要訪求過來女修，此中實在運煉，火候、危險，與此同參，萬無一錯。女子工行此步，魔考最多，阻止前進，要心自知，廣積陰德，任其存亡。下純死之功，不求急效，隨其自然，久自化無矣。只在信至將淨，趁乎動機，則用呼吸之力，恰在動處用火。是要小心謹愼。平常息莫用力，動火烹乎空鐺。如回光在未得藥前，一日只可一時，久照恐出陰神也。

斬龍下海運神通，劍號清靈用火攻。上借罡風吹入地，霞光湧上籠晴空。

此女子斬龍立根之功也。

採取生藥第四章

女子坐功，赤龍斬後，用法與男子相同。前煉斬法，温運和化，今用採工，乘機收取，煉藏於內，靜候春生。

旣斬之後，坐法如前，靜篤虛極，凝神入乎炁穴，無一毫念慮，無一絲知覺，隨後天口鼻，呼吸氣軸，運行內息，往來闔闢。吸入一闔，逆轉自乾，升爲進火；呼出一闢，順落至坤，降爲退符。進火卽爲採取，退符卽是烹煉。此中吸則降火，呼則升水，是要分明透徹，方可下手。採取先天，精中化炁；轉煉封固，靜養生藥。明白息中方採取，得來一刻返魂漿。女子當此，靜中自待，用神抱氣，運意隨息，上至炁穴，下至丹田，靈覺靜中生動，用接栽法，時得艮卦，乾坤顚倒，天槖地籥，竅合吸噓，覺丹田熱氣初來，急用呼吸，運意採取，收住涵包，凝聚片刻，遂下尾閭，過夾脊，上泥丸。後升用乾策四九三十六數。到頂少停片刻，由明堂，入炁穴，順落深藏玄根。前降坤策四六二十四數。是爲一轉輪。然後温温，體若蒸籠，團聚不散，日日加工，温養生藥。一吸入，降火爲温；一呼出，升水爲養。用心火腎水，在內息中，綿綿薰蒸。六門緊閉，待時生春，靜中採取本心腎之氣，來烘玄根。所藏外藥，或十月一年之間，恍兮惚兮，中有物動，身中毛竅若癢，四肢無力，骨節若綿，難明形狀，此正生藥之象，神明自知。其信先必邀女修道伴，靜中扶持，藥生全在運養日久，六門不動，二氣薰蒸，丹房之中，自然眞陽，先天元炁，一片熱起，在恍惚渺冥之間，似覺不覺，光定意抱，運息團聚，不至外越走漏。不知在呼吸之中，由鼻口露出，異香遍身，滿室共聞，神明自覺，緩緩意抱息住，收煉片刻，自在醞釀，眉上明堂，忽有火光，外射丈餘，此亦藥生之驗，慎加保守，不要走失。此採外藥，引生內藥。

採外藥，先生後採。生內藥，先採後生。無外藥，則內藥不生；得外藥，而內藥方就。非接栽妙法，外藥從何可得？內藥由誰引而生之乎？內藥養生本易，不過靜中久候；外藥採來本難，怕在當面錯過。外藥在下丹田之內，臨爐之時，無人相，無我相，似有爲，似無爲，寂然不動，感而遂通。留意靜候，一覺藥生炁到，趁其生機，採而取之，收而聚之，轉而煉之，神抱炁住，意繫息住，涵蘊在丹房之中，封固運息，合意和中，日後十二時中卯酉停輪，內用眞息呼吸運動心腎水火，温養所藏之炁，久久自然丹生。此中險危，要加小心。

採外藥時，妄動邪念，永墜地獄。採得外藥，七日混沌，身若酒醉，若失調養，易生疾病。温養生藥，最怕憂亂。妄動損乎精神。內藥生後，時刻護持，保守嚴密，不使移動，細心用小周火候，煉結成丹。倘若走漏，枉費前功。然女子採得內藥生時，外自現象，色似桃花，膚若玉脂，舉止莊端，言語低聲，温柔從容，太和自在，一片神清氣爽，望之令人恭敬。然此段採藥生藥，工夫最細，皆由本身精中之炁，採來煉之温養生之也。斯逆來成仙，第一緊要，判乎仙凡，切記謹愼，不可妄動，依有相法，行無相事，凝神自然而常保之。農耕綠野雨逢春，晚日清風到水濱。天影波搖夾岸柳，煙絲一片碧雲生。此女子採取生藥之功也。

煉結還丹第五章

女子靜修，到了生藥地步，其功非同容易得來。此中天機，前訣發明，至精至微。上言採來之藥，從月信斬後，靜養元眞，身中覺動，月信復至之象，丹田之上，命門之中，先天眞一之炁，復隱發現，不鼓精液而化陰血，乃生眞元之陽炁。在下丹田之中，時用艮卦，採來逆運轉輪，煉藏在丹房。靜養日久，方生内藥。女子覺到生藥，速採煉結，庶免遺失。此中煉法，吸降心中眞火以養之，呼升腎中眞水以温之，神定意抱，息自内運，用眞火煉之，眞符應之，凝聚烹蒸，生藥之中，日久工用，自然恍惚，炁如蒸籠，漸漸收聚，覚得五臟四肢，精氣似到一處，骨肉毛竅，莫明景象，凝結一團，若起若伏，似散似聚，渺冥覺中有物，微微意隨神照，用息運煉，一時内結粟米之珠，盤桓流走，活潑莫定。此時身不可動，工不可停，十二時辰，如龍養珠，如雞抱卵，綿綿如鶴胎龜息，久自圓明，灼灼一粒。斯中煉法，用小周天火候。一日之中，子至巳六陽時，用乾策二百一十六數，除卯沐浴，乾之實用一百八十；午至亥六陰時，用坤策一百四十四數，除酉沐浴，坤之實用一百二十。各得之數，合成三百，添卯酉六十，謂之周天三百六十。閏餘五度四分之一，爲在息中以補不足。知閏則知天之實用，炁易結而丹易煉矣。

然沐浴正爲進火退符，用在停息調和之中。不沐浴，進退成虛幻；不進退，沐浴不沖和。此子前進火、午後退符中之妙法也。然結而後煉，不同前之煉而後結。前之煉法，運坎離中之眞土，合成刀圭，方成丹藥。非運内息，水火烹煉，何能聚而成丹乎？即丹結而後，煉還之工，非同容易。當煉之時，周天火候，莫差時刻，内防危險，方得眞還大藥。眞藥實在，定中運眞息，無中藏眞有，有中却如無。此眞息用火妙法，煉藥結丹，日日純工。定息運氣以抽鉛，行火煉形以添汞，乃以呼吸輪轉，河車搬運烹煉玄根，盤聚元炁，方結成丹。煉到乾砂，紫金霜色，養足圓明，方可移爐換鼎。一團元炁，由丹房中，下降尾閭，後轉升入泥丸，落前乳間炁穴，還乎先天本位，刻刻回光照定，息息用意醞釀，三五日内，水火既濟一次，不使爆冷。每日靜中自在，神依炁和，意涵息住，若似虛無，非似眞空，在不有不無，若覺不覺，斯境莫明。其中惟用内息，呼吸外隨口鼻。出入若不在鼻口，似未離乎鼻口，綿綿若存，靜養中田，丹還炁穴，光明活潑，方用乾坤大交，炁合神中，服食合丹，運大周天火候，三昧會一，結成胎息。人到還丹，目如點漆，光同展電，神明若鏡，未卜前知。此因靜極感通，玄機妙化中得之。斯時可遇仙佛，來指玄奥，暗中護持。吾命仙來保護，成功胎息。不然怕入陰魔，走失大丹，有傷性命。

當在未煉以前，將「火候」二字明透。火有三：君火、相火、民火。候有三：時候、節候、氣候。火分大小緩急，抽添進退。候有動來發起，補足停止。皆以息運意覺。惟神明自知妙機。臨時運用，細防危險。古仙丹經，火候未有不傳，要人細悟此中妙諦。然百日生藥，一時結丹；三年練丹，七日還丹。內有金液玉液，九轉大還，煉之非同容易。此節工夫，最精最細。要死心如灰，磨之又磨，煉性清如青天，方下死工，自然做去。

紫金丹結海天中，波蕩霞光倒捲空。飛上蒼臺盤玉斗，一輪滾滾捧雲紅。

此女子結煉還丹之功也。

會合胎息第六章

女子修道還丹，大藥成就，煉化元炁，要用煉炁化神之功。當未化神之前，煉炁全用眞息，呼吸內運，意調火候，氣尚借鼻口出入。內外若不相應，往來若似相通，卽還丹合炁之中，意默氣化，光引神投，交會莫明。所在眞息，渾然不覺，若有不有，似無而不覚有，似空非空，似有而不着空。倘非眞空，若差失火工，則添夢寐昏迷，墮入旁門，乃成小果，難逃生死，未能超劫，永不離世。須要女修道伴，小心扶持。若覺行坐不一，便使囘光，息定靜中，自然化幻無影。然合丹之時，天地交泰，日月合朔。古仙有云：「煉到乾坤丹會合，天機口口道傳眞。」卽如來說「一合相，卽非一合相」。妙行師云：「太陰交會太陽來，對照生光返照囘。」此中天機難言，不過五臟之精，百脈之靈，三火之力，將眞神在上，元炁在中，意引神往下降，投入炁穴，元炁之內，息運氣迎上接，合眞神入炁穴之中，會歸一處。初見若不相投，少刻五臟精，百脈靈，三火動，使眞神元炁，配合如夫妻結絲羅一般。此全賴意引息運之功能也。然交合融化，隱結珠胎，身不可動，如龍養雞抱，光定息蘊，封固保守，細心用大周天火候，靜養胎中生息，全在默運身中呼吸，不在鼻口，未離鼻口，雖有呼吸之名，實無呼吸之相。要用先天臍輪之呼吸，不用後天鼻口之呼吸。蓋先天呼吸，不由後天鼻口，乃由臍輪。若不在臍輪，實由前臍輪，對後命門中間丹田氣海一定衝脈，下至二足心之湧泉，逆行腹中，自然呼吸，卽莊子云「至人之息以踵」是也，此謂眞空倒機。

吾昔聞古仙言：「丹結如人胎，等我身初時父之二氣、母之二氣者，一呼吸，一元炁，兩兩二氣會合混沌，合爲一氣，如太極圖中包虛空一炁，無胎可覺，無息所動。因母呼吸，運精化炁，始長成胎，因胎而長爲息。」妙行師云：「胎從伏炁中間結，炁自胎中息裏陶。」及至胎全，妙在隨母息以爲呼吸，所以終不閟塞，以臍相通，若有息無息。自我落地，剪斷臍帶，先天路斷，成了後天，空氣逼入，鼻口相接，一呼一吸。今逆修返還呼吸，時以鼻口之氣，復歸仙胎息所，漸煉至胎息真無，到滅定盡，還全未生之時無息無胎境界，不入生死之鄉。然養胎息，制伏呼吸本難。先要元炁依持，靜中息歸乎胎，以胎息養胎神，得神炁乘胎息之氣，在中一定，似不在鼻口，若在臍輪；若不在臍輪，似在虛空，始覺是有，終覺是無。久久綿綿，無時無刻。若不在胎息中景象，則煉氣化足陽神，絕無動靜起滅，卽謂胎圓，方還到如母胎初結我一炁之時也。果以後天呼吸，不由鼻口出入，則閟塞氣斷，神無所依，死不長生，難逃水火刀鎰之劫。今修到先天大定之中，必要十月温養，完足真陽，而後調運出神矣。

乾坤妙合仙胎結，一炁渾然息白綿。呼吸絕無滅盡相，悠悠大定卽先天。

此女子會合胎息之功也。

調養出神第七章

女子修到胎息成功，其心良苦，方到此步。內中默運，要一年純功，然後出神。十月温養，一月總煉，一月出神，謂之一年。

十月靜養胎息，如母懷我未生之初，在母腹中，隨母呼吸，因我臍管通血包外，依在血海之間，接母呼吸，自然相應，感生胎中，神養氣足乃生，瓜熟蒂落焉。

蓋温養胎息，初結之時，百日之内，一日十二時辰，呼吸雖通鼻口，似覺不在鼻口，綿綿内運，不同胎從伏氣中結之呼吸，要在炁從有胎中之呼吸，胎中生息，由内運息鼓動，引胎隨動，相感息住胎中，在有覺而不覺，似有而不有，息中初定自然。呼升水以養之，吸降火以温之，内自隨息，一感一應，相合如一。若有意無意之中，是空非空自境，火不覺乎始有終無之起止，息不覺乎外入内出之往來，此百日養胎中生息之工也。此必要再加百日，全乎藥力，生乎胎息，以養胎神。

一日十二時辰，子午之中，調和五臟精神，隨息朝乎胎中，蒸養胎中生神。若在空虛，似不空虛；若似有無，覺不有無。用此五炁朝元之工，以全藥力。雖由背中運入炁穴，胎中在有意無意，使之自然而然，隨乎胎息，内養胎神，此百日養全藥力之功也。然更要再加百日，堅乎聖胎。

神炁乘息，氣中一定，内胎息處，中有隨息而不有，中無覺息而不無，化去胎中之息，方能養全胎中之神，自然元炁渾蒸，神得炁化，在乎無息之中，胎靜無息，陽神大定，始覺有動不動，終覚若靜常靜，到無一毫之起止，方還至如母初結我一炁，方謂滅胎息，炁化胎神。此百日堅乎聖胎之工也。

斯三百日中，每日卯酉皆是沐浴，要自在行乎自然，無有無之起止，無往來之出入。三百日胎神在乎大定，是謂胎圓神全。到化至無一息之動，又謂之滅盡定，此煉炁化神之工全，是要調養出神。

由炁穴中，往上田遷移，一片太和元靈之眞性，渾化無極，體相皆空，凝聚清靈善化之機，明圓朗造腦中，混沌無相。此神在泥丸上宮，盤結數周，不能留住，自然炁從天門，霞光三耀，忽然電閃雷響，莫要驚恐，隨乎自然。泥丸出一縷清氣如煙，直到空際，結雲端坐元神眞性，闔開正眼，重見人世，山河大地，如同指掌。此初出之胎，嬰兒雖離母腹，其體尚嫩，一出速要收囘，養之再出再收，久而由近及遠，不至迷失。此中吾命仙娥，暗中護持，免乎邪物偸盜之患。然神居上宮，鼻口無氣，毛不吹動，渾然如死，最要道伴，日夜扶持，不離左右。看我入定，不可驚動，若要喊叫，恐傷神體。見我氣息不在，顏色不改，任其聚散，倚其正坐，不令歪斜。或一日二日，或三五日，或十餘日，皆不可動。用二三人，不離前後，待至鼻間，微有若無，二目神光，半露不露，方可低聲在耳邊問之，不可高聲驚之。此出定中，着着防危。待三年乳哺，九年絕陰，修至純陽矣。

此章言調養之工，正發揮胎息十月溫養大周天之事。如上章會合之理，爲發明還丹，七日服食大藥之妙。吾雖分說，實以工夫層層，逐節傳乎仙訣，此中玄妙精深，不詳細說透，中等女子讀此，何知其中之妙？焉能進工之速、成仙之易也？

陽神養足上田遊，破鼎出胎去又留。方見如來眞面目，定功須在性中求。

此女子調養出神之工也。

待度飛昇第八章

女子修至陽神升遷、天門出現之時，皆前之養神大定伏氣，無始終之一息，方能得此。至出神更防危。今一念神出，若在外久，恐其迷失，是照顧收回，入在上田，靜守在虛無定中。此如前之胎中神定，時而或出，本是六根，爲魔妄出，神入幻境，息走鼻口，靈覺非是，急入依息歸胎。同一危境，然出神在乎身外，出之雖速，入之要急。煉至三年乳哺之久，後至九年，入定時多，入鼎時少。煉到出在定中，入在定中，絕五臟之陰氣，則四方八面中，凡現仙境，仙樂奇景，需要守定不動莫覺爲好事。此絕陰象要自堅守，定中虛無，出則在定，入則在定，無時無炁，無一不在定中，自然同仙佛之妙境，超脱天地一大浩劫，永居無上天宮，爲不壞身之菩薩。蓋三年乳哺，卽如九年面壁，二乃如一。待煉至嬰兒老成，瞬息萬里，神通廣大，五行無隔礙之時，妙化無窮矣。斯神屬動，常用凝神之法，使神中自定，圓融道妙，神中化身，垂教顯化，待度女修，必有高眞上聖輔助，代爾上奏，金闕下詔，瑶池頒旨，命上品仙佛下凡，待度飛昇。若無三千功滿，八百果圓，待度無仙，雖可長生人世，終爲守尸之鬼。當此神出之初，身有微震，鼻尚微搐，出之久時，渾如大定，超脱乾坤，必先告囑日期，時至沐浴，更衣焚香，叩謝四恩，拜辭道友，靜坐時至，看其頂出靈光，悠悠直上，或時有香風慶雲，鶴唳鸞鳴，恍聞樂音，由近入乎高遠，莫知所至。此成功之女修，志願滿乎生平矣。

吾著法言八則，洩漏天機，爲望人間少年婦女，速修脱苦，登乎極樂上界，故不畏玄天父皇降罪，母后重責，口口傳眞妙訣，度世女修，速速趁此三期普度，大會蟠桃之宴，認眞大道，工下死修，自然列上品之玉蓮，豈忍自棄，久墮輪迴，甘作女形，而受無量苦。言之淚下沾衣，要爾讀之自思。

然吾傳此，入手養經斬法，是後天有爲之法，須尋師指，吾書妙法，方能行持。後之採藥眞工，生藥内景，行火止火之工用，採大藥之百日，精滿炁足之後，得大藥六種震動之景驗，過三關爲移爐捧聖之秘法，服七日還丹交媾之天機，結胎息、養中田而守中理，調出神謹愼放收，常煉在中一定，此中玄奥吾今説透，内中秘密天機，總要人步步求師，指示書中口訣，依次見驗，做去功成，究不如吾等童貞修之本易，一超直入，九年成仙之速矣。今淺說直論，世上女子，易得修爲，不至不以孝善仁慈爲根本，誤陷淫邪鬼窠爲畜類，則遠邪歸正，知大道合乎天地日月時行之造化，體行身中，合而爲一。人世之學問，孰有大於斯哉？然吾同紫衣，洩訣人間，非同僞說，迷惑人心。不懼惡於萬世，實爲度天下後世之女子，正大眞修。莫覚斯章，言雖淺，爲易知易能；法本奥，爲畏難畏行。不求師指，焉得此實處之修證？不善參悟，何識攸關乎性命？是要嚴守規戒，低頭實學，自悟之，自修之，究理之眞，印師之傳，行吾之訣，不負我離皇宮，赴瑶池，邀紫衣，筆降南洲，雲停古蓼，在天眞上聖妙行師尊者書壇中，留斯女丹法言，一字一泣之苦也。今吾書成，不能久在人間，刻卽駕返，惟在玄穹，拭目俟之。皆到蟠桃會上，不讓男仙獨居其左也。

說到成仙事本難，眞修何患不成丹？有緣遇此坤元稿，句句篇篇仔細觀。

此女子待度飛昇之全功也

降龍丹經說罷禪，九重來了女羣仙。法言讚賞玄機露，留在人間作渡船。
漫說女修不勝男，比男工減煉金丹。篇中大半乾堪用，不二法門一貫三。
世上女丹訣少傳，千年幾個到梵天。紫衣同我飛鸞化，得遇斯篇登玉蓮。
卽得仙緣修變男，斬龍斷絕苦生甘。須知歲月悲荒我，莫待經枯老去貪。
妙訣從今共普傳，奪他乾道萬金蓮。得來須要純修道，何患人難上九天。

話別壇前紅袖圍，須知從此見還稀。若能心死修眞去，我命仙娥攜手歸。
誥戒諄諄笑別回，九天先洗玉蓮杯。蟠桃敬候諸仙侶，我伴紫衣末座陪。
仙娥對對侍壇前，鳳輦來迎駕返天。辭別人間休念我，專心修煉自成仙。

詩一

勸世修行心莫多，妄生雜念百般魔。不離這個迴光定，頭不休抬釀太和。

女子入門修持，先要清心寡慾，自視如死，一日十二時，刻刻凝神，收心念住，靜調呼吸之氣矣。

詩二

大道無爲本自然，勉强難上大羅天。須知步步功程做，變化切莫用意安。

靜坐不可妄加作爲，妄運妄煉。不依口訣，乃生奇病，命自喪亡。是要求師指示玄妙，自然行持不錯。

詩三

心若死灰絕去纏，霎時風淨浪平天。臨爐緩緩撥陽動，海現珠光一縷煙。

坐到靜篤虛極，無我人相，下田中自然生眞陽炁一縷上衝心舍，覺到此景，久而氣化神清。

詩四

一團生意用觀玄，火發周天倒湧泉。妙自薰蒸交會處，安然無相全坤乾。

心存丹田，用神光引照，氣伏其中，久而眞陰自動，元陽自生，薰蒸得住，下至湧泉，上達泥丸，則周身皆太和之象，莫可言狀，久而形質變化，血氣活潑。

詩五

月出海心飛上天，金光浪湧捧金蓮。花飛萬朵騰空去，一片丹霞鍋半邊。

靜修在月信前、經淨後，眞陰動處，神抱意住，炁繫息住，微微運行，將先天眞一炁，由血海中，上升入乳中炁穴，使化行周身，合乎呼吸爲一，謂之煉形。

詩六

蛟龍飛出海天中，如虎生風勢本凶。拿着雲頭隨意住，先從動處火來攻。

斬斷赤龍，要在信前經後眞陰動時，用火烹蒸化炁。臨時要把握得住，不然走失眞一。赤龍何能斷絕？全憑慧劍利鋒，在鬼窩中斬除。

詩七

時來倒看影無踪，照破海心月映空。意定神光常射住，沖和元氣到天宮。

斬龍全在倒機運化，將月光煉到還乎太陰本體，若四肢不沖和，其形不變，三命終無了期。倘在洪濤大海中，妄行運用，必生血症，須自小心謹愼。

詩八

調息工夫本不難，有無無有細詳參。有爲着相皆成病，無意隨機萬化安。

坐到眞息現眞炁，切忌不可用力，有傷本原。自然有抽添妙用，火候有起止妙景，神明自覺。大道本無爲，着相皆不是。呼吸中有無窮玄機，修者細參。

詩九

氣伏玄根基築成，太虛無物靜中清。一毫鼻有還生死，息踵悠悠機倒行。

伏氣不通鼻口出入之門，倒機踵息，安頓自然妙化，久而丹根堅固，則行藥火之工。然始終妙用，皆在無極中之靜伏，故爲化精、化炁、化神之玄機也。

詩十

煉己心純一念中，任他磨折我清空。時將慧劍胸前掛，斬斷絲頭常靜工。

煉我靜中眞性，動中眞意，將元神守定，無生滅出入之境，無眼、耳、鼻、舌、心、意之牽，昏昏默默，悠悠如如，則念伏降住，性純清淨。丹工始終不離乎此。

詩十一

日光蒸透河山中，地熱雲生氣鼓風。疊捲飛還濃自散，雨生灑自半虛空。

凝神入炁穴，鼓動橐籥巽風，息息向爐中吹噓，風生火焰，煉精化炁，採之爲藥。此中依訣臨爐妙用，小心防危。女修到此，則與男丹同一工用。細參。

詩十二

日來映月照鴻濛，一點靈光涵在中。說出這般眞造化，羊車倒挽上天宮。

求外藥於下田，所求生氣，要一念堅定，毫無人相我相，在靈覺中採而取之，得眞陽逆入炁穴。當此臨爐，小心防險，不可妄動念頭，一刻攸關則大。

詩十三

雨後春生放草芽，香泥和軟路三叉。青茵一片朝陽處，對照溪頭開杏花。

藥採到手，保守不失，在時刻中，靜養不怠，聽其自然而然。元陽之炁，熱如湯煎，神依息住，融聚涵蘊，用火烹住。在恍惚杳冥，癢生毛竅，骨肉莫明，四體如綿，此生藥之象。然丹田有信，急備火攻，莫差時刻，在不老不嫩中煉之，自結粟米之丹。

詩十四

紅輪滾滾白蓮潭，一點明珠寶氣涵。籠住金光渾不動，太和春滿在終南。

煉結成丹，在呼吸綿綿，內運眞息，不過微借鼻口，神火隨息，返照烹蒸，使合爲一。須在文火温温，丹始凝結。細用在子前午後抽添，進火退符，煉成一片，立能合丹，大陰陽交媾而成胎息。

詩十五

東家美女巧梳粧，相會西家美少郎。匹配陰陽成太極，孕胎涵結在丹房。

丹合炁穴，如夫婦結絲羅一般，初到一處，若不相投，須要六門緊閉，用意調和性情，頃刻心意相合，交合成胎息於中宮矣。

詩十六

開花結果炁涵包，仁子中心卵在巢。鶴睡養胎渾不動，煖烘氣接莫輕拋。

養胎十月之功，時刻不離這個。究胎由伏氣中結，炁從有胎中息，如人初時，二氣合一，涵聚正氣，無胎無息，因呼吸而長胎，因胎而生息，養息胎中，返還無息，則不落生死之鄉矣。斯全用倒機玄功，呼吸不由鼻口，以毛試之不動，如在虛空，絕無動靜起滅，在大定中，時刻無息之景，於是胎圓。

詩十七

寶塔地湧放金蓮，上坐仙人現性圓。渾在定中出入竅，崑崙頂上住安眠。

胎足遷至上田，微微用意出神，闔開立眼法藏，見我本來面目矣。必待三年，小心保護，元性出入皆在定中，自然不着物相。最怕見欲動情，又落凡間。因氣到鼻口，爲四果之徒。須要常定，煉到神通廣大，再加絕陰工夫，方能敵三十三天上罡氣。

詩十八

一片青天日一輪，蒼臺旋轉靜涵眞。屯蒙地運空中相，浩渺元包應化身。

絕出神之陰，要在陽神中煉乎中田，在陽神中煉絕五臟陰氣，合成純陽一片也。女子修行少此步工夫，何必急求仙佛待度？

詩十九

修到功成上九重，蟠桃會裏女英雄。因多傳度皆同座，金母恩頒無上宮。

女子修行功成，要度仙才，同上九重，方謂德大功高，榮封上等天爵。果度己自九重天上，論道行重在德行。凡間女子，要知二者不可偏廢，功果兩全，方居玉蓮之上品也。成，缺少功德著世，不過仙女、道姑，焉得有道君、元君之稱？

蒲團子按　此後原有二詩，無甚意義，不錄。

斬龍淺說

紫衣道君

多少女仙駕返還，我今暫刻補全篇。女修我恐難獲效，且把斬龍訣再傳。婦女修煉金丹大道，入手斬龍最難。因體弱血虛，内多疾病，所以修之不易。吾不能不傳一番用法，使婦女知修道而逃苦海。

入門嚴守規戒，必先清心寡慾，割絕塵緣，掃去妄念，心心在道，視己若死，無一罣念，依定口訣，從頭做去。

須從靜室，吉日焚香拜祝，至誠不二。端身正坐，雙足對揓，兩手交叉捧乳，塞兑垂簾，二目凝神，心守玄關，意默血海，靜候眞陰動機。有意使動，非是眞動，乃是欲念。呼吸萬不可用力。烹蒸血海，必要無意自動，方可煉之。而體弱血虛不旺，焉能有此？

靜中凝神，入兩乳中間炁穴。兩手輕輕揉乳二十四次，將下田之氣，微微吸起三十六口，升入乳間炁穴。眞意涵運，仍用兩手捧乳。二目回光返照，調息自然，不可用力，靜候血海中眞陰動機。如若不動，再行揉乳二十四次，在臍腹下轉摩三十六次，口中咽津三次。照前回光，靜篤虛極，一念不生，不可有意使動，成乎欲界，有傷神氣。

一日三坐四坐。如此行持，百日之後，其坐時自然神機運動。俟口中津滿咽入心舍，降至黄庭關元，下至血海而止。凝聚一刻，由血海下至尾閭，升上夾脊，直入泥丸，下玄關而到雀橋，和津咽下重樓，至乳間炁穴乃止。停聚良久，使意化津爲氣。此謂轉輪。每日每坐要轉。用兩手在兩乳迴旋揉之，在臍腹左右摩之，此後手捧兩乳，輕輕運至血海而止。

然平常坐要如此，行到百日之後，血海之中，氣機温煖，自然有清氣一縷，上衝心舍，直至乳間炁穴。此時不可妄動，仍前依舊，行工運轉，久而經血自調，對月必至。

要在月信將至，經水將淨，眞陰自動，先天眞一元炁發露，用火烹煉得住。使此由後轉前，落乎炁穴，散乎周身，隨呼吸在不覺中，復還入血海，眞氣常生，久之赤陰之血，化爲白氣之陽。倘不用火行符，其氣仍化爲赤血，枉費前工。當用眞火煉之，眞符應之，則火足氣凝，則血猶氣化。若用火過當，用符差錯，必有血崩之症，有傷乎命。小心防險。當氣歸血海，化血成氣，故經血赤而變黄，黄而變白，白而化無，方謂龍斬。

始化氣由乳間炁穴，初到血海，若不相投，下降之時，少刻，自然血海之中，如魚吸水一般，眞陰眞動，先天眞一發現，似有不可忍之象，難言其味。須要把定元神，方可採取。發生之藥，採取以機息爲用，既得則仍守中極。採取之法，以目觀鼻，回光隨息，入血海中，微運意採之。逆行轉輪，落前炁穴，過乎中極，復歸血海。將眞意守定，在血海中，靜鎭不動。如有生機，再行採取，仍守中極。

凡行功，最忌風雨寒暑之天，喜怒哀樂之事，生冷瓜果之物。處處愛惜精神，檢點時刻；心意萬般放下，一毫不染，悠悠自在。一日之中，眞機能動二三次，即運轉二三次。只要三百日純工，血自化炁，赤龍自斬，乳頭乃縮，方成乾體，丹根始立。此眞陰化乎眞陽。要道伴扶持，候眞景到時，採藥過關，則基築藥產，丹田有火珠馳，血海如湯煎，鼻搐身震。切無驚懼，求師指示，方免危險。

此小丹結果。

每入室坐，遍體火發，氣若蒸籠，仍默守中宮，聽其變化。霎時見一火珠如豆，從明堂射出丈餘，如閃電一般。斯得藥之景也。

至煉藥丹田，火珠三馳，急當止火，不止丹走矣。與結大丹，同一境也。是要一念不起，五蘊皆空，任風雷刀兵之死亡，將元神穩坐中宮不動，毫無半點畏懼，自然內息煖氣常接不斷。進火退符，照舊用法。煉至靜定，內運眞息，倒機眞空，炁足神完，火珠不現。小丹結成矣。

此工夫，婦女二年補乎破丹，五年可至此地步，體旺三年可也。若一日十二時辰，不能清心寡慾，養眞化炁，焉能九轉煉形，用火行符，而斬斷赤龍哉！

此三層之妙訣，必合皇姑之法言，同參做去，自然獲效。後之四層，與男丹無異，建功尤速矣。今說透婦女修行之妙法，以補書中之不足，實關係入首之緊要。不由乎此，終無一成。

此坤元仙訣，爲女子修行正大之法門。凡遇是書，皆有仙緣，不可錯過，自沉苦海，虔誠奉行可以。

說這法兒修不難，斬龍方可煉金丹。眞切要用眞心死，一念常堅萬化安。
破體倘還補不全，血枯經閉有誰憐。我今眷念眞修女，法說當然結大緣。
兒女塵心休妄貪，要知生死替行難。自逃苦海誰能度，惟上法船沖波瀾。
不下死修焉斬龍，一毫鬆放未成功。此中無別奇行處，自在沖和氣自融。
修行第一愛精神，且莫勞形錯用心。掃盡私慾常定住，清清淨淨抱元眞。
鎭住五行治六根，先天混合大乾坤。中藏一口無名鏡，光化三千何處痕。
大道明知若不修，無緣少福老來憂。須當奮志克成果，永樂天宮任自由。
上叩師尊辭別還，敬求刪著作眞傳。訣中不怕人間笑，漫說文詞非妙篇。
母命仙娥接我歸，人間少到暫還陪。慈雲宮候諸仙女，九品蓮臺天上回。

詩一

氣機默運轉胸前，縛性先天靜裏還。這等安神眞口訣，自然煉至大還丹。

詩二

大道都從妙裏來，凝神伏氣靜安排。自然修煉生機處，假內還眞結鶴胎。

詩三

鼓動春風灌醴泉，無根樹活艷陽天。花開香惹枝頭鳥，常在晴雲籠翠眠。

詩四

一囊天地本虛無，二氣合成造化圖。玄裏機關月殿朗，自然春滿小方壺。

詩五

天生一個好蒲團，靜坐無心自在觀。離坎交通眞妙覺，先天炁裏結金丹。

詩六

八寶蓮臺穩坐中，九天吹下玉爐風。金光地湧衝霄漢，籠照乾坤萬化工。

詩七

北斗天高朗朗星，轉旋日月照黃庭。扶桑海上仙花採，釀得長生酒一瓶。

詩八

瑩瑩寶鏡掛青空，照徹乾坤無有中。靜對主人雲裏坐，霞光冉冉一輪紅。

詩九

化生萬物本中央，二土成圭寶氣藏。莫使客來權奪主，剥陰純正是復陽。

詩十

玄機妙化氣神中，生在虛無渾太空。妙合元包常定住，永超浩劫梵王宮。

詩十一

無極先天本渺茫，玄關竅裏暗深藏。靜中生動機初露，男女都從返故鄉。

詩十二

邀到仙壇覽女丹，天花滿地和雲攢。機先預兆收緣瑞，南海多添佛笑看。

詩十三

今喜女丹從此傳，吾何幸了普收緣。機關說透層層妙，的是瓊瑤第一篇。

詩二十首

男女修丹首不同，陰陽煉法理相通。初工清淨爲根本，基築先須斬赤龍。

人生本性靜中求，運煉先將補破舟。血化氣成潮信絕，先天一得到瓊樓。

癸自壬生海放花，金鈎月影有黃芽。勤加培養眞元炁，便結長生太古霞。

南無阿彌這陀佛，六字經中細轉流。此是收心眞妙法，河車運裏自悠悠。

修本生人學死人，死心修去始能生。求生不死人如死，方得長生不老身。

眼看乳間心在田，息調來往自綿綿。兩天半後眞陰動，恰在機中運火煎。

乳房血海意常遊，運煉無中妙自收。動靜守常眞個裏，紅塵不染在心頭。

志在冰霜眞苦辛，可憐一世未亡人。堅貞不二純修道，自然功成萬古春。

身入空門萬事休，太和靜養在心頭。勸人常坐菩提樹，月下花香般若舟。

色卽是空人共明，渾淪元氣妙無聲。全憑靈性中先覺，一片春晴雨後耕。

好個春風放草芽，園中桃李自成花。東皇鼓蕩乾坤氣，綠滿天涯億萬家。

六根清淨自生春，沽酒花開問主人。約去踏青樓上醉，幾囘笑語話前因。

個裏詳參妙裏玄，鶴胎龜息自綿綿。中間一口無形鏡，對照光明洞一天。

三台中現一蓮臺，花葉煙霞隨自開。一片香風明月裏，悠悠端坐古如來。

長生酒醉白雲中，一氣鴻濛歸太空。到底不知可是我，仙源妙境樂無窮。

霞光閃閃上天門，一朵青雲捧性根。正眼初開新世界，河山足下渾無痕。

陽神內煉體光明，女少還虛這等行。千眼觀音千個手，如此佛力怎修成。

仙既修成要度人，傳眞道派選賢賓。果能普度三期會，也算瑤池一女眞。
乾屬乾兮坤屬坤，乾坤二道各分論。乾天應返三連本，坤地須還六斷根。

世界學仙又學佛，可知大道何工夫。從今降下金丹訣，指破迷津歸正途。

此坤元成書，世間女子得此妙訣，修行正路，不至投入異邪之門，受害無窮，願奉此經，熟讀深思，了然用法，須尋明師益友，考證精微，便可下手修煉，何患仙之不成哉？斯書本坤元秘典，非此秘譔傳眞，誰能洩漏天機，爲女子傳法？其實補助乾元之靜工大矣。然吾删定成集，命復陽刊附天梯卷後，庶乾坤二道，各得詳細工用之妙，互相參考，不至混亂道綱法界。俾人間女子，仙才蔚起，庶了普渡之苦心，以望女子之修行者。

男女丹工異同辨

竹陽女史顏澤寰晏清　纂述
仙井女史賀爲烈全貞　參校

序

澤寰少，孤母守節，乏嗣撫，未遂膝下，惟姊妹三人。未幾，二妹殤，三妹亦字人待嫁。澤寰不忍母之孀居寂苦也，立志守貞奉母，誓不出閣。年十二，即隨母持齋，互以勸善歌文自娛。每羨善書中言修行之美、仙佛之貴，憾無明師指點訣竅，復無丹經印證身心。默叩天緣，幾歷十載。忽值庚子夏京都之變，奉母預避峨山，始知佛門中言女修者有摩耶夫人經、摩登伽女經、寄孤長者女經、比丘尼傳、善女人傳、海南一勺編，嗣又得摩尼燭坤集一部，約七十餘種，係如山夫人名善一優婆姨者所集也。但釋藏深邃，詳性略命，非初機所能應手。若夫玄門中言女丹者，往往附諸道藏中，無次序，無專書。望海汪洋，無任於邑，不揣陋劣，割裂聖經，彙集女丹約百餘紙，與母演說，一消寂悶，一勵潛修。承歡之餘，又尊母命，於所集女丹中，提出男女異同之處，另抄一册，約五千餘言，顏曰男女丹工異同辨，置諸座右，以免工法混淆，身罹奇疾。牙慧之誚，知不免焉，若工同好，則吾豈敢？

時光緒癸卯春竹陽女史顏澤寰晏清自記

集說

孫元君坤訣註曰：「彖曰：『至哉坤元，萬物資生。』坤屬老陰，陰極陽生，順承乎天則生人生物，順承乎己則成道成眞。」

清烈古佛曰：「凡男子修行，皆從初工運煉，築基起手。若是女子修行，與男子不同。男子陽從下洩，女子陽從上升；男子體剛，女子體柔。男子用丹田陽精，常常保守，不致外洩。積之旣久，用火煅燒，使精化爲氣，氣化爲神，神化爲虛。由漸而進，工完了道飛昇。若女子則不同，女子乃是陰濁之體，血液之軀，用乳房靈脂變化氣質。久久運煉，自然赤反爲白，血化爲氣。血旣化氣，仍用火符煅煉，亦能氣反純陽，了道歸眞。女子初工，先煉形質，後煉本元。不似男子之工，先煉本元，後煉形質。其體各殊，其工自異。若不分門立教，何以能造化陰陽、男女共濟也？然形旣爲我有，何必用煉？女子之體原屬陰濁，不若男子之體，實秉陽剛，苟不陶煉，不能使血化爲氣，如何孕得出先天，產得出眞氣？若不得眞氣，仍然一片純陰，又焉能復得了還丹，成得了大道？故女子之形，必先煉而後可。」「女眞之道，原與男子之工大不相同。男子之道貴在煉藥，是以前段工夫逐一講明。果能旦夕行之，虔心進步，使身中五臟之血皆返爲氣，自然化生。若眞氣潛生，將陰濁之體變爲純陽工夫，至此方能用火行符，纔與男子同等。若不分門别類，其工焉能有濟？故男子先煉藥，後煉形；女子先煉形，後煉藥。因其體相攸分，故前後工夫差别。吾今立法教人，不得不分明指示，方使學者無虧。」「女丹修法，其理原本不繁。當其運煉，亦自不難。諸丹經内，不傳女子修煉者多。何以不傳女流？蓋因其未能男女雙渡故也。吾今垂法教人，實願男女雙渡，故此於丹書後編接列女道十則，以渡有緣之輩。何以女丹之道至簡不繁？女子之性純全，女子之身安靖，但得一點工夫，便能徹底造就。不似男子之念頗多偏僻，故其身心所向不同，其工亦當淺顯發明。」「女子之工比男子便捷些，女丹從養眞至胎息，其工已得三分之二。不若男子之工，便有許多作用，方能到得調神地步。所以女道丹書，從養眞至胎息工畢，便接錄外行功修。俟其外行有餘，方可煉調神一段事體。」「女眞修行何以必用待度？因其血弱之軀，假内工修煉以成陽體，體雖成陽，而陰凝之性尚未煉盡，故女子工夫少還虛一段運用，未能盡天地之妙化，所以不得超昇世外者，悉由體相之不堅故也。不若男子之體，已煉成金剛不壞之身，還虛之工養成，神光充滿天地，故不用待度而可了道成眞，親朝上帝，遊晏蓬萊。若女子則不然，女丹修成，務必廣行功德。倘功德行滿，上聖見而憐之，保奏上帝，方得勅旨，下頒金書選詔，證得人天無上道果，否則就成一個散仙而已。」

呂祖曰：「太陰煉形與男子修煉之法大同小異。初工下手，是謂斬赤龍。其後十月工夫，陽神出現，粉碎虛空，一路修眞，與男子同，無彼此之別也。」

綏山道士曰：「赤龍自斬，乳頭自縮，如男子一般。而眞陰之氣，化爲眞陽云云。以後用工與男子無異。但女屬靜體，後四層雖與男丹同其運用，而其建功更速矣。」

呂祖曰：「男子修行降白虎，女子修行斬赤龍。」

三命篇曰：「男子之命在丹田。丹田者，生丹之眞土也。女命在乳房。乳房者，母氣之木精也。」又云：「女子以血爲腎，乃空竅焉。過四十九歲，腰乾血涸，無生機矣。養而久之，又生血元，似處子焉。此又無中生有之妙也。見其有之，一斬卽化，而命生矣。此時則用性命工夫，與男子同也。」

懶道人曰：「女命何以有三？謂上、中、下也。上者陽穴，中者黃房，下者丹田。少者從上，衰則從中，成方從下耳。又女子內陽外陰，先須斬赤龍以全其體，則坎化爲乾矣。然後用男子之工，修之一年，卽得以金丹在其中故也。」

修眞辨難曰：「『或問曰：『男女下手處分别如何？』答曰：『男子下手以煉氣爲要，女子下手以煉形爲要。煉氣者，伏其氣也。伏氣務期其氣回，氣回則虛極靜篤，歸根復命，而白虎降。煉形者，隱其形也。隱形務期其滅形，形滅則四大入空，剥爛肢體，而赤脈斬。男子白虎降則變爲童體，而後天之精自不洩漏，可以結丹，可以延年。女子赤龍斬則變爲童體，而陰濁之血自不下行，可以出死，可以入生。故男子修煉曰太陽煉氣，女子修煉曰太陰煉形。』又問：『女子煉形不伏氣乎？』答曰：『女子性陰，其氣易伏，而赤脈最能害道，其所重者在此，故下手則在着重處用力。赤脈一斬，氣自馴順。非若男子性陽，其氣難伏。譬如男子伏氣三年，女子一年可伏。果是女中丈夫，得師口訣，行太陰煉形法，三五年間，卽可成道，比男子省力。但女中丈夫，最不易得。不易得者，剛烈須過於男子百倍之力者，方能濟事。若與男子等力者，萬萬不能。』又問：『大道不分男女，何以男女有分別？』答曰：『其道則同，其用則異。蓋以秉性不同，形體有別，故同一性命之道，而行持大有不同也。』」

玄天上帝曰：「易曰乾父坤母，陰陽之義，昭昭可考。有天地然後有男女，則陰陽之道又不言而喻，則是天地之不可無男女明矣。男受乾坤之變化而成其象，女亦秉乾坤之交泰而有形。凡具茲形象者，皆具乾坤之炁而同列於宇宙之間耳。今當慈航普渡之際，寶筏共撐之時，男則教亦多術，竟捨坤維而不顧哉！指男之玄精奥妙，不啻汗牛充棟；度女之法範典型，殊成寥寥無幾也。吾切發悲而獨論之。男體以精中之炁而貫此子，女子以血中之炁而薰些子。些子足而蓮竅足，蓮竅足而抽添始運，抽添運而始有甘露下降之說也。不知男子之精其炁充足，女子之血其炁甚微，故名之男陽而女陰也。修吾道者，絕七情爲本，斷六欲爲先，則微微之炁，又較勝於男子者多矣。何也？男子之心易動，女子之念略靜，動則而炁易洩，靜則而炁易長。一則易長，一則易洩，何啻千里之謬歟！男子之七蓮易收難放，女子之七蓮易放易收。苟能眞心不懈，不待三五之歲而甘露常降，七蓮常開。開之易，豈有採取之不易哉？男女之辨於此明矣。若集中之言虛、言空、言玄、言妙、言神、言化，又男女之大同也。吾再分明而辨其旨焉。果何辨乎？男子則以胎名，女子則不言胎而單以息名者，恐後世之人錯認『胎』字，卒受誣名，烏乎可？再者，男子之神必至純至陽而始有脫殼之機，陽中含陰也。女子之神出，眞不同於男子之神也。又何也？女子造到三陽之時，卽可脫化百里之遥；造至純老二陽之會，則一出永出，斷無殀折之患也。蓋男子陽中含陰，女子陰中含陽；男子陰在內而陽在外，女子陰在外而陽在內。陽勝則諸陰易退。吾今不惜眞脈道破於斯，無非切望早成眞志之多耳。」又批曰：「可知女子之的丹乎？吾所分者，的的確確，至他法他訣，本同男子，其不同者，此中之竅訣也。」

金沙古佛曰：「以大處而論，百脈皆由無極分形造；以細密而言，又屬無形無象，却原萬化盡包。到男女皆同。此至寶，只分血精兩條，男精逆行而成仙，女血直騰歸心竅，故而各有各法，各有各照。」「女丹從何得來？男與女兩不相侔，女與男大相懸殊。男丹由精化炁，炁化神，神化虛，虛極靜篤而丹自結矣；女丹由血化炁，炁化神，神化虛，虛無自然而丹自成矣。有謂赤龍不斬而丹不得結、道不得成者，不知血盡而氣亦盡矣。如男子之精敗而丹亦難成，其理一也。蓋男精女血多不可絕。氣離血而氣無由生，血化氣而精始流通，如謂血盡而乃言煉丹，何青年血枯而病反起？此終不離血之一證也。」

瑤池王母曰：「女子工夫與男相兼，只分地步。地本非玄，一切妙化俱不異男。爾等切悟書中載『全毫不差，各自修潛』。」

圓明道姆曰：「吾今與點破，以免受冤孽；分配陰陽路，男女指一節。男有此祖炁，分配在精血；女之祖炁合，陰從血海說。男有此陽關，順逆不須惑；女有北海地，波搖似水迫。」

白蓮眞人曰：「男女金丹地不同，陰陽一理實相通；清心寡慾爲根本，築基先要斬赤龍。」

無心子曰：「男子精液陽中陰，女子精液陰中陽；快尋明師求指破，返老還童在故鄉。」「七日天心如可復，此是上乘一妙着；以後便同男子功，般般口訣要師說。」

呂祖曰：「婦人修煉如男子一樣，難得是皎潔。須知婦人之慾過於男子，或到經水已過之後，其心如蓮之初放，乘天之雨露，纔結其實。婦人若無男子，則孤陰矣。」

貞一子曰：「大道不問男女，皆能有成，故男子道成爲眞人，女子道成爲元君。自來丹經言男子修煉之功至詳且悉，女子修煉之道多不論及。間有論及此者，不過略露一般。非薄女修也，推其意，以爲人同此性命，卽同一功夫，言男修而女子之功不煩言解矣。不知男子外陽內陰，女子外陰內陽，秉性不同，形骸各别。雖同一性命，其行持大有不同者。修眞辨難曰：『男子下手以煉氣爲要，女子下手以煉形爲要。』許祖曰：『男子修成不漏精，女子修成不漏經。』其初關迥然各别，至煉己、得藥、還丹、温養、結胎、出神諸事，雖與男子同，而細微節次未嘗不無大同小異之殊。壬辰春適，有坤女問道，僕以多看古書證其所授。而丹經言女修者獨少，難以考證異同，爰不恤洩漏天機之罪，因將其所以同者何如，所以異者何如，並逐節次第，形於楮墨，以爲問津程途，俾得尋文釋義，不致魚目以混珠。深知力行，庶幾金鼎可烹汞，以成無上至道，而方諸瑶池之會，不難與男仙，同謁木公，共朝金母矣。」「天陽地陰，乾剛坤順，陰無陽不長，陽無陰不生，剛柔得其中和，水火始能既濟，陰陽必有匹偶，人物由兹孕生，是乾坤皆秉眞元之氣，男女各具不死之身。乾曰大生，可以道成正覺；坤曰廣生，亦能果證元君。如謂坤陰難入仙道，何以王母長處崑崙，蟾蛾竊梁間之丹永作月宮皇后？逍遥讀漆園之書，自號瑶池謫仙；洛神巫女，自古維昭；紫姑湘妃，於今爲烈蹟載史篇，固可考也。身秉坤德，豈不能乎？」「女子原來命有三，紫白黄光不似男；少上衰中成在下，關頭一錯要深諳。」「炁穴卽血元也，卽乳房也，在中一寸三分，非兩乳也。男命在丹田，故以下田爲炁穴；女命在乳房，故以乳房爲炁穴。陰極變陽，從炁穴化陰血而流形於外，故斬赤龍須從陰生之處用工，久久行持，形自隱矣。若以男子臍下一寸三分中之炁穴指之，則誤也。」「許祖云：『男子修成不漏精，女子修成不漏經。』蓋女子之經爲生人之始信，經返成氣則乳縮如男子，而經自不漏；若男子則煉精化炁，陰根縮如童子，而精自不漏，不漏而後命可延。又云：『女子修到經不漏，其後性命工夫與男子之功夫大同小異，患無人以訣破其奥妙耳。』」「柔人行道，與剛人不同，而其成功比剛人亦易。剛人伏氣三年，柔人一年可伏，以丹在身中故也。」

孫不二元君曰：「男女本一炁，清濁動靜異；女人欲修眞，切使眞元聚。陰中有元陽，存清勿以棄；明此色與欲，本來無所累。屏除貪嗔癡，割斷憂思慮；去濁修清性，不墮諸惡趣。靜寂守無爲，我則男子具；無無無其形，有有有其意。内視色聲空，絲毫無沾滯；仗土爲坤基，一陽本自地。鉛汞固不同，炁神無二義；渺渺空靈心，心神能爲制。一炁反春和，飛出雲霄去；偕汝太清遊，是曰眞如偈。」「夫乾道動坤道靜，欲修性命，務須從靜。汝今原靜，又何以修？坤道濁，乾道清，欲修性命務須求清，惟能以濁修清，是以入道證果。」

長生胎元神用經曰：「成功之後，男子關元炁聚精，女人胎澤不結嬰。雖動於慾，不能與神爭，此是成胎之中眞精返爲神，此是上清也。」

黔中積善堂 述

旁門錄

旁門小術小引

旁門者，顯與道違者也；　小術者，隱與道違者也。　夫大道至玄至妙，至簡至易，不雜一毫私意，不參一毫欲念，方是道根。　凡不合夫天地之氣運，不合夫聖賢之正理，不合夫性情之存廢者，皆屬旁門小術。　然旁門小術極多，吾欲詳指之，又恐傷忠厚；　吾欲隱忍之，又恐誤後學。　故特將塵世之大壞心術，大壞玄門者，姑舉數十條，以塞其流毒，亦是拔出深淵，救出火坑之婆心也。　凡修士有墮此術中者，急早回頭，亡羊補牢，亦不爲晚。　若疑惑不信，固執不通，自害而復害人，不惟不能結大緣，而且難望好結果矣。　萬佛緣在邇，當時修士共凜之；　三清殿有路，後世修士嚴辨之。

詩一

錯認彼我當作眞，誰知陰陽在本身；　買妾宿娼行採戰，欲奪元氣補精神；　豈有蓬萊仙家客，反類浪子貪淫行。

夫曰彼者，卽少郎，卽元氣也；　曰我者，卽美女，卽元神也。　蓋以本身之陽炁點本身之陰神，使神炁混合爲一，便謂成道。　而旁門，則謂我爲男子，彼爲女子，於是有買美女以豢養之，使外黃婆探其壬癸將至，行採戰以奪元氣者；有買美妾，宿娼妓，行採戰以奪元氣者。是皆錯認「彼」「我」二字，犯了首惡，天律、王法、冥刑俱不能逃，安望成仙哉？如此而欲成仙，則蓬萊仙山盡是浪子淫婦矣。平心而論，有是理耶？有是理耶？此條害人極大，故首戒之。

詩二

修道最要念頭清，先煉慧劍斬淫根；不知煉劍反試劍，猶如猛火添油薪；任是降龍伏虎手，難免滲漏成濁精。

念頭不起，純是先天；念頭一起，已落後天。念頭若清，後天中猶存先天；念頭不清，後天中全無先天。念莫過於淫念，淫念一動，靈氣散矣；淫念久住，靈氣亡矣。修道者不怕念起，只怕覺遲。夫覺，卽慧劍也。卽覺卽斬，隨覺隨斬，時常覺照，淫根自然斷絕。此之謂大覺，此之謂煉劍。彼旁門不知煉劍妙法，反以男女交媾爲試劍，謂不動念則劍利，謂一動念則劍鈍。試問陽舉之時，從無念起乎？從有念起乎？若無念而陽自舉，此屬先天，正好採取；若有念而陽始舉，此屬後天，正宜降伏。乃不降伏，而反去行淫，非猛火添油薪而何？斯時也，元神不能作主，盡是識神用事，則元精必成濁精矣，欲其不滲漏不走洩也，吾不信也。此痛斥試劍者之非。

詩三

陽舉風吹引尾閭，數次不散起周天；三十六次陽火進，陰符接用廿四全；試問塵世修眞者，此法考自何仙傳。

陽舉引風吹散，正法也。若陽不息，自有秘訣。行小術者，乃起小周天三十六，從尾閭至夾脊，上玉枕，至泥丸而至，此爲進陽火；又從泥丸下十二重樓，聽其自落，如此者二十四次，此爲退陰符。接用從右圈左三十六，從左圈右二十四，以合周天之數。行畢，凝神打坐，謂之沐浴，謂之補閏餘。不知周天甚活，拘拘數之，將心意盡於外功，神何能安？丹何能結？亦徒勞無功耳。此言小術之當戒。

詩四

滾轆圓圖轉胸前，妄說傳自兩口仙；强用方術把性煉，未識眞性是先天；仙佛傳下安神法，妙無作爲聽自然。

滾轆圖者，默大圈於胸前，以大圈轉爲小圈，將性束縛，謂之煉性，此方術也，豈呂祖而傳此乎？其誣呂祖也實甚。蓋眞性極虛靈，成仙成佛皆是此性，如默一圈可以束性，卽默一圈可以束仙佛矣。此理易明，不待智者能辨，何竟墮諸術中而不覺也？仙佛傳下安神之法，卽煉性之法。妙合自然，不假强爲，自能使性圓明，以成大道。

詩五

朝朝面東口朝天，鼓起眼睛聳着肩；吐盡濁氣納清氣，脱胎換骨返童顏；那知戾風入臟腑，下田臌脹命難延。

納氣之術，晨早向東，鼓眼聳肩，以大口吸之，將清氣納於内，濁氣吐於外，謂可成仙成佛。那知遇着戾氣積於五臟六腑，久之，下田臌脹，胸前壅塞，竟自有脹死者。噫！求道無法，死於非命，可笑亦可憐矣。

詩六

癡人妄想做神仙，忍渴不飲饑不餐；自成餓鬼三塗墮，反望飛昇大羅天；許多聰明被此誤，意魔一起外魔纏。

渴則飲，饑則食，養生之理也。修道者，元氣充溢，煙火可絕，然而不飲不渴，不食不饑，方成神仙。乃竟有求仙癡人，閉門靜坐，不講修眞妙法，而徒忍饑忍渴，雖餓死而不辭。信如斯言，而凡世之饑而死者，不皆列仙籍乎？吾見許多聰明之士，竟爲旁門所誤，此蓋癡心妄想，意魔一起，而外魔卽將命索之矣。癡人早尋眞師可也。

詩七

無端種火妄添油，鼻吸清氣向外求；引上泥丸雙關止，逆而行之下重樓；無火弄火復止火，枉費精神到白頭。

世有種火添油之法，以鼻吸天地之清氣，用意引上泥丸，至雙關而止，復由雙關轉上泥丸，過上雀橋，咽下十二重樓，至中田而止。本無邪火就是好事，而乃故意弄火，復又止火，是何法也？是何道也？誤用精神，雖至白頭，猶是有生死的凡夫。其於金丹大道全未夢見，盲修瞎煉何益？

詩八

最厭盲師冒仙才，五龍捧聖任意猜；橐籥出爐夸絕技，物塞大便更癡呆；詐人財

物誤性命，死受冥刑生受災。

此法出自方士，當陽舉之時，卽鼓巽風猛烹急煉。若不散，凝神交戰一二候，以五指捧腎緊握龍頭如手淫，一般名爲橐籥出爐。用「撮」「舐」「吸」「閉」四字訣，將非法所成之濁精從三關逆上泥丸，吞入黃庭，接起周天，圈左圈右共六十次。又有謂大藥過關之時，必用木器緊將大便抵塞，以防走丹。蓋大藥過關下雀橋，自有路徑衝入尾閭直上，與大便何相干涉，而乃妄以酷刑處己哉？此二法盲師視爲秘訣，詐人財物，戕人性命。玄門壞到這步田地，則生前豈能免大災，死後豈能逃冥刑乎？修士急宜猛省。

詩九

身藏仙丹藥最靈，何勞奇方身外尋；金石妄服多虧損，紫河車味臭難聞；更有下愚無知輩，自食敗精類畜牲。

身中元氣卽是仙丹，不意旁門野道，竟於身外尋求奇方。或煉金石服之，自速其死；或將紫河車食之，同類相殘；尤可恨者，男女交媾後，自舔敗精，此與牛馬狗彘何殊？謂食敗精而可成仙，則牛馬狗彘不亦盡上天堂乎？此由丹書「服食」二字誤之也。看書固要明理，尋師尤要有識。

詩十

欲使周身骨節通，自誇搬運是神功；

吸氣一口，運至下田，從兩脚至膝至脚背，轉入湧泉穴，又從脚後跟至腿後，上陽關，透過雙關夾脊，上兩膀至手背，翻入手心，又從手彎至後頸，上玉枕至泥丸，下雀橋接下十二重樓，落於丹田，爲一周天。

龜首繫纏龜難死，

睡時用長帕將陽具包裹，以繩纏起，然後將帕與繩從背後繫於頸上，側睡防陽舉走丹。

龍頭顚倒龍愈雄；

此法亦用長帕與繩將陽具包纏，從當門繫於頸後，以上頭對下頭，兩目緊緊瞧着。

還有名爲八段錦，

搖頭擺尾；　拭腹，從上而下三十六次；　叩齒三十六次，津液咽下；　兩手叉腰，周身故意擺動，兩手掄拳用力如打人狀；　將頭左掉右掉反視兩脚後跟；　以兩脚尖立地； 十指相對，上齊眉下齊地，名周公禮； 獨脚站立，用力舒腿。行畢，累了仰天出三口大氣，名吐五濁氣。每日飯後如此，困倦亦如此。

一切鑾幹似癲瘋。

一切旁門鑾幹已極，好似癲了瘋了一般。行之者，亦欲却病延年，亦欲成仙成佛。吁！ 實可笑也。

詩十一

點石成金鐵成銀，黃白僞術惑貪人；創造丹室與丹器，妄說萬兩始能成；

以黃白術惑人者，謂此丹煉成可以點石成金，點鐵成銀。於是遍訪貪污之人，勸伊出銀，或數百兩，或數十兩，約湊數千之譜，始可興工煉丹。有丹可點金銀，從心所欲，拏來創造極華麗之丹室，極精巧之丹器，以及鮮衣美食、服役侍從，皆賴此丹點之以足用。此騙局也，人多墮此計。

豈知修煉在心性，不分富貴俱可行。

人各有心，人各有性，不分富貴，得法修之，俱能有成，安用黃白術爲哉！ 安用丹室丹器，一切華美爲哉！貪人其深思焉可。

詩十二

手捧腎囊拭下田，九九陽數左右全；

以左手捧腎囊，右手拭下丹田八十一次；右手捧腎囊，左手拭下丹田八十一次。

蘇秦背劍眞難過，

此法用一蛾眉樹，改成蛾眉板，憑着壁頭以拱處抵背，將髮繫在板上，上綑右脚，下綑左脚，動作不得，動必傾跌，然後將財物盜去，將婦女污辱。

懷中抱月笑温丹；

此法當寒冷之時，用銅瓶裝開水放在臍上，兩手捧着，名爲温丹。

反躬曬肚情更苦，

此法用極彎之木拱起，仰臥其上，名爲曬丹。

自投羅網太迂酸。

這些旁門，本不近情，愚人多爲所弄。自投羅網，何其迂也！

詩十三

目注臍下一寸三，此係臭囊怎結丹；

臍下一寸三分，此處極虛，此處極臭，謂結丹在此，亦妄人也。

毛際外腎俱無益，妄安鼎爐指玄關；

有觀毛際者，有觀外腎者，然眞鼎眞爐俱不在是，觀之何益？

周身孔竅的眞處，毫釐稍差隔天淵。

周身穴道，不得眞傳，終屬疑似，切勿自恃。

詩十四

三千六百旁門，難以一一指明；　凡有作爲皆假，

旁門甚多，難以書之竹帛，故以凡有作爲該之。

清淨自然乃眞。

清清淨淨，自自然然，乃是先天大道，乃可成仙成佛。

萬殊歸於一本，

以一「性」字了之。

三乘約於一心；

以一「心」字了之。

以我練我最妙，

形神俱妙。

長生火內生金。

金，陽也，生於長生火內。

邪正昭然若揭，何去何從有憑；

一部仙佛眞傳，或邪或正，言之了了，觀者猶不知棄取耶？

果能棄邪歸正，定許白日飛昇。

棄邪歸正，仙佛度人心也。此首結通部。

廣東月西老人 述

女丹彙解

玄天上帝曰：「易曰：『乾父坤母。』陰陽之義，昭昭可考。有天地然後有男女，則陰陽之道又不言而喻，則是有天地之不可無男女也明矣。男受乾坤之變化而成其象，女亦秉乾坤之交泰而有形。凡具茲形象者，皆具乾坤之炁而同列於宇宙之間耳。今當慈航普渡之際，寶筏共撐之時，男則教亦多術，竟捨坤維而不顧哉！指男之玄精奧妙，不啻汗牛充棟；度女之法範典型，殊成寥寥無幾也。吾切發悲而獨論之是集之中，言雖廣而少統論以約束其妙焉。女子體屬陰象，則陽又歸於何所？體陰也，氣陽也。氣以形擬則陰陽難以名狀，氣以血言則陰陽始有着落。血本汗也，非氣而血不運動。氣中含炁，而清濁以分。血又陰也，非陰中所蓄之陽炁，而氣不流通。吾辨至此，不得一口而破其眞矣。氣海屬陽，陽中含陰；血海屬陰，陰中藏陽。氣海血海在臍相對一寸三分之下。此穴此竅，中分膈膜，卽十二時辰皆無停滯之候也。陽極而陰長，陰極而陽生。兩兩交會，足於三十而信動矣。所交者陰陽，其實炁爲之交耳。此一竅也，一分爲二，信停而炁則衝，信露而炁則洩，故月信動宜止其功。若炁洩而功仍不止，則引濁氣而衝些子之玄矣。可不戒哉？男子以精中之炁而貫些子，女子以血中之炁而薰些子。些子足而蓮竅足，蓮竅足而抽添始運，抽添運而始有甘露下降之說也。不知男子之精，其炁充足，女子之血，其炁甚微，故名之曰男陽而女陰也。修吾道者，絕七情爲本，斷六欲爲先，則微微之炁，又較勝於男子者多矣。何也？男子之心易動，女子之念略靜；動則而炁易洩，靜則而炁易長。一則易長，一則易洩，何啻千里之謬歟！男子之七蓮易放難收，女子之七蓮易放易收。苟能眞心不懈，不待三五之歲，而甘露常降，七蓮常開。開之易，豈有採取之不易哉！男女之辨於此明矣。若集中之言虛、言空、言玄、言妙、言神、言化，又男女之大同也。吾再分明而辨其眞焉。果何辨乎？男子則以胎名，女子則不言胎而單以息名者，恐後世之人錯認『胎』字，卒受誣名，烏乎可！女子之息不結則已，一結而封固，每結而自守，三結而穩根。强此三者，故所易放而易收。貞女節志，可不急急以悟其妙耶！更追而論之，女子之氣息，原體本柔，所不柔者，後起害之也。有志超塵者，只戒一個『剛』字，常切一個『柔』字。苟常柔溫不息，則虛也、妙也、空也、玄也，盡儲『柔』字，包括於萬物也。再者，男子之神出眞，必至純至陽而始有脫殼之機，陽中含陰也。女子神出眞，不同於男子之神也。又何也？女子造三陽之時，卽可脫化百里之遥。造至純老二陽之會，則一出永出，斷無夭折之患也。蓋男子陽中含陰，女子陰中含陽；男子陰在內而陽在外，女子陰在外而陽在內。陽勝則諸陰易退。吾今不惜眞脈道破於斯，無非切望早成眞者之多耳。」

玄天上帝批曰：「可知女子之的丹乎？吾今所分者，的的確確。至他法他訣，本同男子，其不同者，此中之竅訣也。」

廣元佛批曰：「結丹神化脱胎，原本虛無自然，何有功用之可説乎？」

金沙古佛曰：「大呼同緣，細聽吾言。歷年修煉，却也心虔。功難上身，豈無弊端？有法無法，常常點穿。有念無念，却也細談。多犯拘泥，又是那端？多犯執著，又是何愆？皆由世俗，雜於後先。後乃六欲，先乃靈元。先後並用，靈炁不翻。先天之炁，一線牽連。三關九竅，竅竅皆然。一雜後起，便隔玄關。先天炁阻，九竅不安。一坐之後，節節辛酸。遍體拘强，炁未通關。一竅未到，患卽相纏。爾等修煉，誰知此番。吾發慈悲，下細指穿。以便防患，莫怪上仙。以法誤爾，個個膽寒。先後有氣，只分寸念。念本難淨，須聽自然。切勿拘念，拘卽阻關。中田一炁，全體聚焉。仙云採取，採取先天。後天念絕，先天自然。合而爲一，三關充滿。配合陰陽，兩兩相連。陰消陽長，固結一團。丹從此長，芽從此沾。今察衆生，每患病纏。皆屬先後，未分界限。吾與點出，個個思勉。未上坐時，先須散淡。勿拘勿束，活潑自然。然後上坐，更無拘牽。隨其念來，隨自出焉。隨其自化，只將神全。念若堆積，毫不沾絆。閉目思睡，身化形完。無人無我，死屍一團。如此用功，病自安然。更不惹病，全體舒安。拘念炁阻，火卽焚原。着意炁散，邪更燎然。病從此起，燒乾眞元。女子血海，氣化出焉。邪火一動，蒸透命原。血漸枯槁，醫治難痊。

血動之時，更宜舒展。躁性勿發，怒氣勿沾。念更宜淨，神更宜恬。隨其紛盡，始坐自然。倘作躁怒，觸犯中田。朝夕心热，口苦舌乾。皆由此起，誰辨此端。修煉之人，絲毫勿犯。稍着塵迹，大壞眞元。爾不自覺，患卽來前。身冷身熱，皆由有偏。莫謂修煉，却病延年。倘不知檢，患莫大焉。一時一刻，念念檢點。勿犯勿觸，易長靈丹。不須期望，玄而自玄。不必苦功，丹結九轉。不必苦坐，無時不禪。閒居行住，皆長妙丹。爾等修煉，心非不專。後起參入，先天隔斷。鮮不受病，何怪諸仙。吾今點出，細心相參。一切妙法，利刃割完。毫髮勿差，絲毫勿沾。朝夕優游，灑灑安閒。有食無食，莫罣心間。有作無作，更勿局旋。如是百日，妙景自添。能修一載，萬象自然。莫拘『修』字，『煉』字更兼。一字不泥，化如水泉。始算眞修，始算眞煉。修本鋤惡，煉本渾全。有形加煉，病自入焉。無形自煉，煉乃眞玄。今日吾臨，萬象概删。先防六賊，亦聽自然。有心而防，難中之難。無心而防，勢必自堅。牢不可破，何用防閒。大眾婦女，同心勉旃。身居何等，念立何願。事本尋常，切莫看難。易何如之，只分塵緣。念盡卽佛，慾盡卽仙。仙佛無異，度盡塵寰。爾本有心，煉成金仙。不煉自成，不玄自玄。念與妄想，打掃勿沾。朝朝快樂，便是神仙。常常如此，何愁西天。吾來度爾，金身換全。爾等自量，自貴自專。吾言雖淺，妙更深探。自始至終，大法備全。」

金沙古佛曰：「法不妙來訣不妙，妙在火候第一要。道由無極以生，無極原蘊夫竅。精從此處發，炁從此處兆，藥從此處生，胎從此處保。細審機自躍，活活與潑潑；淵淵與浩浩，皆由此處發。一根竅以大處而論，百脈皆由無極分形造；以細密而言，又屬無形無象，却原萬化盡包到。男女俱同，此至寶只分血精兩條。男精逆行而成仙，女血直騰歸心竅。故而各有各法，各有各照。女功雖用『凝』字法，莫將心地緊相抱；如果意馬難拴住，稍著片念血海潮。血海與氣海，兩下有分曉。血海以前只七分，此處卽是氣海竅。竅在那不上不下不左不右一妙竅，血化氣凝化炁妙。後天之氣先天化，一雜人欲便隔到。有後無先成凡種，仙凡各異須知道。道在此處不算道，炁必歸根無極竅。方能凝成此靈苗，方能結丹火候到。此點先後何以分，分出火候更莫少。癸水若未至，勤修莫懈怠，朝夕活潑兼樂好。太鬆精神散，太緊閉炁竅。必須不鬆不緊，不遲不早，不住爲住，不好自好，不凝爲凝，不照自照。此點火候甚微微，衆女雖當仔細料。不識此點不算修，『修煉』二字須忘了。多以『煉』字太著迹，一著便卽病根擾。此病一染著，藥物難達到。世人動云『病根在臟腑』。此病根藏在髓道，藥何以能除？全仗純陽一點貫內竅，方將此病除得了。好好好，吾再示一則，再將火候撥幾層。不與層層撥，終歸含糊於不明，必定受病更深沉。炁之衝騰須歸竅，動時不能靜始生。使爾不知不覺，不見不聞，歸根後一動，性命陰陽會，水火既濟分，無極而太極，包含化渾淪。上坐稍凝煉，無相凝莫存；有相略微「略微」二字須着意可也住。一有靜機便莫擒，聽其自然而靜，不可妄參一識神。一切齊放下，睡也由他，昏沉也由他，一毫莫錯驚，此點火候少人識。多係將靜妄動，身一動，炁散成魔障。千千萬萬意紛紜，到此時卽便下榻來散步，等候一刻，上榻衾再行去。養靜靜自易歸根。若是强打坐，疾病内栽根。再有心多妄，先睡而後用凝神。無妄切莫用，有妄便煉心，『煉』字須活着，微凝恍惚而杳冥，方是凝煉法，方是入靜第一乘。此卽上坐火候法，動時火候要分清，動候必覺，覺時莫雜塵。天人此分界，仙凡此處分。儼像赤子體，未覺先天體，已覺後天生。此界當細審。覺時初刻猶恍惚，覺初再轉萬念縈。『初』字『再』字義，電光一閃傾。若無紛紜象，正念聽炁分。倘有妄想擾，凝煉進一層。亦是聽炁還陰陽，兩下復元再遊行。用此工夫當莫懈，捨此一法非上乘。吾今點此眞妙訣，男女一齊記在心。不是眞種眞心煉，輕洩天機被雷霆。法雖甚淺淡，細思絕妙始見精，此卽未得金丹時，朝朝不離此法門。」

白蓮眞人曰：「立志貴堅貞，總勿染塵氛。法本平而易，運行勿留停。有時法當用，須知勿太矜。有時法當捨，默守本來眞。動靜兩相參，刻刻會天心。貞女原無法，不過聊點睛。血氣有衰旺，涵養功宜深。久則血化炁，白膏貫周身。自然陰成陽，紅塵不動心。

方能成乾體，方能證上眞。稍有欺僞念，猶恐隨深坑。」

白蓮眞人曰：「節爲修行之階級，貞靜無塵卽初禪；更加修煉養眞炁，陰降陽升露玄關。玄關不在身外求，卽在寸地覓大丹；心果靜，神果閒，活活潑潑運周天。炁也歸源，血也歸源，細細烹煉爐中間；暑也不熱，冬也不寒，温温養此眞蟬娟。十月丹完全，三載哺乳聽自然；自然飛昇大羅天，自然飛昇大羅天。」

金沙古佛曰：「女丹從何得來？男與女兩不相侔，女與男大相懸殊。男丹由精化炁，炁化神，神化虛，虛極靜篤，而丹自結矣；女丹由血化氣，氣化神，神化虛，虛無自然，而丹自成矣。但氣雖由血所化，却有兩解。如心不定，念不潔，身不寧，氣不平，則血亦不能化氣，而血自爲血，氣不見氣，則血盡成濁而信皆露矣。夫信本污濁之物，何以化氣？蓋化氣者血，而所以化氣者，血中之元炁也。元炁者何？血爲通身之精氣，有此血而精氣以藏，無此血而氣無歸宿。血如海水，水凝而炁凝，衝天則雨露以降。人身有血如海，則血自化氣而上達遍體，然後流通百脈。百脈貫而一點下墜，由此而丹望結矣。不然滿腹俗情，日纏外事，性氣躁妄，紛華牽連，憂思鬱結，妄念打擾，終日無一寧靜，則濁氣隔斷眞炁，天地不交，陰陽不調，寒暑不節，周天不合，而病有不成者，百無一二。此非道之咎，實人之咎也。吾今指點眾生，各宜細心體會，莫謂道不眞，特患爾心不眞爾。心果眞，掃盡浮念，去盡紛華，和緩性情，暴戾不存，解脱憂患，而神恬快樂。斬絕外務，則天氣下降，地氣上騰，先天眞炁自然流露，充滿海水，氣亦自與神炁相接，不坐則已，一坐而自自然然，其中有無端妙趣，較之人間一切，別有一重天地，方知道不虛而仙不假，訣不誤人。但要自性自悟可也。吾今再下一丹，有謂赤龍不斬而丹不得結、道不得成者，不知血盡而氣亦盡矣。如男子之精敗而丹亦難成，其理一也。蓋男精女血多不可絕，氣離血而氣無由生，血化氣而精始流通。如謂血盡而乃言煉丹，何青年血枯而病反起？此終不離血之一考證也。又言煉之數年而毫無影響，非無訣也，實心無靜時之故也。雖在朝夕打坐十二時辰，無一二時靜定，卽或有定，不過數刻而已，氣何時化？神何時凝？丹何時結？經年累月，終成一頑人耳。動云某某修眞，某某守節，不管人間一事。吾察其實，却與俗人不相遠矣。又云某某既得眞訣，某某修煉多年而毫無一成。殊不知得眞妙訣者始勤終怠，多年修煉者姑待苟安，如此修道，其誣道也實甚。吾今勸爾衆生，論爾之富，富不敵吾；論爾之貴，貴難比吾；論爾之衣服飲食，更難比美夫吾。吾具當下割盡，爾等有何難捨，了割不下，眞癡而又癡，迷而又迷，恐終成無緣之人也。可痛也乎。蓋仙佛以慈悲度世，世人切勿自棄其仙佛可也。吾本以普濟爲心，爾等幸勿自絕於吾可也。」

普賢菩薩曰：「朝夕修煉，望結金丹。有丹之汞，不煉之丹。丹在身中，無形無端。

有端非妙，無端絕玄。玄處丹就，無玄不言。有心而煉，枉費心猿。不煉自煉，方名大丹。丹本空降，天地一元。有形之氣，不算妙詮。無形之祖，萬象包涵。一得永得，空空盤旋。物之生也，此處兆端。物之榮也，此點鼓焉。物之藏也，此妙爲嫺。有形有象，乃曰後天。無象無影，先天之天。後天生成，先天兆元。人之生也，理本一元。無象無著，内藏一玄。後天遮蔽，玄者不玄。今開妙法，點化有年。人誰不知，後起難言。一朝識神，念未清潭。多參人欲，少見道玄。七日一復，却也甚難。心多昏垢，神多迷涎。不皎不潔，不淨不乾。神氣兩傷，焉能通關？關且難通，竅何發端？竅既不發，何運抽添？抽添不運，枉坐蒲團。吾且重說，收斂神全。收乃自收，却有玄言。一念偶動，即便自轉。出須有時，考驗中田。前點妙法，如如動玄。如如有動，有如無關。此如如動，天地兩捐。忽發如如，姹女交關。此點絕妙，從未有言。吾今細點，勿輕妄傳。丹經典籍，每部唱言。俱說如如，姹女配鸞。此乃全話，未分界限。亦未分時，又未分先。吾今言者，再與細研。如如一動，先後兩沾。知如如動，胎有鍵關。渾渾而動，如如自然。方明考驗，神出之端。知動而動，猶兼後天。不知忽動，如如快然。妙不可指，樂不盡歡。方曰如動，大丹成焉。見此妙境，自無塵緣。相不待掃，諸念悉捐。蘊不著空，空空自然。不著空相，萬境空潭。天地之運，我渾一團。天地之靜，我與一玄。天地之生，我與相兼。天地收藏，我與一元。

造到此處，大覺始言。未到此境，仙成猶難。何悟大覺，豈輕易言。吾今點化，如如一翻。機盡洩漏，妙法無邊。」

瑤池王母曰：「眞女本童體，只在清濁分。鉛汞雖全備，奈已變成形。一入胞胎後，不得以眞名。既已落後天，豈能便飛騰。元炁縱圓足，亦宜煉渾淪。自有而返無，方可言歸根。若論返還理，女子未知音。常常執著守，兩眼照乳庭。清濁難分辨，混淆炁怎凝。清升而濁降，一定理常聞。過執炁不運，濁氣反上騰。清炁卽下墜，如何識命靈。女子無他訣，活潑是要經。心活炁自旺，神活炁自靈。意活炁自固，性活炁自升。活潑非在外，心中不著痕。心定方上坐，上坐息調勻。息勻身體化，眞樂此中生。樂而忘其樂，周身炁渾淪。自然歸祖竅，關鍵毫不存。能靜一刻久，一刻歸中庭。能靜一時久，一時炁迴縈。朝朝能靜定，一月功有靈。百日卽有驗，一紀定飛昇。何以能此速，元炁未漏崩。可惜太束縛，氣血兩不分。時而氣化血，時而血化銀。化時毫不覺，徜恍又轉傾。所以經年月，曾未見功靈。反轉成枯槁，病疾惹上身。不念大道闡，豈能辨明明。」

香逸古姆曰：「吾今談玄理，專言女法王。女本屬靜體，陰中亦含陽。守靜終難靜，機關蘊中黃。靜雖是本體，御柔猶賴剛。剛爲陽之主，柔乃陰之藏。識得柔中剛，可致弱中强。氣血屬後起，祖竅自發陽。一炁通四體，百脈皆瓊漿。赤龍何用斬，濁盡乃流光。

此原有分別，婦女兩分張。婦體非全體，元炁已受傷。欲復坤陰炁，發動在乳房。微微用眞意，引火用貴良。稍爲太著迹，血滯病暗藏。有意無意運，勿助亦勿忘。久久炁歸源，陰氣自消亡。陰伏陽乃升，煉成乾元剛。處女不必用，眞靜始終方。氣靜血自化，神清炁自揚。不知亦不識，變化概包藏。周天分度數，不滯合陰陽。始由血化氣，終乃柔變剛。一月炁交會，去濁留元陽。濁盡清上升，自然滌穢腸。光明眞皎潔，骨髓露瑩光。倘不清本源，念慮必暗戕。火熾周身熱，反道現眞陽。若知止火法，無意默而忘。邪火頓消滅，眞元尚無傷。此點眞口訣，婦女當提防。果能眞如是，道成會法王。」

白蓮眞人曰：「出塵有志，立意無偏。尤宜外內加收斂，寂然不動是本原。安靜久坐煩卽散，稍著拘牽炁難圓。女本屬靜靜中煉，眞炁躍躍自騰翻。忘意忘言守至善，不遷不移合玄關。炁行切勿滯，炁住勿稍添。烹煉未咸宜，寒躁皆屬偏。果能照此行，功圓見先天。先天從何見？只取心頭無罣牽。不牽不罣神自活，神活性命兩相旋。旋轉不息陰陽會，交媾眞炁自滿圓。圓圓滿滿通貫頂，由此下降通七蓮。蓮得甘露花心活，七日七朝便開繁。蓮心一繁眞心現，自在如來遍大千。大千世界任遊轉，看盡紅塵苦海邊。方知羣仙點妙訣，眞不誤人駕慈船。世上貞節急急煉，定許果結遊西天。」

廣慧古佛曰：「吾今統指一火候，是貞節女共參觀。不拘榻前強打坐，優游散淡不拘拴。任其自放自收束，一時念靜自參禪。一時不靜休上坐，强坐炁反隔祖原。此點元炁靜中來，優游漸長兩纏綿。纏綿亦有考驗訣，神若昏昧想貪眠。然後輕身榻上坐，一坐眞炁會自然。不用此法神難合，此功日久頂上圓。但要化盡絆身累，易去後天接先天。若非貞節兩等輩，休用此功妄去貪。若貪此功成睡魔，反使神炁隔竅關。再撥貞女修行訣，子時陽動下榻前。默唸佛號三五十，再行用功照點前。子時若不身移動，天人交戰在此間。能移身法化魔累，佛號一聲澈地天。辰刻不宜輕移動，妄動神機敗本原。此乃修眞上上訣，貞女一同共參觀。何分兩等撥火候，貞女神原在兩間。節婦志向雖堅定，却多傷耗未修前。內蘊元炁俱傷敗，另起爐竈始還原。辰刻升坐神炁足，不足不動更傷丹。丹何以名修有形，丹本炁凝號曰玄。玄卽丹之别名號，神圓炁自兩復還。此貞節女眞火候，修到百日再點丹。女本眞陰藏眞陽，故點辰刻用功參。子時一陽初發動，遊行活潑運周天。一陽動時眞陰旺，上坐必便自抱還。所指中藏天機妙，留心揣摩勿妄談。口中說訣皆是假，修眞還在念盡捐。能除萬緣清似水，明珠掌上放光圓。」

瑤池王母曰：「吾又提醒，女子金丹。由漸而進，由勉而安。由下而上，由後而先。漫漫烹煉，漸漸熬煎。不鬆不緊，火候自然。期至水湧，北海滔天。如河泛漲，急靠爾船。若是溯浪，定許失船。養靜女子，海水甚堅。一到期滿，如火燎原。倘不停功，禍起眉前。

停一七日，二七無嫌。勿謂懈怠，功夫難添。必待露淨，再言參玄。若不待盡，穢氣相參。
水泛海潮，時至周遍。竅竅聚會，周天已滿。同流而下，故曰滔天。如河水潮，百瀆流泉。
山溪小谷，共聚一團。方曰泛漲，此理明言。養靜不停，逗期參禪。眞火一發，惡穢燥乾。
即成痼疾，藥苗難痊。不但北海，穢枯橾乾。百脈阻滯，膏肓成堅。力難破血，乾入髓間。
吾今指破，下細與談。勉受奇禍，個個畏難。此即妙法，必不輕傳。吾今點出，鼓勵女媛。
多停期至，自不病連。期至之日，活潑爲先。勿憂勿悶，七情悉捐。六欲掃盡，悠悠然然。
瀟灑自如，冷飲莫貪。太辛辣物，亦莫咽沾。自然去病，一生安閒。此緣之中，又分幾端。
今生造道，前生累冤。冤冤相報，亦難身安。多受病染，緣難結全。半途廢者，暗有周旋。
生雖不樂，歿即證仙。生能造成，金仙手拈。由仙而上，直歸西天。生死兩途，何掛心間。
吾今道出，眾位女賢。苦中受苦，勿貪旨甘。略略放過，掃盡俗緣。俗緣掃盡，眞神自全。
全此一點，飄蕩仙山。欲登寶塔，任爾高攀。欲到普陀，隨爾足探。欲遊東京，任爾閒玩。
欲至西土，佛引過關。欲步靈霄，由爾進前。吾所言者，並無誑談。女子功夫，與男相兼。
只分地步，地本非玄。一切妙化，俱不異男。爾等切悟，書中載全。毫不差錯，各自修潛。
切記切記，吾甚心歡。」

響月文通古佛註　禍起眉前者，血潮如火蒸也。如不停功，以火攻火，則血熱而成枯焦之患矣。海潮者，即月信流露之時，應宜停功靜坐。苟不停功數日，如舟行河內，明知波浪洶湧，而故將船放，必失大事。謹記勿忽。

響月文通古佛曰：「道雖分層次，不過爲修煉者把心拴。若論貞節不須煉，『眞靜』二字始終玄。女本屬靜體，翕闢發自然。靈氣自發現，血化爲金丹。陰氣消融盡，眞火蒸髓間。何有凝滯病，何有斬龍言。不化而自化，坤位轉成乾。」

響月文通古佛曰：「清靜眞誠是妙玄，莫用後起擾先天。念定卽宜長長坐，神昏不必死死探。朗如皓月眞性體，明若秋水大玄關。活潑不沾亦不滯，杳冥如有更如閒。一靈運動渣滓化，樂境層層如魚鳶。莫將假身囿眞我，方能返本而還原。」

響月文通古佛曰：「蓮臺寶塔候斯人，眞眞不昧本來因。先將清濁分明晰，久坐靈炁漸漸生。元炁蒸騰休驚恐，任他升降自調勻。勿忘勿助眞火候，有意無意莫留停。煩悶卽忙遊散步，拘泥便覺神不寧。念動是火非眞藥，性靜無塵卽眞金。煅煉原無分層次，淘盡渣滓自澂清。不須別求眞口訣，今宵言語須謹遵。」

金沙古佛曰：「點醒緣中修眞女，貞節兩端聽根生。知此妙訣非無法，法本訣出自有箴。常洗凡身歸靜地，勤養仙心垢化冰。多貴仙根少擾俗，割斷凡骨換仙身。明明常照前身映，星輝七斗放光明。兩目靈光常生內，兩耳靈炁常閉門。兩鼻不爲凡香引，眞香發動貫七星。一口能杜俗粗氣，行住坐臥號佛身。兩手不沾人情態，多翻貝葉唸諸經。

兩足穩住天台上，丹室禪宮漫舉行。步履輕搖心便蕩，妄動耳目卽擾神。神擾心卽隨機出，散漫無歸炁何匀。內吸不匀外氣擾，內外一吸自歸根。內主不搖神自穩，搖動不寧炁難盈。卽或有動眞機轉，困頓無歸擾黃庭。呼吸一匀先天動，後天自讓先天行。若能念死後天絕，先天自從左右生。此機本是自然來，並無功用訣點明。吾今指盡無上妙，望爾凡胎照去行。同守眞志休貪訣，點爾關竅堅爾心。爾志能對吾之志，爾心難似吾心清。能比吾心清如水，三載以後吾親臨。現身度爾童貞體，平空形飛走如雲。吾形常在爾心內，爾心卽是吾觀音。觀音菩薩常常在，功成果結伴吾身。七蓮能化千萬朵，千萬蓮花覆爾身。此種捷徑都不去，還在何處拜世尊。」

金沙古佛曰：「吾今無他法，將收心之上品，掃念之絕妙，一一與爾指的端。心意走不是別一件，未將大道細嚼參。試想這身居紅塵，如在苦海一般。今生落人道，來生失落苦不堪。俗言一失人身萬劫難，幸爾等今有緣，得問大道，身坐蒲團，心也不須收，意也不須觀，念也不須掃，猿也不須拴。有身如無身，心似無欄關。也不必觀爾的心，也不必記爾的法言，略取一意在乳間，一刻心不定，一刻莫拋散，二三心不純，二三莫放閒，却又不可緊緊拴，也只在有意無意之間。太緊氣必滯，不注意念偏。吾再有一法，亦是收心上妙丹。常在誦經典，念雜默念經，一遍只得一二刻，覺恍惚，念自捐，自自然，功滿百日見先天。一坐遇睡魔，醒時卽參禪。志清不用收，念起再用此法收妄念。實在難，實在難，實在難將爾等牽纏斬，斷不盡紅紅綠綠花花衣衫，斬不絕南田北地兒媳情腸一大串，縱是仙佛手段，也難度爾上仙苑，也難攜爾上吾船。勸爾等莫在退却，自將金丹抛入那孽海無邊，生時不知悔，死後方了然。再醒童貞女，各自細打算。前生之根本非淺，今生遇奇緣，並無人牽引，一聽大道闡妙玄，一個個自己心願，看破了紅塵世界，了脱這七情不沾。眞乃是千古希罕，果算得女中奇男。但只是眼爲六賊主，見不得紅紅綠綠花花朵朵披好看。一念便打轉，事事愛體面，虛假人情費眞念。吾今勸爾休沾染，莫憂這事難結果，莫罣這大緣難滿願。又莫慮普陀無人喚，爾能了脫人間諸掛絆，自自然然有金童和玉女時刻來經管，不使爾道炁被魔擾，不使爾道法被妖纏。一直悟到頭，勿沾勿染，身也輕，體也便，百病不生樂無邊。卽至功滿日，寶蓋和幢幡，護法韋馱前，引路十八羅漢把駕參。花仙彩女千千萬，四面擁護到西天。爾貞女試看好也不好，眞眞是前根不亞緣法賽天仙，苦口良言切戒汝，惟冀個個記心間。」

圓明道姆曰：「圓明炁本圓，炁原藏一穴。一穴分九竅，東西並南北。星象列宿位，以一爲轉折。不睹亦不聞，似有似無別。有無歸中候，煌煌輝四廓。此穴不多大，萬象盡包括。大如天邊外，小配形難測。高而三天上，卑又海底澈。穴道分明點，人皆聽清白。

今非重重點，精微難透澈。不陰亦不陽，陽精媾陰血。陰氣歸血海，陽精此發洩。發動人不覺，恍惚心其悅。飄飄而蕩蕩，清濁分皂白。不樂心焦悶，陰陽兩不接。一得神飄渺，炁包無阻隔。子午蓮方吐，陰陽兩交叶。陰合陽祖炁，蓮蕊遍池列。陽配陰祖炁，花開茂枝葉。此處一花放，七朵盡行洩。血海通祖炁，祖炁又歸血。血枯炁必阻，炁阻血自竭。閉阻竭病何起？皆因炁鬱結。鬱結又何來？拘滯不灑悦。因心不脱落，先後氣關閉。閉是下阻上，塞是憑空說。因閉血不動，不動乃阻塞。炁阻關自閉，一線不通坼。血氣有清濁，清濁何分別。心清無私妄，呼吸亦皎潔。皎潔合眞陰，眞陽自交迫。清濁自然分，信不失一月。輕清而上浮，濁自下漏洩。心雜氣必燥，呼吸亦猛烈。燥與陽相交，邪火發如鐵。便燒眞陽炁，乾枯病易得。世醫如盲瞽，診脈藥妄切。先將氣血補，通關毫不涉。一旦濁氣凝，經絡更閉塞。及至心病起，煩燥又發熱。口乾並舌焦，食冷暫救烈。醫術更恍惚，問症再分別。一聞熱症起，涼藥用知柏。先補而後冷，痼疾了不得。服盡百草物，形容漸瘦白。及至莫奈何，參茸加歸鱉。滋陰又培陽，頭緒更亂擇。修眞受害累，個個怕悟得。不修猶快暢，修來反受折。吾今明告戒，血停有規額。血如山谷水，浸流督不得。一督亂竄發，反觸正脈穴。不得不遍流，甚至衝過格。人身血海内，只有三條脈：氣海與血海，任督總一穴。精從此處過，濁自此處洩。若非寒冷滯，必不至阻塞。塞而不順流，通路把藥切。須温休太燥，分清濁自別。如是治此病，妙手稱上客。吾今與點破，以免受冤孽。分配陰陽路，男女指一節。男有此祖炁，分配在精穴。女之祖炁合，陰從血海說。男有此陽關，順逆不須惑。女有北海地，波摇似水迫。大周天大動，小周天亦闊。十二時辰候，子午二極接。此點有分解，有修未坐宅。修者子午合，眞炁眞媾結。未修仍交會，眞祖炁難洩。此處眞命的，勿輕妄與說。北海有清濁，濁者氣淡泊。濁乃形質露，是日念掃絕。念淨清浮上，與祖炁相接。念雜氣入質，清反歸濁淡。月信多差錯，卽是念太㙁。念㙁神自昏，神昏莫分別。清濁兩混雜，眞炁不上拍。果常如是樣，如是病發脈。必得是日到，不想妄自滅。優游無稍滯，灑灑而蹀蹀。不慮亦不愁，不驚亦不嚇。不張亦不大，皎皎而潔潔。行住無罣礙，惺惺而悦悦。不識亦不知，聞聽念不涉。形骸似飄蕩，天光而地白。手足如輕撓，浮動不沾擲。最忌心太猛，念恐功有缺。此念是大病，快快治宜切。三七露未盡，床褥莫拘節。聽其露盡時，上床方合格。此乃一定法，非人休傳訣。天地之精英，此處一旦洩。再望爾歸女，心中莫記訣。無訣道難明，執訣炁有隔。平居心與口，多把佛號默。有念方默著，無念不必默。只將人事了，手莫探花蝶。不過衣鞋制，常探内功烈。手作人間事，念冷如冰鐵。眼爲摇心賊，莫著花影色。此乃俗骨累，爾願立修德。修德與修眞，修性修心慝。修慝德自新，一朝炁蒸耶。超身雲霄外，飄飄臥極北。吾駕鳳凰輩，金花仙女接。引爾遊上界，攜爾到佛國。仙塔登幾層，眼觀大千陌。紅塵勞苦輩，俗胎甚慘烈。南天一觀望，代爲淚垂帛。縱是大慈悲，難將無緣惻。卽是大願船，莫渡自作孽。西天大佛祖，萬法總難絜。吾本圓明祖，將臨於此宅。分分明明點，望而心甚切。莫忘淳淳告，朝夕靜是訣。欲多來纏擾，由於眼招賊。眼見如未見，反觀思內穴。不輕亦不重，不急又不歇。不燥亦不妄，千般亦不迫。不沾亦不脱，百感概消滅。不樂自然樂，不絕自然絕。上坐休用意，死尸恍默默。天崩爾不崩，地裂爾不裂。人言休動氣，自取自明白。清福與紅福，觀紅如視黑。青白分眞僞，人雜類各別。我無金剛體，妄遊極樂國。長短莫計較，不聽自除耶。高超世幾等，不與俗同格。志大言勿大，心眞念莫怯。常常體仙佛，在此談玄訣。婦女書少讀，性理更難得。只守一念淨，絲毫內莫塞。如光天化日，如星又似月。如北極之亮，七星掛天闕。明明而朗朗，昭昭無點黑。爾心明似斗，內七星燦爍。皂雲雖遮蔽，本體仍不絕。雲過星猶朗，爾心如星炟。心中無一塵，有塵心走別。心本原無妄，因見妄入宅。心本無他想，耳聽便遭阨。心本無沾滯，因身不便捷。身口不合意，便動怒不悦。有此一怒態，五臟火發越。此根不除盡，枉把道修也。吾今下細點，『貪』字宜割截。衣食固莫貪，自然有湊者。善念亦莫貪，仙凡念上別。妙法亦莫貪，守靜妙莫測。功夫亦莫貪，隨時快坐攝。妙境亦莫貪，境象無形色。安安而樂樂，歡歡而悦悅。瀟瀟而灑灑，悠悠而闊闊。卽是妙景象，此象貪不得。由他自來去，由他自然結。由他自變化，由他自交接。念靜神不擾，一三載必得。吾今大慈悲，逐一告知者。爾婦女等輩，莫拘是妙訣。一拘卽成病，莫怪道誑惑。内外皆莫捆，神活炁超越。遊行念清朗，心自皎而潔。來往又何拘，天高月有缺。人生難滿願，到頭知紅黑。此時風氣薄，人言聽不得。各修各性體，仙凡有分別。仙原仙根來，凡本前生孽。今生雖富貴，身謝甚可怯。不帶有功善，罪過注黑册。一生無善折，銀錢空手撇。只帶一身罪，塵埃膝屈血。罰入大地獄，來生作聾瞎。仙凡此分界，修煉又有說。縱難成上品，仙佛化解厄。養性閣中修，功滿朝上闕。修眞丹滿足，佛旨下仙帖。金童執寶幡，玉簫天地澈。迎爾歸極樂，永享千萬劫。不入輪迴道，不生亦不滅。不死亦不老，長生榜上客。時爾煙霞伴，時爾鳳閣歇。時而天涯轉，時而海島閱。觀不完金剛美景，看不盡琉璃彩色。這纔是功行圓滿大快樂，這就是修道歸根的大妙訣。」

女丹經拾零

坤訣

清靜元君孫不二　著
濟一子金谿傅金銓　校訂

眞傳有訣，眞傳有訣。

夫女子秉坤柔之德，而眞陰之中具有眞陽，修煉較易。今得此，坤修信乎？昇天之階級，渡世之梯航也。其訣俱在有中著力。有者，無之始。從有至無，即是眞陽之位。此二句雖重在命功，却合性命而言，乃坤道第一大關鍵。上句要於有中還無，下句於無中生有。

庚甲須知，

庚甲申明命功入手處。庚者，金也，虎也；甲者，木也，龍也。其義已詳乾集。庚金爲修煉之本，甲木常畏其尅，而尅中反有生機。煉丹家最喜死中求活，故庚虎既降，甲龍即興。一降一興，生殺之機已伏，顛倒之理彌眞。知此生殺顛倒之時，用法斬龍之頭，牽虎之尾，使龍不興雲，虎不招風，風雲息而天清月皎，龍虎降而性合情投。歸爐起煉，立結黍珠。保命之法，莫妙於此。「知」字有潛心守視之意。風欲來卽須擒虎，雨將降乃可斬龍。不先不後，及時斬取，方可煅煉。

學庸詳說，易理宜參

不明理又無以學道也。從經學參入，方不落空。於學庸下得轉語，斯爲見道。至如丹道，統於易中。彖曰：「至哉坤元，萬物資生。」坤屬老陰，陰極陽生，順承乎天則生人生物，順承乎己則成道成眞。細究坤之眞陽發於何處，卽知吾身眞一產於何方。求得此一，固得此一，命寶乃全。此求在吾者，不得向外覓取。故曰宜參。

性宗須徹。性命雙修，陰陽相接。

性功爲入道之始終，於空不徹，此實未能常住。必如秋月澂潭，纖塵不染，無始之始旣已了然，不空之空咸歸自在，斯性命雙修、陰陽相接矣。

教人熟辨有無，莫負一腔熱血。

陰陽卽有無，要於藏經中留心，三日則眞陽之來、眞陰之往俱已井然。來龍之頭可斬，去虎之尾能留，二炁相交，絪緼和洽，方成法體。不然徒費心血，又何能修煉耶？

機在目前，氣由此拔。上有天谷，下有泉穴。認定二處，不宜差別。

臨機切要，惟是以目始意，以意始氣，以氣凝神，以神煉眞，通天達地，無往不靈。苟或天谷不熱，氣不上升，湧泉不熱，氣不下行，必須意目注視，上下其力以引之。認定二穴，不可少有差錯。子午行功，久久純熟，再行烹煉。

應時須悟參修，自有黃芽白雪。

以上坤道大統，研求印證，貫徹於心，然後入手下功。擒歸之龍含珠，驅回之虎搖尾，黃芽生於土釜，白雪產於瓊宮。大還到手，隨面壁以忘忘，所欲從心。尊帝天而穆穆，便到西池會王母，白旌黃旆自來迎，一聲霹靂天庭闢，脱去胎州重濁身。

太陰煉形術

孫不二元君所傳女金丹中，有太陰煉形之道，爲女子修眞之捷徑。若有童女，精進修持，可以立成神仙之果。

夫女子十四歲而月經通。當經來之前二日半卽六十點鐘，有元氣一銖，由丹田降於子宮；迨經後二日半卽六十點鐘，亦有元氣一銖，亦由丹田降於子宮。當元氣生時，宜冥心靜坐，一念不生，乃凝神於兩乳中間一穴此穴卽女子之丹田，用兩手交叉按兩乳上左手按右乳，右手按左乳，輕輕向外撫揉，輪轉三百六十次，則子宮中之元氣，自能漉漉上升，還於丹穴。乃凝神寂照以養之，仿佛如雞抱卵，約一點鐘乃畢。以後功夫調熟，只須凝神丹穴，其氣自能上升，還於丹穴，不必再用雙手撫揉矣。惟經前如感元氣已經發生，而收入丹穴，則明日卽須停功，以防將經血提入丹穴，致有喪失生命之危險，不可不愼。故當經至時停工，須直至經盡後二日半，方可再做功夫。如是行功不斷，則功夫日進，漸返漸還，身中百病逐漸消除，精神亦感愉快興奮。但須以正念自持，不使化成人慾。

此功收效期間，當視年齡之老少，而定遲速。大約二三十歲者，不過四五年；三十至四十餘歲者，須五六年不等。功行已滿，卽經盡而還復童貞之體，是之謂斬赤龍。俟赤龍斬後，依舊照前，日日凝神煉性。適性功圓滿，卽證神仙之果。倘再服食金丹大藥，以烹以煉，則成金剛不壞法身，而證天仙之果。惟五十左右之婦人，經水已盡，則須時時凝神丹穴，以冀經水重來。否則，止可單修性功。若能經水復至，便有生機，照前法行持可耳。

女丹秘旨

丹訣總錄

坤緣覺路云：「未修斯道，先守五戒：一不殺生，仁也；二不偷盜，義也；三不邪淫，禮也；四不酒肉，智也；五不妄言，信也。五戒既守，當屏六欲：眼不妄視，耳不妄聽，鼻不妄臭，舌不妄言，身不妄動。六欲既屏，又何愁喜、怒、哀、懼、愛、惡、欲七情之不去乎？七情既去，然後入室下手。」

坤寧經曰：「若無煉己眞功，總難下手。」又曰：「必先絕欲忘情，然後入室打坐。煉己同乎男修，調息綿綿，勿忘勿助。」又云：「一身四大，結中宮靈臺之緣。二氣交結，中黃膺玄，五行相生，惟土斯金。」又云：「一痕曉月東方露，窮取生身未有時。譬之蓋屋，當用闢土爲先；喻乎燒爐，原以種火爲法。」

修眞辨難曰：「男子下手，以煉氣爲要，名太陽煉氣。煉氣氣回而白虎降，則變爲童體。而後天之精，自不洩漏，可以延年，可以結丹。女子下手以煉形爲要，名太陰煉形。

煉形形滅而赤龍斬，則變爲男體。而陰濁之血，自不下行，可以出死，可以入生。此後用男子之功修之，一年可得大丹。然亦有竅有時有法。

上藥靈鏡三命篇曰：「人之臍曰命門。上有關元，中有黃庭，下有氣海。」

懶道人曰：「女命有三，謂上、中、下也。上者陽穴，中者黃房，下者丹田。少則從下，衰者從中，成方從上耳。」

修眞辨難曰：「男子之命在丹田，女子之命在乳房。」

乳房者血元也，在中一寸二分，非兩乳也。女子以血爲腎，乃空竅焉。血元生血，丹田生丹，工夫在子午二時，存心乳房之空竅。呼吸綿綿，出少入多。候月信至時，從丹田運上乳房。

或云信至亦如男子之活子時。即坤寧經所謂「曉日東升，光痕逗露；運汞配鉛，神氣俱住。積氣本生氣之鄉，存神爲煉神之路。一陽動處，行子午卯酉之功；百脈通時，定乾坤坎離之位」是也。然月信者，非以經至爲月信也。三命篇云：「如人在外未歸，而信先至焉。」

信至之日，彼自知之。或腰腿疼痛，或頭目不安，不思飲食，此信乃氣將成血，乃氣也。當在兩日半之前，專心用功。若經行，則赤龍陰精不可把持，亂行妄運，殺人不少。

須待其經後兩日半，以白綾試之，其色黃金，乃經罷符也。照前用功，運上以斬之。如此數月，則經變黃，黃變白，白化而無矣。此以有還無之道也。若過四十九歲，氣乾血涸，亦無生機，養而久之，又生血元，仍似處女。此又無中生有之妙也。見其有之，一斬卽化，而命又生矣。

懶道人亦曰：「返照調息之久，自然眞息往來，一開一闔，養成鄞鄂，神氣充足，眞陽自旺，經水自絕，乳縮如男子，是謂斬赤龍。」赤龍旣斬，以後七日大還大周，槪與男子無彼此之分也。

活子時辨

夫天地生物，絪緼樂育，人物皆然。男女何異？此造化自然之理，亦無思無爲之道也。況丹經明言，女子以血爲腎。內經亦云：「男子八歲腎氣實，髮長齒更」「女子七歲腎氣盛，齒更髮長」。明明男女皆有腎，而何獨子時之不同乎？

且嘗考之種子方云「女子陰內有蓮蕊形，名曰子宮，一月經行一度。經淨後，無論何日，必有絪緼樂育之候，氣蒸而熱，昏而悶。其中經脈微動，蓮蕊有欲開之情。此時生機勃發，順而用之，可以種子；茲則逆而用之，所謂活子時」者，可無疑矣。但非身心清淨，斷難默會體察，是在學者神而明之也。

女丹下手活子時說

乾道活子，丹經所載；坤身活子，古人未言。然據易繫辭：「天地絪縕，萬物化醇；男女媾精，萬物化生。」禮云：「飲食男女，人之大欲存焉。」大抵乾坤動靜，專直翕闢之機，兩無異致。且觀物類，牝豕牛羊，每值絪縕樂育之候，必高聲狂叫，爲天機使然。天生物，人最靈，亦正不無此一候。活子時至，不過人靈於物，隱忍不便言耳。

民可使由之，順行也；不可使知之，逆行也。修持者，仰觀月輪盈虛之象，知反身修德，靜定以爲功，則翕聚先天眞炁，不令化血，卽斬赤龍下手時也。

大成捷要論女丹

坤元經

凡坤道修煉，用功入道，當於子後午前，陽氣發生之際，按法行持。先還虛靜定，深入混沌，候混沌開機，卽凝神吸氣以守乳溪，存想息息在乳溪中。呼吸往來，默調呼吸三十六息訖，仍還虛靜養，以至虛極靜篤，依滅盡定，而寂滅之。待靜極復覺之際，仍照前調息守中，一連行持三五次而後已，煉至末月以後，兩乳之中，覺得有動機發熱，卽用兩手捧乳吸氣，使息息歸根於乳溪，綿綿密密，若存若亡以守之。守至兩乳之中有呼吸出入，卽遷移其神，下守黃庭。用手輕輕揉搓兩乳，左右各三十六次。再用眞意目力神光，從左右兩肋梢間，往後遷移，由夾脊兩旁，赤道上升，過玉枕，入泥丸至明堂額上交個盡，從耳後降至胸前相會，仍交個盡。從兩乳中間行過去，將左右兩乳，各旋轉一周，仍從兩乳中間一並送入黃庭以還虛。略停一時，再捧乳吸氣，左右兩乳，揉搓三十六次，用意照前後遷移，一連三次而後已，直守至黃庭發亮，再遷移其神，下守臍輪。守至臍中發癢出水，兩乳卽漸漸縮回，如男子狀。再遷移其神，下守丹田，默調呼吸三十六息以還虛，守至丹田發熱，或覺微痛，如刀刺之狀，不須驚懼，並無防礙。凡赤龍來時，當還虛靜養，不用調息持守之功。十六七歲，至二十四五，赤龍來七日方回；二十六七歲，至三十四五歲，赤龍來五日方回；三十六七歲，至四十四五，赤龍來三日方回。候赤龍過去，月經淨時，仍照前守丹田，調呼吸。初守丹田，輕輕守視，綿綿存養，密密照顧，過至丹田發熱，陰氣至，情慾動時，卽用眞意目力神光，往後移運。仍由赤道上升，入頭頂，至明堂不交盡，分左右兩路，從耳後降至胸前，交個盡，不繞兩乳，卽從兩乳中間，一直送入丹田。略停一時，仍往後轉移。要細心速行，一連三五次，直運至陰氣消盡，情慾寂滅方止。蓋陰氣發動，令人恣情縱慾，而生交嬉之心。若不以正念主之，使後升前降，戰退羣陰，未有不自敗其功修者。故當煉至陰消情滅而後已也。此外只用虛心靜守功夫，但不可着意緊守使丹田驟然發熱，要輕輕守視，綿綿存養，使丹田內眞氣發現，先溫後熱，漸漸大熱。如火燒，似湯煎，雖隆冬數九，而上衣下裳，亦皆脱盡，卽裹脚亦要解去。此時要用道侶護持，緊閉房門，深居帳內，切莫驚動。只用一味靜守，自然漸入混沌。候混沌開基，仍然照前靜守，守至交骨忽開，眞氣吐信，卽用溫水將手洗淨，輕輕托上。運動眞意目力神光，從丹田向後轉移，由夾脊兩旁赤道上升乾頂，下至明堂，不用交盡，卽從左右耳後降至胸前，交個盡，相並由兩乳中間，降至黄庭，送下丹田，再用手輕輕托上，送入密户。仍用眞意，後升前降一周，一連三五次，直至眞氣吐出之信，縮入淨盡而後已。已則還虛入定，依滅盡定，而寂滅之，而交骨合矣。每當熱極，骨開吐信，收回逆運訖。必須深入混沌，交骨方合。如此日夜行持，是周身骨節關竅盡皆開通，河車自然逆運，眞氣自然薰蒸。古人云：「萬朵紫雲朝玉宇，千條百脈種泥丸。」自覺一點靈光，不分内外，無論晝夜，而照耀周身矣。十月功完，陽神出現，與男子同體。初無彼此之別也。又云：「夫乳房上通心肺之津液，下徹血海之經脈。煉至乳房如處女小兒之形，便是女换男體。其功只在送甘露時，不許送下丹田，只用送至絳宫，用意注在兩乳，將門牙上下兩齒，緊緊咬住，以兩鼻孔閉住，用内呼吸在内收拾。外以兩掌心左右各揉七十二次，先緩後急，先輕後重，如此百日，可如兩核桃形也。」

女功簡便法

每於夜半子時以後，天然醒覺，心不着於色相，又不落於空亡。自覺月窟生潮，正是一陽來復，即將神氣收於乳溪，回光返照命宫，塞兑垂簾，捧乳吸氣，左右揉搓，下則牽動中户，上則貫通兩乳，一呼一吸，息息皆要歸於命宫。每次運行七十二息爲一周。前六時下功，後六時靜養。每次運訖，要咽津三口，送入子宫。日日按子前午後，陽氣發生之際，常常行持，直至陽三後三之期，再行煉形之功。修煉不過百日，月事卽絕，乳頭卽平，而面如桃花，終日如醉，昏昏默默，晝夜靈光不散，靜中自覺常明。行持十月，自有信法來報，預知吉凶。初將精血收歸乳房，隨收隨揉，使提上乳房之精血盡化爲甘露，降下丹田，結成胎息，則月水不潮，而乳頭自平矣。下丹田内自然給出聖胎，不用採取之功，只凝神胎息之中依滅盡定，而寂滅之。寂照百日，恍惚之間，而聖胎似有動轉之機。其女子如醉夫之狀，日常合而懶開，面發光而耀彩，日夜金光罩體。養至十月，聖胎圓滿，自然脱質成仙神，變化莫測矣。此捷要一册洩盡乾坤性命之旨，道破理氣之歸，眞可謂考諸三王而不謬，建諸天地而不悖，質諸鬼神而無疑。百世以俟，聖人而不惑之眞常至道也。

女工煉己還丹圖說

聖師云：　女子太陰先煉形，初行功，卽要意棲乳房，行住坐臥皆宜如是。行至四十九日，行住坐臥意守中極中極者，卽心之下血海上，當中虛懸一穴是也。行住則宜默運天庭，坐臥則宜意守中極血海，如雞抱卵，一念不起，百想俱無。但行此功，眞陰未動，脈絡未通，必多倦睡，須行指腦下垂之功。指腦下垂者，何也？卽回光返照，以眼觀鼻，搭定鵲橋，下玄膺，至重樓，歸中極，入血海，以水會火，片刻倦睡卽醒此卽調藥煉心之法。如妄念一動，仍守中極。少年女子煉至百日，不爲外物所擾，血海自潮，眞陰自動動者，非身心動，是血氣發潮，似有不可忍之景象，其藥也融融，難以言語形容，是由無念而自動。此時切不可動念，念動則散。惟宜把定元神，用法採取。此卽小藥發生，須行採取之法兩三度以機息爲止，仍守中極。採取之法，以眼觀鼻，過鵲橋，下玄膺，到重樓，入乳房，遊中極，歸血海，行分水，透玉枕，升百會，下泥丸，入明堂，仍降下中極，而歸血海，將眞意守定中極血海，入靜入定。如其陰生，仍行採取之法，機息仍守中極血海。凡行此功，須戒暴怒、風寒暑濕以及生冷瓜菓、火煎之物。此時定要檢點。倘風寒入竅，藥難醫治。總要萬緣放下，一塵不染。如果照法行持，一日之間，眞陰之氣能動二三次此動要分眞僞，有氣機之動，有念慮之動。須無念無慮無慾而自動，方算眞陰發動。只要百零七日，血盡化炁，赤龍自斬，變成乾體，基已成矣。還丹有何難哉？

註云　女丹經多言，女子行功，每逢月信一到，使要停功。此說謬矣，皆由未分淸晰誤也。凡女功所重者，氣機也。但其中有壬癸之分，如壬水初來，癸未來，此即信到也。信到彼自知之，或頭昏，或腰疼。信至而潮猶未至，此時正宜回光返照，默守乳房血海，用採取之法以補腦築基，則所採者壬水，非癸水也。如癸水一到，自應停功。必至三十時辰兩日半，癸盡之時，仍用採取之法，採至何日而止，其中大有天機口訣，須求眞師口傳心授，不可妄猜。如果得其傳授，少年百日便可基成。

行功到此，自有考驗。赤龍自斬，乳頭自縮如男子一般，而眞陰之氣化爲眞陽矣。此時須要道侶同心扶持，候眞景到時，採小藥過關小藥過關之時，亦有景象。果到基成，藥產丹田，有火珠馳驟，血海如湯煎，鼻搐身震。切勿驚懼，此處亦有口訣，要待師方免危險。不然恐眞火變成凡火，一防焚身，二防顛狂。如有得眞師傳授者，藥既入鼎，便要知煉藥之法法待眞師口傳。若不知煉法，不能結丹，得者必失。此藥既名小藥，自宜用小周天火候小周火候亦有口訣進陽火退陰符而煅燒之符火有候亦有數。煉至一月，小周數足，或藥之眞僞，丹之結否，自有考驗。如小丹果結，每逢入室靜坐，遍體火發，如蒸籠之氣一般，只宜默中宮，吶言不語，聽其變化。霎時之間，見一火珠如豆大，從明堂射出一丈多高，如閃電一樣，此乃基成得藥之眞境界也。斯時，雖有煉藥秘法，總要一念不起，五蘊皆空，任他天翻地覆，雷電震驚。我只將元神穩坐中宮，毫無畏懼，如雞抱卵，如龍護珠。時當進火則進，時當退符則退進火退符，有候有數。必煉至大靜大定，炁足神完，火珠不現，小丹凝結，而後已焉。此係築基、得藥、結丹三層口訣，後尤有四層天機，不能一口道盡。歷來仙師授受，皆係如此。果然功行至此，人仙之果證矣。

以後用功，與男子無異。但女屬靜體，後四層雖與男子同其運用，而其建功更速矣。

真師總批 凡孀婦、貞女、烈婦，能立定眞正志節，始終如一，受魔不退，至死不變，貧富不移，堅貞不二，乃可授此三層妙法，循序漸進，暗有仙眞護持，一切內外妖魔不敢擾害，終期大成。至於有夫之婦，人事未了，切勿妄傳，只宜勸伊養性寡慾，孝姑敬夫，待時而傳。倘徇情輕授，確有可據，無一毫妄誕之語，倘恍之論。實是天機不可輕洩，得其傳者，俱係前緣，愼之珍之。

午是陰之根，子乃陽之苗；男子外陽而內陰，女子外陰而內陽；男子奪外陽而點內丹，女子奪內陰而點外丹也。

女子行功，第一要明採身中之陰，補身中之陽。陽者，精與炁也；陰者，神與血也。採於何時？須知月信將潮之時，與月信潮盡之候。

夫信者何？如人出外未歸，而信先至也。信至潮未至之時，急忙用功，或盤膝大坐，或觀音半坐。俟身中神炁發動，回光返照乳房穴及血海。鼻息調勻，將所動之神炁用眞意即黃婆也從血海升入曹溪，一路直達從顖門，由上降下到乳房，而仍歸於中極。但此法不可妄用。信來而潮未來之時可用，在兩日之半後潮盡可用。若潮信未淨，妄行採取，必至殺身。謹記！

此法少年血氣旺者，心地靜者，三月之久便可斬赤龍，而復還童體，面如桃花。如果功到此時，與醉漢相似，昏昏默默，晝夜光明不散。行持一年，基可築固，而人仙之功程驗矣。

中年婦女修煉，須用太陰煉形之法。夫行此法者，須除思去慾，忘情絕慮，方行此道。

算定某日某時月信至，未至前二三日卽宜靜養。待至信到，於靜室內，調息端坐，兩手放膝前，用食指摑子午上如拳，閉目存神，調息內觀。由乳房照血海，候至眞陰之炁發動，乃行煅煉之功。

若此段工夫，要分眞假清濁。如煉假陰濁氣，必成疾病，醫藥罔效。果然眞陰發動，周身如綿，醉漢相似，此時血海中如魚吸水一般，其樂景不可以言語形容者，斯爲眞陰發現之眞境也。此景一到，卽用眞意引過夾脊，上玉枕，透泥丸，過雀橋，下重樓，入乳房，而仍歸於中極血海也。倘或體衰氣弱，二三月之久，眞陰毫無動機，無可如何，方用作爲之功，先將右乳揉轉十二次，後揉左乳十二次，摩臍腹三十六次，口中咽津液三次，咽畢仍照前回光返照，虛極靜篤以守之。如此每日子午二時，行持不怠，不上一月，自有動機，則可採煉。至眞陰盡化爲陽炁，乳頭縮而赤龍斬，變成男體，則眞陰煉形之功畢矣。詩曰：「面如桃花膚似雪，到此赤龍永斷絕；　清靜法身本無塵，功滿飛昇朝玉闕。」

丹基旣成，而還丹可冀。赤龍一斬，陰血盡化陽氣，在丹田血海之中，不能久住，必要過關，方成法身。此時身熱如火，炁騰如珠，方用還丹之功，與男子之功無異也。若還至丹田祖竅，方用周天煉藥之功。夫玄關一竅，萬神萬炁之祖也，內有先天之祖炁會合凝結。宜呼吸綿綿，一意守之不散，二炁自然交合，八脈自然流通，仙胎自然結成。再往向上之功，三年煉己，已成大還而結聖胎。仙胎結成，十月火候煉足，嬰兒自現。或聞絃歌絲竹之聲，或暗室生白，未來之事，他人之心，毫無隔滯，觸景便知，到此可以造就身外之身，任他諸般境界，不可着他，不可懼他，我只一心守中。面壁九年，候陰盡陽純，形神俱妙，與道合眞，待詔飛昇，永爲王母之眷屬，脱却塵世之輪迴矣。算來不過數年辛苦，竟成億萬年之快樂。斯世之婦女，思之又何憚而不爲哉！

呂祖曰：「可笑世間學道人，論天論地講修行；天機妙訣都不曉，三家藥物未分明。不煉爐中眞造化，難免苦海墮沉淪；我今傳你三教理，說段修行妙訣功。先講天文並地理，天地三才要精通；男子修行伏白虎，女子修行斬赤龍。天地周流分度數，日月循環運化工；五千四八歸黃道，金木水火轉相逢。女子原是太陰體，須知太陰妙化工；每日右旋十三度，二日半後行一宮。一月運行周天畢，女子氣候亦相同；要知金丹眞口訣，天人造化本相通。會得其中眞妙竅，晦朔弦望仔細窮；一月運周機先動，兩日半後卽下功。若人識得天機妙，何愁女功不玲瓏？再有一段眞金訣，須共神仙仔細論。七星寶劍西南掛，雙林樹下運轉輪；盤中寶珠顆顆現，一隻白牛透崑崙。百尺竿頭忙撒手，騎牛趕月伴老僧；又撞金鐘無影寺，六月滴水化成冰。沒絃琴音奏三疊，無孔笛吹出八音；木母伴着木馬走，金公又隨金烏行。二人翻江併倒海，看看要到高峯亭；灑了一點眞甘露，忽然七竅放光明。到此一步緊一步，切莫擾亂並因循；待他一點來歸壺，二五凝結始圓明。若問此歌何人作，兩口傳來度女眞；其中妙理悉包盡，莫負我今苦叮嚀。」

女眞丹訣

蒲陽無心子陳永清著

太陰煉形秘訣

女子修眞原有訣，不是憑空妄擬說；人身原自有陰陽，陰陽道理宜三復。
男子精液陽中陰，女子精液陰中陽；快尋明師求指破，返老還童在故鄉。
靜裏修眞不必猜，專候身中一陽來；還從先天分境界，好把金烏向月栽。
阿誰設此修眞法，惹得佳人來削髮；朝朝日日守空房，心死如灰操生殺。
可憾赤龍這妖孽，無端日月長來繞；利刀架上赤龍頭，斬斷龍頭天未曉。

雙手緊緊抱户口，恐防黄虎順牆走；牽他回家亦不難，快快與他一把火。
跨鶴坐時將息數，寒聲玉露如香乳；微微送過紫微宫，遍體酥綿直到午。
文武火候自家裁，莫使紛紛亂靈臺；時時恐防眞種出，提回乳房結聖胎。
聖胎一朝聚乳房，壽與天齊不可量；如此修眞今結局，管教七日復生陽。
七日天心如可復，卽是上乘一妙著；以後便同男子功，般般口訣要師說。

三斬赤龍秘訣

女子修眞好大膽，提刀便把赤龍斬；背夫逆母毒心腸，只爲人身難得轉。
斬時用盡平生力，休使精華往外洩；逆轉黄河水倒流，陰消陽長憑呼吸。

呼吸原來一爐火，黃芽抽在鍋中煮；　薰薰熱氣上衝天，降下重樓入土釜。
竹破還須用竹補，休將砂汞銀鉛煮；　取其同類兩相生，快快收來聚兩乳。
功奪乾坤造化機，人人有個上天梯；　陽生陰退無他訣，只在神思不着迷。
不着迷兮有主見，暗中提把無情劍；　赤龍斬斷兩三番，方顯佳人好手段。
手段高時法力高，彩鸞不二與雲翹；　一般俱是裙釵女，豈讓仙姑姓氏標。
裙釵立志要彌堅，火裏栽花放白蓮；　學得慈悲心一片，方能平地直登仙。
只有金丹一粒砂，朝朝日日放光華；　形如黍米甘如蜜，起死回生功倍加。
可惜金丹人不覺，鬼神未必能猜着；　個中幻妙要師傳，却是家園一味藥。

女子修眞秘訣

佳人日日學參禪，不語不言心要專；若有一毫私欲念，管教爐内走眞鉛。

眞鉛本是先天藥，何故世人猜不着；把守關門要小心，恐他偷走出房屋。

他若出時休膽怕，狂風烈火一齊架；催他直上九重天，奪取乾坤乳上掛。

若無節烈休傳道，恐被癡情暗說笑；洩漏玄機天不饒，這場罪過却非小。

不知心性莫傳訣，恐同旁人胡亂說；苦口叮嚀已再三，休將仙道當茅物。

獨有婦人性情乖，一心只想赴瑶台；試將此事逢人講，豈是裙釵學得來。

學道婦人多出醜，無端撞着一羣狗；引他暗地拜盲師，撿點功成驗臍口。

不如穩坐在香厨，一孝公婆二順夫；死後魂歸清淨土，西方佛祖把名呼。

奉勸婦人休學道，道中假道亂眞道；存心忠厚並仁慈，管甚假眞眞假道。

縱然眞道不須求，慾火頻生不自由；年紀輕輕今出醜，爾知羞與不知羞。

女丹要言

純陽呂祖　傳　傅金銓　敬錄

精炁三華自不衰，清空紫氣仰成規；金丹九轉元君煉，壽似黃安坐寶龜。

清空紫氣之文，元君之所授也。黃安，坐龜人，問幾時坐起，答曰此龜畏日月之光，三千年出頭一次，我坐是龜見三出頭矣。

汝等不明老陽無生息，吾有一譬，如月之初三是蛾眉，到五六日仍圓者也。婦人修煉如男子一樣，難得者是皎潔。須知婦人之慾過於男子，或到經水已過之後，其心如蓮之初放，乘天之雨露纔結其實。婦人若無男子，是孤陰矣，孤陰不生。蓮花若不受雨露之恩，縱得之沃土，終歸無用。天之雨露，非爲萬物發生計，不虛此一舉乎？雨露不受於萬物，是孤陽不長矣。夫道卽物可證，隨事可通，淺淡云爲，皆具至理，無如人不思而通之耳。

婦女可以按摩之法用之。當早起靜坐一刻，以右手向內按定心，左一手在腹臍撫摩二十下，隨手摩至腰，一揉一拍。左手按心，右手撫摩；右手按心，左手撫摩。兩手在腰一揉一拍後，再用兩手擦熱面上。一擦兩手摩至兩耳，一按一彈，彈後隨揉至兩肩一捻，運動津液咽下，腰一伸立起，兩手一抄，走數步，再出外做事可也。晚間亦如此做。

照服丸。

首烏二錢　核桃三錢　麥冬一兩　熟地兩半　故紙六分　砂仁三分　杜仲八分　天冬一兩　生薑三分

右藥九味，共研細末，以猪脂猪脂者，猪油也。吃葷者用猪脂，吃素者用人乳或牛乳、羊乳均可。乳卽酥也，非葷也。西北人所謂奶子茶者卽此，能令人壯精神，潤顏色，黑髮，延年。佛祖在雪山苦行時食之，故至今佛門不忌。若假酥油，則多羊油矣，不如用人乳爲是半斤，和爲丸。服一月精神强健，黑髮延年，非他藥可比。每月逢寅午中亥日，用水一碗，稱藥三分，早起向東吸生氣三口咽下，唸曰：「日出之光，本乎眞陽，我取東方之正氣，煉成玉液之瓊漿，太乙金精貫頂，離宮煉就純剛，明二氣，化北方，厚體在中矣。」合掌伸七次，以指書「高上神霄長生無量保命天尊」於水碗內，呑服丸藥，後向西方吸氣一口，呑下之後，任憑應酬事件。愼勿輕傳非人。若大丹成就，再配藥服之。

西池集

西池金母少女太眞王夫人　著
孚佑帝君回春子　註
金谿傅金銓　校訂

序

蓋聞乾健統天，坤順得主。資生之道，含二炁以絪緼；交泰之和，統三才而埏埴。德言工貌，坤道云全；淑愼温柔，閫儀斯著。至於夙鐘靈氣，生具慧姿，錦織迴文，猶受連波之憎，艷霾同「埋」青冢，空歸夜月之魂。其他霧鬢雲鬟，沉迷苦海；啼香怨粉，塡入火坑。五漏形骸，本是前生業障；三因不悟，又增今世冤愆。其間修短窮通，不能枚舉；妍媸愚智，何可勝言？總因世乏坤傳，致使人難超劫，是以奏請太上，勅命羣眞，闡心性於詩篇，寄棒喝於轉語。旣知寂靜，恐墮頑空；更有眞傳，教渠下手。言言玉液，無非修身立命之功；字字金鍼，盡是縛虎牽龍之訣。果能誠心煅煉，眼前卽是玄洲；依法修持，鼎内便凝絳雪。與其牽纏，世網戀兹；一息繁華，何如斬斷？情關占却萬年道域，西池有路度楫在兹。聊綴巵言，用申木鐸。

重陽子謹序

詠性功十八首

月正圓時映水明，乾坤大地總瑩瑩；片雁斜過潭有影，移時明月映波清。

回春子曰：「巧機適合寶相，團圞月照寒潭，光鋩四射，惟清乃澂，惟澂乃照。寂照圓通，覺靈自現。西來妙義，至大至圓，活潑玄微，東海珠還。咦！四海湯湯水接天，水天深處自逢源。」海蟾子曰：「喜得同人註性詩，明心見性道成時；劉癡來與龍華會，醉向澂潭捉月遲。」靈陽子曰：「此夕欣逢巧節，澂清要在斯時，月光皎潔印深池，真個天星倒置。不著離奇色相，豈因空境空之，一靈透出己前珠，魚目應知不是。」長春子曰：「心性非一物，性在心中見；水月兩澂清，波光自不染。」

靈臺深廣似澂江，源遠應知流自長；任爾毒龍爭戲擾，豈如溝血污泥揚。

回春子曰：「清光如鑒，不須煅煉，一著揩磨，毒龍便現。咦！没得說西來妙義，隻履仍歸。」

磨不磷兮涅不緇，寵何可羡辱何辭？靜中現個團圞月，始信斯人不是癡。

回春子曰：「當頭一棒，領者去會；會者顛頭，融通寂滅。」

惡莫憎兮善莫誇，堅持吾性漫憑他；地雷震動眞如現，一任遨遊上海查。

回春子曰：「如何佛法？乾矢一橛。霹靂一聲，不怕打殺。」

濃雲密霧雨淒淒，遮却本來菩薩面；不是清風淨掃除，蟾光怎得團圞現。

回春子曰：「蒲團片晌，刹那一刻；翻個觔頭，菩薩出現。」

性似澂潭水，心如大地平；草萊生即剗，風過碧波清。

回春子曰：「性不離心，心空無物；草生用剗，下乘之法。」

靈明一點本清虛，雲去雲來月自如；應事還同光暫晦，魄生依舊現明珠。

回春子曰：「不曉參禪，哪知拜佛？一拳打破，五指不撒。」

心如野鳥最難馴，纔出籠時便要擒；莫使隨風任南北，本來狼籍陷深坑。

回春子曰：「分明一個月，指早是個日；日月光天德，山河壯帝都。咄！誰識？」

一點靈明一點金，隨風飈去窅沈沈；分明有個菩提種，性亂神昏何處尋。

回春子曰：「穿衣喫飯，不知飽煖；心去性空，火中蓮現。」

愁苗情種兩都捐，外若春温内鐵堅；順死逆生同一理，但於動靜却非然。

回春子曰：「荆棘中不妨著脚，深潭内也易翻身，怕只怕青風明月坐對青山。」

人生碌碌似浮萍，業海風波何日停；要識本來眞面目，勤從月下叩眞人。

回春子曰：「一盂一盋音撥，到處爲家；撞着老參，舉杖便打。」

渾淪元氣原無象，庚甲之間覺有形；莫道有無難自辨，須明求己勝求人。

回春子曰：「摩尼一粒，沙界難敵；龍女獻來，此際得識。咦！一個孩兒兩個娘，四門親家不得疎。失了也！」

外濁須知內本清，龍頭虎尾按時生；若將凡聖和爲一，白雪黃芽自長成。

回春子曰：「如何是道？要撒胞溺。喫飯穿衣，全不分曉。」

大道先須養性靈，靈光悟徹易歸根；總然精氣神皆足，黑暗如何解煉烹。

回春子曰：「東南西北及中州，黑黑塵蒙易白頭。咄！說話的顛倒了難不難，一翻觔頭易非易。掙起雙眸！」

緘口凝神只內觀，法身常現一毫端；靜中攝得靈明寶，直置中宮便是丹。

回春子曰：「得了手，閉了口，若還不去承當，竹篦何堪打走。咄咄咄！再來不值半文錢，請到方丈後去休。」

長空清迥原無染，雲去雲來只自忙；鼓動巽風旋上下，性光命寶總歸囊。

回春子曰：「一口布袋，包藏無礙；混混沌沌，放不出來。」

明暗休將世務分，閒來覓得已前身；惺惺不得炎涼態，生死全拋得至眞。

回春子曰：「九天之上，九泉之下；少林拳棒，上下齊打；打得開通，任放縱馬。」

騰騰烈焰青龍舞，渺渺清波白虎蹲；虎尾龍頭絲索繫，擒歸神室合眞源。

回春子曰：「久別家鄉，道阻且長，從今得返，方知父母妻子，各各安好。咦！千年華表依然，一任桑田變海。」

跋

易曰：「至哉坤元，萬物資生。」所謂順承乎乾者，非耶。然世之女子明坤道而合坤德者，鮮矣。或癡頑結習，或奢悍成風，種種沉迷，不堪悉數。卽有一二有志之輩，欲逃生死，究之性命不明。每見巫嫗邨姑，學些口頭禪語，前果後因，便爲大道在是，而盲修瞎煉，自悮悮人。吁！此皆坤修眞訣失傳之故也。今西池集出，洩千古不傳之秘，具大慈悲，開方便門。願普天下女子敬信修持，窮研極究，其中字字有功，句句有訣，莫輕輕放過。尚有楮墨難傳之處，全在誠心辨道，自遇眞人指點。總以收心養氣爲下手初功，心不收則性根昧，氣不養則命蒂失，性命雙修，坤道乃全。讀是集者，幸勿坐失機緣，以負作者一片度世婆心也。

靈陽子敬跋

蒲團子按 臺灣自由出版社傳金銓女金丹中，此跋於坤訣之後，賀龍驤女丹合編中，此跋置於西池集之末。今從女丹合編。

女丹詩集

蒲團子按　女丹詩集根據濟一子傅金銓輯女金丹、汪東亭輯列位女眞詩歌及賀龍驤輯女丹合編之女丹詩集三種參訂，孫不二女丹工夫次第詩及曹文逸眞人靈源大道歌已前於陳攖寧先生註解，故不重錄。

吴采鸞仙姑　詩三首

采鸞，吴猛女也。猛仕吴，爲西安令。至人丁義授以道術。猛授南昌許遜。遜爲旌陽令，聞丹陽諶母有道，同往訪之。母以道妙授遜，遜請并授猛，母不許，命轉授之鸞。師事丁義，女秀英，道成隨父上昇。

心如一片玉壺冰，未許纖塵半點侵；　霾却玉壺全不管，瑶臺直上最高層。

寵辱無稽何用爭，浮雲不礙月光明；　任呼牛馬俱堪應，肯放纖塵入意城。

身居城市性居山，傀儡場中事等閒；　一座須彌藏芥子，大千文字總堪删。

樊雲翹仙姑 詩六首

樊雲翹，劉綱妻也。俱有道術，能檄召鬼神，禁制變化。潛修密證，人不能知，爲令尚清靜簡易，民受其惠。年歲大豐，遠近忻仰。暇日常與綱較法，綱作火燒客碓舍，火從東起，夫人布雨從西來，禁之。庭中桃兩枝，綱咒一枝落籬外，夫人咒入篋中。綱唾盤中成魚，夫人唾爲獺食之。一日與綱入四明山，路值虎，綱禁之，虎伏而號，夫人薄而觀之，虎不敢仰視，擒歸繫床側。將昇之日，縣廳側有大皂莢樹，綱由樹頂飛舉，夫人平坐床上，冉冉如雲之騰，遂同昇天。後再顯於藍橋舟中，詔裴航入道，以妹雲英妻之，共成正果焉。

乾象剛兮坤德柔，工夫先向定中求；
澂情一勺瑤池水，明月何須七寶修。

龍虎猿馬費牢籠，略放飛騰業障蒙；
至寂如如眞妙法，擒來化作一天風。

養性還須先靜心，何勞乞巧更穿鍼；
鐵牛牽得隨身轉，方顯無邊慧業深。

何須拜禱乞長生，端的元神徹底清；
粉碎虛空渾自在，摩尼舍利總虛名。

一間金屋住雙姝，總有儀秦意不孚；
若得月中生個日，驪龍吐出夜光珠。

愛河波浪起層層，濃則沉兮淡則升；鼓楫若能施勇斷，蓬萊弱水豈難憑。

崔少玄仙姑 詩六首

崔少玄，唐季時汾州刺史崔恭少女。生而端麗，幼明性宗，及笄歸盧陲，十年苦功，二十四歲成道。陲官閩嶠，過建溪武夷山，雲中見紫霄元君扶桑夫人，問陲曰：「月華君來乎？」陲怪問之。云：「吾昔爲玉皇左侍書，號月華君，以宿緣謫爲君妻。」後罷府，家洛陽，留書遺陲曰：「得之一元，匪受自天，太老之眞，無上之仙，光含影藏，形於自然，眞安匪求，人之久留，淑美其眞，體性剛柔，丹霄碧天，上聖之儔，百歲之後，空餘故邱。」書畢而化。

初三纔見影如娥，相對陽光皎潔多；要得絪縕凝玉液，先探消息捉金波。

性宗明處命基堅，九轉河車九鼎全；金虎玉龍相會合，三花捧出小神仙。

心如止水自悠悠，常寂常惺好進修；養得烏肥培兔瘦，靈芝秀出碧峯頭。

地下須知亦有天，專心求己卽求仙；一朝悟徹陰陽旨，惟在生生一氣先。

綠鬢朱顏曾幾時，須臾鶴髮亂如絲；開簾瞥見梅花發，一段春光莫放遲。

不求外護不參禪，眼底滄桑任變遷；丹徑須知從直上，玄珠只在我胸前。

唐廣眞仙姑 詩四首

唐廣眞，嚴州人，事母至孝。既嫁，得血疾。夢道人與藥而愈，自是好道，虔奉何仙姑，一日親授元妙。宋淳熙中，有三仙引至海邊，跨大蝦蟆渡海，隨遊名山。仙問曰：「汝欲超凡入聖耶？留形住世耶？棄骨成仙耶？」對曰：「有母在，願奉終養。」賜丹一粒，吞之，遂不穀食。後召入德壽宮，封寂靜凝神眞人。

玄機覿面費搜尋，著眼方知至理深；性學難將文字指，業緣了當見眞心。

心性原來最易明，但隨峯頂暮雲晴；東西南北皆堪住，便可蓬山碧海行。

不識性兮不識命，剖破乾坤分兩途；但教相合成丹日，醉倒壺中不用扶。

無嗔無喜氣和醺，應事隨機風逐雲；虎伏龍馴心自靜，碧天明月白紛紛。

周玄靜仙姑 詩五首

玄靜散人，姓周氏，寧海東牟王處一之母也。處一生於金熙宗皇統二年，孕時夜夢紅霞繞身，驚寤而化。幼多穎悟，一日遊山中，遇老人坐大石，謂之曰：「予異日揚名帝闕，為道教宗主。」遂摩頂而去。嘗作頌自歌曰：「爭甚名，奪甚利，不如聞早修心地；自家修證自前程，自家不作為羣類。」大定八年，遇重陽祖師於全眞庵，請為弟子，奉母同修，各受大道。家貧力薄，苦志修持。後處一應名赴闕奏對。有云：「鏡明猶能鑑物，況天地之鑑，無幽不燭，何物可逃？所謂天地之鑑，卽自己靈明之妙也。」於是大稱旨。章宗歎曰：「淸明在躬，志氣如神，先生之謂也。」明年，母壽九秩，表乞侍養。一日，母謂處一曰：「我歸期已至。」因示「不貪生不懼死」之語而化。葬畢，語門人曰：「羣眞相約，吾去矣。」焚香沐浴而昇。

坤訣須從靜裏求，靜中却有動機留；若教空坐存枯想，虎走龍飛丹怎投。

一點靈臺磐石安，任他榮落態千般；陽光本是摩尼寶，個裏收藏結大丹。

心似曹溪一片秋，好從子午下功修；魚龍潑剌波還靜，只有長空月影留。

輕煙薄霧障空虛，却使靈明無處居；憎愛榮枯皆利刃，予如傷子怎尋予？

性命先須月窟參，擒龍縛虎莫遲延；陽生之候眞陽漏，黍米如何得保全。

孫不二仙姑 詩十四首

孫仙姑不二，號清靜散人，馬丹陽之妻也。丹陽手垂過膝，額起三山，常作詩云：「抱元守一是功夫，懶漢如今一也無；終日啣杯暢神思，醉中却有那人扶。」眾莫曉其故。忽有道人，自稱重陽子，來化丹陽。洎仙姑入，道進瓜從蒂食起。問之，曰：「甘向苦中求。」又問如何來，曰不遠千里，特來扶醉人。丹陽異之。夫婦師事甚謹。起全眞庵於南園。數年後，師挽丹陽西遊，居崑崙煙霞洞。姑在家勤行所傳。後年五十，復從鳳仙姑遊洛陽。六年道成。書頌云：「三千功滿起三界，跳出陰陽包裏外；隱顯縱橫得自由，醉魂不復歸寧海。」書畢跏趺而化。乘雲過崑崙，俯告丹陽曰：「余於蓬島待君。」於是丹陽卽書頌曰：「長年六十一，在世無人識；烈雷吼一聲，浩浩隨風逸。」遂擲筆上昇。

附：體眞山人汪東亭女丹訣一卷

夫性命之學，男女皆同，並無分別。總之，重在「至誠專密」四字。書曰：「唯天下之至誠爲能化。」經曰：「專心之至以聽命也。」凡初入門，最要緊第一着，亦不外乎煉己。務要知煉己，則是心息相依。相依者，心依於息，息亦依心也。但其中最重一「和」字。契曰：「和則隨從。」又曰：「各得其和。」蓋和不離中，中不離和。中也和也，一耶二耶。中和合一，謂之黃婆，黃婆調和，則自然相愛相戀，相吞相吐，綿綿續續，不忘不助。老子曰：「專氣至柔，能如嬰兒乎？」眞實和之至也。玉蟾曰：「夫婦老相逢，恩情自留戀。」經曰：「紐結一團，混合一處，打成一片，煆煉一爐。」又曰：「牛女相逢，牝牡相從，烏兔同穴，日月同宮，魂魄相投，金火混融。」究到實際，總是神不離氣，氣不離神，則是心不離息，息不離心也。

夫神者，性也；氣者，命也。經曰「性之根，根於心；命之蒂，蒂於息」是也。必要知兩者合一方成造化。蓋兩者合一，則是兩儀復還一太極。此之謂性命雙修也。性命雙修，只是教人心息相依，不可須臾離也。故白祖云：「以火煉藥而成丹，即是以神馭氣而成道也。」每日下功，務要將心抱住息，將息抱住心，片刻之久，一到均勻，自然大定，直入於杳杳冥冥，恍恍惚惚，無天無地，忘物忘形。契云：「長子繼父體，因母立兆基。」又云：「知白守黑，神明自來。」正此時也，似覺身心酥軟，暢快異常，三丰所謂「啞子吃蜜不能說」。邵子曰：「恍惚陰陽初變化，絪緼天地乍迴旋；中間些子好光景，安得工夫入語言。」契曰：「金砂入五內，霧散若風雨；薰蒸達四肢，顏色悅澤好。」蓋此時正是先天一炁自虛無中來也。邵子云：「冬至子之半，天心無改移；一陽初動處，萬物未生時。」

丹書所謂「活子時」，紫陽所謂「癸生急採」。上陽子曰：「『何謂採？』曰：『採以不採之採。』『何謂不採之採？』曰：『擘裂鴻濛。』」余解曰：「『何謂擘裂鴻濛？』曰：『虛極靜篤之時也。』」蓋致虛而至於極，守靜而至於篤，卽是復歸於坤矣。夫坤者，西南也，產藥之鄉也，混沌之地也，玄牝之竅也。覓元子云：「要覓先天眞種子，須尋混沌立根基。」噫！根基既立，谷神不死，卽人安得而死乎？

以上煉己築基，採取先天大藥，男女修煉，無不皆同。故曰：「大道不分男與女，陰陽五行總一般。」以下再言後天之不同也。

劉悟元丹訣云：「只有下手眞口訣，彼此運用隔天淵；太陽煉氣男子理，太陰煉形女踦筌。」蓋男子陽也，其數奇，經曰「天一生水」，男子得之，故於臍下一寸三分坎宮下手；女子陰也，其數偶，經曰「地二生火」，女子得之，故於兩乳中間離位興工。此一定不易之理也。醫書所謂乳溪，丹經所謂乳房，卽此一竅也。昔呂祖度張仙姑詞云：「坎離震兌分子午，須認取自家宗祖；地雷震動山頭雨，待洗滌黃芽出土。捉得金精牢固閉，煉庚甲要生龍虎；待他問汝甚人傳，但說道先生姓呂。」蓋必要煉己純熟，方有主宰。又必要日日盜天地之陽，時時薰蒸沐浴，方有效驗。或一二月，或三四月，日數多少，此在學人用功深淺耳。或於正行功時，自覺竅中有氣突出，分開兩路，直衝兩乳，貫到乳頭挺硬，丹經所謂藥產之活子時也。邵子云：「忽然夜半一聲雷，萬戶千門次第開；若識無中含有象，許君親見伏羲來。」功夫到此，百脈衝和，關竅齊開，眞個「拍拍滿懷都是春」也。

蓋子後午前者，所謂「亥子中間得最眞」也；定息者，調息均勻也；坐者，兩人分左右，「用將須分左右軍」也，一土當中立，「只緣彼此懷眞土」也；眞土歸中，一氣流行，故緊接夾脊關；崑崙過者，正是「倒轉黃河一脈通」也。恁時得氣思量我，我者，比喻純陽之氣也；又我已修成太一之金仙，所謂「太一含眞炁」是也。

坎離震兌分子午者，先定坎離震兌四正之位，再分子午卯酉四時之候也；認取自家宗祖者，「窮取生身受氣初」，認取先天一點祖炁也；洗滌者，沐浴洗心，煉己薰蒸之謂也；黃者，土之色；芽者，生之機；出土者，比喻三春萬物發生，大地山河一色新也；蓋此陽炁通天，形如烈火，狀似飆風，速急採取，送入中宮，故云「捉住金精牢固秘」，三丰云「捉住金精仔細牵，送入丹田」；煉庚甲要生龍虎者，則是「庚要生，甲要生，生甲生庚道始萌」也；「待他問汝甚人傳，但說道先生姓呂」，呂者，所謂「口對口，竅對竅」，則是心心相授、口口相傳金丹之妙訣也。總之，只是教人引火逼金，運行周天，龍虎兩弦之氣，升降上下之義耳。如果功勤，三丰祖曰「待他一點自歸伏，身中化作四時春。一片白雲香一陣，一番雨過一番新。終日昏昏如醉漢，悠悠只守洞中春。遍體陰精都剝盡，化作純陽一塊金」是也。自此以後，工夫又與男子同也。

蓋女眞丹訣，惟獨此詞最是捷徑。呂祖不愛天寶，一口吐盡，惜乎人不識也。余今解說明白，但臍下一寸三分與兩乳中間一穴，要知皆是象言，切忽以有形求之也。經云：「執著此身不是道，離却此身也是差。」又云：「一身内外盡皆陰。」又云：「眼前覷着不識眞。」況其中層次火候細微，必得眞師口傳心授，以意會得之，方有下手處。上陽子曰：「口訣安能紙上明？」幸勿强猜瞎摸而自誤也。

時光緒二十五年己亥秋，作寓申江，聞有廣東三水縣李門曹姑貞潔，博學多知，勝過男子，比時會面，以丹書問答，果不虛傳，余喜曰：「世間大才大學，皆不要性命，何獨李夫人如是之誠心乎！」故作此篇以贈之。摘自道統大成總集。

女丹詩集續編

黔中積善堂述

蒲團子按　賀龍驤女丹合編所輯女丹詩集分前後二編，前編爲傅金銓輯，内容與汪東亭所輯者少孫不二女丹詩和靈源大道歌，而多每位女眞之事迹；後編署「黔中積善堂述」，詩皆託古仙佛名，乃乩壇文字。今後編以女丹詩集續編名之，以與傅汪二本相區別。古仙佛名號無甚意，均刪。

詩一

男女金丹地不同，

男子所觀之地，與女子所觀之地，初功本不同。

陰陽一理實相通；

男女都要煉成純陽，其實理一而已。

清心寡慾爲根本，築基先要斬赤龍。

赤龍，月信也。煉去煉來，月信不潮，兩乳自縮，如男子縮龜一般，則丹基始成。

詩二

生來本靜靜中求，

女子生來，其性本靜，卽於靜中煉丹，成功較男子更速。

一味薰蒸補破舟；血變爲氣潮絕信，

女子多血，用法盡變爲氣，而月信可絕。

先天一復上瀛洲。

復其初來之性，卽可成仙成佛。

詩三

情竇開時如破瓜，

天癸水至，如破瓜然。

全憑土德長黃芽；

芽生五土之中，故曰黃芽。

朝朝暮暮勤培養，自得長生不老花。

由黃芽而勤養之，不使戕敗，漸漸開花，卽能超劫運，爲長生之本。

詩四

身中有一白雀觀，

指乳房也。使紅變爲白，故以白雀觀比之。

要學觀音把法煉；

昔觀音聖母在白雀寺中煉法，卒成大道。

有朝功成朝王母，大衆同飲蟠桃宴。

望人同登彼岸。普渡婆心也。

詩五

婦女忙將紅塵淡，阿彌陀佛心中念；

常念四字經，卽是拴心之法。

不離黃姑同坐臥，

時守眞意，功可速成。

凡胎自脱仙骨换。

有如此好處，怎不學習？

詩六

未死學死終不死，

人雖未死，猶如死人一般，所以終得不死。

逢生殺生永不生；

心有生時，卽以慧劍殺之，所以終致不生。

不死不生眞入妙，涅槃一證大功成。

形不死，心不生，可證涅槃上果，功何大哉？

詩七

回光返照兩乳間，修神注在金鎖前；

眼觀兩乳之中，神注兩腎之下，自然河車運至中田，以補破體。

二日半後黃變白，

行經過後，計二日半，血變成黃。斯時淨心用功，不久變白，而赤脈斬，猶是處子體矣。

移鼎換爐煉成仙。

赤龍已斬，行法之地不同，得訣煉之可成。

詩八

慈悲爲本心是婆，在家出家養太和；

在家婦女，出家尼姑、道姑，俱可修煉，總要以慈悲爲本。

人人都有菩提樹，長坐菩提證大羅。

能知菩提樹在何處，卽在菩提樹上用功，久之必成菩提矣。

詩九

藥在火中煉，

藥，炁也；火，神也。卽是神馭炁。

火在藥中現；

神因炁而愈靈。

有火無藥煮空鐺，

不可弄火。

有藥無火終消散；

不可無火。

火藥二物能適宜，金丹一結入閬苑。

神炁相依，焉有不成之理？

詩十

幽閒貞靜養性情，婦道克全德匪輕；

上句養性，下句培德，卽是內外交修功夫。

乳房血海常留意，

下手初功。

將形收斂合太陰。

太陰斂形法，其乳縮如男子。

詩十一

最好惟有六字經，

即「南無阿彌陀佛」。

從前轉後住到心；

唸佛之法，臍前唸「南」，陽關唸「無」，陰腎唸「阿」，泥丸唸「彌」，咽喉唸「陀」，終將「佛」字住在心裏，又可收心，又可平氣。

其中暗寓河車法，

時刻照此法念之，盡將後天陽氣車入中田，自能補足先天。

不知不覺煉成眞。

此法簡易，婦女可念，男子亦可念。總要行之久遠，其效愈大。

詩十二

懷抱兩個如意圖，

此圖所以護心，亦所以通心。

生來卽有人人俱；

不分男女，人人皆有。

問人果能如意否？

如意中蓋有如來，果能如意，自有無窮佳境見於胸懷。

果能如意上天都。

不負如意圖之名，自得如意圖之實，飛昇指日可俟。

詩十三

動靜不可離這個，離了這個路便錯；

這個，眞意也。時時誠意，先天自復。若意念一差，便非正路。

坤陰變作乾陽體，

女性本陰，變爲乾陽方能輕身。

頂天立地莫柔懦。

陰性多柔，要有頂天立地志向，庶於道有望。

詩十四

一入空門萬事休，紅塵何故罣心頭？

世之尼僧道姑，已入空門矣，心猶不忘夫紅塵者，何故？

金沙古佛規模在，靜坐參禪曷傚尤。

金沙古佛，觀音大士也。何不學之，以成正覺。此言出家者宜急修。

詩十五

可憐最是未亡人，

凡夫死者，謂之未亡人。

矢志冰霜實苦辛；

夫死守節，凜如冰霜，不知受了許多辛苦。

堅貞卽是仙佛種，急修急煉出風塵。

女仙女佛盡是堅貞爲本，旣爲節婦，卽仙佛種子矣，還在風塵中何益？此言節婦宜急修。

詩十六

王母選取重女眞，色卽是空見分明；

大有夙根者，見得色卽是空，空卽是色，修成女眞，故王母特優重之。

渾淪元氣無虧損，

不必補漏。

得法一煉功便成。

得了先天之法，一煉卽成。言甚易也。言女童宜急修。

詩十七

莫謂家事紛難絕，坤維正氣修卽得；

婦女皆有坤維正氣，莫因家事紛紜遂躭誤一生也。

從無入有養神胎，下田不結中田結。

結於下田者是凡胎，結於中田者是神胎。神胎是自己神炁所凝，不因外來，故謂之「從無入有」。此言在家婦女宜急修。

詩十八

四大名山多女仙，半孝半節半參禪；

總以心性爲根本，功圓行滿駕玉蓮。

有以孝成者，有以節成者，有以參禪成者，途雖異而歸則同。「心性」二字，修丹之本，男女都離不得。此首總結女丹經。

丹陽眞人馬祖諭女子修道淺説十一條

第一

嘗思道書有云：「男子修行十年可成，女子修行三年可成。」是知修行之道，女子轉勝於男子也。雖然，修行之説果何云云。清其心思，寡其念慾，養其氣神，却其疑慮。三綱不缺，早已篤夫人道之常；五氣上升，實以開其仙道之漸。智者過而愚不及，咸令歸於中庸；仁有守而勇有爲，何難造乎至道？去臭留香，金丹無非在此；煉己化人，坤基可許成功。吾知瑤池王母之修行者，端不外是矣。奈何當世女之輩，多不若此。恒以削髮爲尼，方算了道；披緇異俗，乃爲出家。至於清規有缺與否，並不講究於此；戒法有虧與否，並不警省於此。抑何優婆夷者，轉盡鬼子母耶。爾諸婦女，當於是文加之意焉可。

第二

當思天地者，有陰陽之别；而修道者，無男女之分。男子修道，可以超脱；女子修道，亦堪飛昇。果能將愛羅之繩盡行啟了，疑城之固盡行開了；方寸之中，無半點迷惑；胸懷之內，無一毫障牽。心如枯木，近火不燃；神若死灰，逐塵不染。窺威儀者，肅肅可觀；運神思者，淵淵莫測。一靈覺照，根本常見其固牢；萬法悉空，性命不鄰於冒昧。所謂女子修仙之道，無逾此矣。奈何當世婦女諸輩，只有修道之名，而無修道之實。如植樹然，捨其本而培其枝；如養花然，忘其原而尋其葉。故少年者，許多血脈不和；中年者，許多精氣虧損。生生化化，根本未免動搖；濁濁昏昏，情慾實被纏繞。欲求長生，究竟歸於促壽，豈不深可惜哉？世間學道婦女，其以是篇是思。

第三

天下「惡孽」二字，人生所宜除也，而於女流爲尤甚。癡心種種，愈滋愈深；妄念紛紛，愈累愈重。鍾情者，情魔更甚；結愛者，愛網無窮。即到身亡之時，而情還未斷；分手之日，而愛還未割。萬劫輪迴，無時可脫；千秋陷溺，無日可逃。言念及此，豈不深可惜哉？竊願學道之女子，將種種情緣，一筆掃盡；將縷縷藤葛，一刀斬盡。夜臺朽骨看得空了，夢裏娟魂瞧得渺了。心中慧劍，常爲煉磨；意外機緣，早爲拋却。晨昏警省，日去其愆；夙夜惕勵，日新其德。如植禾然，草蔓不生；如培樹然，根本永固。庶乎靈明頓啟，證道其不遠矣。

第四

天下婦女諸輩，每詩書未讀，理義未嫻，無論仙家妙語，總少指聞，卽婦女良規，猶多茫昧。所以癡頑稟性，累累難陳；傲矜存心，種種莫數。卽求一孝順無違者，且寂寂而寡見矣。矧以出世爲要，修行爲本耶？不然或欲遁繁華，祝髮爲尼；或欲救世界，受荼學巫。問其坤元妙旨，茫然不知；坤德玄宗，昧然不解。輒翊翊然以仙姑自鳴，侈侈然以神女自炫。遇村中婦女等輩，動有禪關言語，因果話頭。抑何一悞而再悞耶？奉勸天下婦女諸人，將養心之法，細細推求；息氣之功，默默考論。果遇善男子者，可以並修；若不遇善男子者，只得自立。庶乎不爲盲師所愚弄矣。

第五

甚矣！棄假修眞，所宜亟亟矣；離凡求仙，所當切切矣。雖然爲男子者，固所必然；而爲女子者，尤所應爾。何也？蓋秉性溫雅，僅得壺範昭名；賦質聰明，不過織錦著譽。究其孽海茫茫，未必能逃得出去；愛河滾滾，未必能脫得過來。卽推之霧鬢雲鬟之婧女，啼香怨粉之佳人，縱或艷絕一世，美顯千秋，而業障層層，未必能消得盡，情緣累累，未必能滅得清。觀此，則知天下婦女諸輩，咸在烈烈火阬中矣。奉勸坤道聽云：果能誠心返首，眼前卽是仙州；苦志回頭，刻下卽是聖境。教爾修持，言言似玉；訓爾煅煉，句句如珠。與其事物擾纏，戀此俄傾恩愛，奚若寃愆斬斷，不負遐齡光陰乎？爾婦女共爲遵循。

第六

嘗思男子所重者，莫大乎孝；而女子所重者，亦莫大乎孝。孝者，養親之口乎，常人之孝也。而吾謂養親之口，不如養親之志。要之，養親之志者，賢人之孝也。而賢人中，再進一步，聖人之孝。何爲聖人之孝？養親之神也。爲女子者，若能養親之神，卽是女中之至道也。養親之神者，煉己之身也；煉己之身者，養身之德也。抱一以靜，守志不紛，堅其後天之體，便得全其先天之神，逐塵不染一塵，處俗早超衆俗。如是者，庶近道焉。

第七

嘗聞女子貞不字，十年乃字。貞者，乾元之體，九五中正之謂，乃是先天未至後天者也。所謂全貞，卽此解也。迨月復一月，年復一年，久將先天一姤，則先天便入後天中矣。是爲女子者，悟得全貞之旨，將後天返其先天，卽算假裏復眞，虛內得實，庶不致生生不已之機，無有間斷，俾修其身，而不隨波逐流，無所底止矣。

第八

易曰：「一陰一陽之謂道。」中庸曰：「夫婦造端。」一陰一陽，卽一夫一婦之謂也。學道者，離了陰陽不得，卽離了夫婦不得。予今持以夫婦論性情，則夫婦各有知能；論生稟，則知能何分於夫婦。夫天下未有空虛無寄之道，卽未有高遠難行之道。夫婦之有知能，則知夫婦之幾於道可知；知能之在夫婦，則知夫婦之與道合中可知。惟其幾於道也，則道之端倪，可從夫婦中窺出；惟其與道合也，則道之機關，可從夫婦中見來。於以知，修道者，合夫婦而講功夫，則爲曲徑功夫；離夫婦而談法門，則爲旁道法門。曲徑旁道，又安能造到聖賢地步也哉？

第九

且人自無始劫以來，以至千萬劫，從色中而來，從色中而去者，舉世皆然矣。雖然男子如此，而女子更甚。何則？蓋婦女中生生化化之機，亘古及今，無人打斷者也。彼修行者，不到陰陽會合關口，無生機者滅生機，不足見修行者之功夫也。若修行者，到陰陽會合關口，有生機者斬生機，乃足見修行者之力量也。力量如此，到此處，過此關，實能將計就計，借妄成眞，而脱羅網也，更何至傷我神氣者哉？婦女修道者悟此。

復陽子註

「滅生機」「斬生機」之句，此專指修道而言耳。蓋修道下手之功夫，先滅其害生之機也。害生之機滅，則性根固，命蒂凝，從斯漸進，可得長生之道矣。苟不斷滅其害生之機，而毒龍惡虎，趁隙猖狂，其害有不堪言狀者也。書云「生者不生，殺者不死」，亦此意也。學者悟之。

第十

若曰：「予觀道書中，講女丹者甚少，或曰子後午前靜坐便是女子修煉之法。至於狐家所論，又以色戒未破，修成時當昇第一天。此二者，悉近理焉。」而予曰：「爲女子者，果能位乎天德，如抱清潔之質，毫無疵瑕之玷，再於此，神如枯木，心若死灰，卽能一往成功，跳出虛空之外。不然女德卽不貞矣。不貞者，有假之謂也。到得此時，未免氣質昏愚，心思暗昧，遂至以眞爲假，以假爲眞矣。假且不知，眞何能曉？猶冀救眞而滅假也。不甚難乎？」

第十一

今夫天地之間，邪與正本不兩立，眞與假原不一塗，此理之確然不移者也。雖其初眞假邪正每至相爭，迨其後，眞假邪正實不相勝。假之不能勝眞，邪之不能勝正，此又理之確然不移者也。雖然，而女子修道，特妄情之爲害最大。苟非消除淨盡，雖一時勉强制伏，未免潛滋暗長，有發於不自知，出於不及覺者，久將以一妄而會諸妄，以一情而起諸情，殆不啻羣盜四起，而主宰復受傷者然。要之，妄情起而意不定，意不定而情愈亂，迨至七情迭起，爲禍不更烈乎？故女子學道者，務要返其澂清瑩潔之性，俾外來積習之餘孽，皆消化於無有已矣。

丹陽眞人馬祖女金丹詩十首

行上爲眞行下僞，留香去臭分壬癸。後天血化白如膏，直到陽純消籍鬼。

潮前潮後用神功，一點機關悟一衷。迴巽庸流超俗習，誰云誰不上天宮。

消除枝葉見根原，向上工夫詎待言。血氣流通無病患，渾如居宅有籬藩。

子午其間審後先，精神穩合細推研。坐時定息無差悞，自必潛中性命全。

女子堪稱大丈夫，三年願滿步仙途。總歸超世輪迴滅，默運渾然太極圖。

相期對面不相干，此是先天太液丹。解釋三尸離俗界，瑤池王母共盤桓。

生生化化讓人爲，這點靈明却不虧。自性如如觀厥妙，靈丹接就正斯時。

女子修行希著作，伊誰下手無遲惰。全憑利刃赤龍消，培養靈根休舛錯。

女中男子眞堪嘉，守定元神養一家。性住光囘空萬有，清波靜浪月澂斜。

一陽動處有奇功，默默靈關感卽通。恍惚中間原本復，丹成跨鶴上天宮。

女眞修煉

摘自道源精微歌　劉名瑞

夫女眞修煉，先要却病，調準月信，然後煉己，斬斷赤龍，與男子伏白虎其理一也。故男子乃太陽純圓之體，而陽精日日能長能洩，借此長洩能補成乾健之體。且伏虎之工，志剛之丈夫方可爲也。女人乃太陰純圓之體，其癸水一月一潮，故與男子初下手行工不同。若斬赤龍後，與男子行功一理。自小周天起手，至出神還虛，皆是一也。

蓋婦人月信多有不調者，乃任脈、帶脈有虧盈之瘀血，必先用草藥治其有形之病。先服通竅活血湯一劑。此劑用

眞麝香五厘(沖)　南紅花三錢　桃仁泥三錢　赤芍藥一錢　川芎二錢　薑三錢　老葱三根　紅棗七枚

共三物碎切，用黃酒半斤，並藥同煎。煎一半盞去渣，對麝香再煎三沸服之。使周身之血竅無不通達，兼治勞症。然後再服加減四物湯，調治氣血，無溢無虧，信來顏色鮮紅，日準爲度，方可煉己。若月信不準，不敢斬斷赤龍，定是此理也。

四物湯者：

當歸身三錢　白芍二錢　川芎二錢　生地三錢　人參二錢　白朮二錢　柴胡二錢　白茯苓三錢

半夏二錢　香附三錢　炙甘草一錢五分　薑三片

若氣虛加黃芪五錢，連服二三劑，亦可氣足血盈，便可下手斬赤龍。急刻求師指示煉己修眞，坤返乾健之體。

婦人爲太陰修煉，以經水爲本。血爲少陰之經絡，與帶脈、任脈並行周流，又爲天癸降潮之海，又爲之首經循環往來周流不息之路。但女人每月受信水一升三合，經行而脈亦行。自幼女子本無經行，只因十四歲知其男女交合之意，慾情亦動，渾身發熱，炁脈通暢，以至天癸奔湧。欲修長生之道，必須靜室之中，絕其男女之往來，斷交世俗淫蕩之婦，口不亂談旁非之事，目不外視遠近之色，耳不外聽一切諸聲，煉神於兩乳之間，默默忘情絕念，心不外遊。每遇凡欲情動，卽當正念治之。每遇淫根發動，急用鼓琴招鳳之法，使武火住養北海，起巽風吹發其中，使慧光返照龍宮，存神於兩乳之中。若無決烈之志，性戀情流，赤龍難斬矣。

假如前月初一日信來，至初三日止，卽當初三日行功。初次爲斬其尾，次月卽當初二日行功而斬其腰，第三月卽當初一日行功而斬其頭，則赤龍亦斷矣。若過七七之歲，癸水已絕，遇眞師指敲琴喚鳳之法，將赤龍調出，然後再斬之，可爲眞訣矣。

若童女，亦不必斬赤脈之功，由此直超圓沌，是爲童眞修煉，與男子採藥之工相似也。第一要煉已純熟，方有妙用。一毫不差，不失藥產之時，此乃太陰煉形之法。情慾一動，眞炁已至，便行父母未生之前所產藥爐之眞炁，用力一提，以意採攝，送至右乳房三十六次，以右手搓摩左乳三十六遍，故要採提眞氣數足。如此六次，共二百一十六次後，以默坐閉住息數，以兩手抱定兩乳，靜坐片時。息定，復又眞炁已至，用力從父母未生之前產藥爐之間，一提眞炁，送歸右乳二十四次，故要採提眞炁數足。如此六次，共一百四十有四次，仍照前閉住息數，以兩手抱定兩乳，默坐片時。二六時中，工夫已畢，合周天度數之火候。每日以此行持，可待次月初二日照前斬腰，至第三月初一日可以斬頭。第四月如赤龍斬住，再不可行此工夫，却用兩手抱住雙乳，閉息靜坐，每日忘情滌慮，一切塵念不關於心，逐日加工，不可懈怠，自然藥生。從玄牝之間，陽炁衝透，自尾閭扶上夾脊，通過玉枕，直上泥丸，與男子工夫一般。開關得藥，交姤下降黃庭，澆灌五臟，如此不可缺斷，必須加工上進，方得嬰兒成就。調和溫養之功，仔細察其男子用工之諸節。必須曉用此法，遇至誠之烈女，善德淑賢之婦人，方敢訣破，愼之秘之。若傳淫俗詭詐僞善之婦女，必遭天誅而譴也。

蓋最上一乘之妙道，先天大覺之金仙，自西王母嫡傳與離山老母，離又嫡指崔道姑，崔又授與李道姑，李又授與陳仙姑，陳又授與楊賽花，楊又授與黃花姑，黃又授與小姐，黃又授與麻姑，麻又授與王金蓮，王又授與楊仙姑。以上皆口口相傳。

大志問曰：男仙可有傳女仙者否？

敲蹺答曰：大乘之道，男女一理。若知眞訣，男可傳女，女也可傳男。昔呂純陽祖師，嫡指何仙姑，次又指與張珍奴，又至於王重陽祖師嫡傳孫不二元君，此乃男傳女也。亦有女傳男者，是孫不二元君立派，名曰清靜派，至今接引後學弟子無數，此是女傳男也。

又趙大悟曰：亦有自悟成道者否？

答曰：昔日魏元君，名華存，字賢安，乃汴梁城人也。父魏舒，字元陽，晉成帝時爲左僕射，進位司徒，封劇陽縣開國子，薨謚文康。母德慶夫人元君，生漢獻帝建安十八年二月十五日。天才卓易，幼讀黃老之書，性嗜神仙之術，修眞慕道，常欲居靜。父母苦阻至二十四歲，强通太保夫掾劉義，所生二子。夫劉早逝，自二子長子劉瑕安城太守，次子劉僕從事中郎。此時元君復欲脱塵，急辦修眞，於晉世祖司馬炎太康元年戊申歲十二月十六日夜半，道君得仙秩之千卷投之元君。此書授與西域眞人，並口訣又授戚姑三女，又授與靈昭女，皆行此道。元君道成後，作玉劍金書行於世，上位登紫虛。元君領南嶽上眞司命，將望於斗牛之間，直超飛昇，在晉成寧九年九月十五日玉詔，有勸世文留傳一部。

太陰煉形歌

摘自道源精微歌　劉名瑞

其一

女人學仙指掌間，奇門二穴通泥丸；常依潮候調眞息，神歸天谷自盤旋。
先將眞火燒兩乳，移入丹田化作鉛；至誠煉就純陽體，返老還童壽萬年。

其二

精炁爲根立性基，澂心内外照無爲；綿綿呼吸收陽水，默默調元配坎離。
饑渴飲乾眞土液，醉眠穿領火龍衣；翻身劍卓天王塔，化作成仙丈六梯。

其三

乾坤妙用應方圓，握住雙關炁脈旋；倒捲黃河三尺浪，掏回玄谷一構泉。
淨瓶開仰收雲雪，清笛吹時應地天；二八丹頭吞入腹，形軀傾刻化純乾。

其四

閉户開關百脈通，子前午後默持功；煉形斡轉奇門穴，運火抽搧橐籥風。
調就純坤洞裏虎，一圈套住震宮龍；地雷發令雲施雨，洗濯黃芽穿九重。

其五

固命先須調本形，忘言絕念不着經；鼎煎八海紅塵水，口吸三山碧玉精。
五彩玄珠穿赤壁，一枝柳葉插金瓶；佳人施展神工巧，刻竹爲簫品一聲。

其六

陰陽消息托黃婆，默默眞情兩意和；老虎饑飡雛鳳髓，紅蛇穿透黑龜窩。
五彩互體無魔障，入水歸源絕浪波；雲布龍吟飛白雪，牧童横笛轉西坡。

其七

煉形須固本根源，脈息旋行聚上玄；擒住赤龍田裏隱，牢關白虎洞中眠。

敓請仙客青娥女，隨伴眞人白玉蟾；口口傳符通一炁，相吞相啖轉回天。

其八

神女吹簫二八時，淸音嘹亮應華西；玉童驚起離龍穴，金母邀歸兌虎基。
百竅灌開旋一炁，九宮閉息斬三尸；天關地軸通消息，顚倒陽回少人知。

其九

自從三藏取經行，撞倒西天九曲城；重整乾坤須積炁，尋添水火補元形。
三周不問神功備，一刻相符造化成；依舊春風迎宇宙，超凡入聖永長生。

自古女眞修煉，萬難拔一也。

趙大悟曰：婦人欲修大道，以何爲先？
答曰：掃盡慾念爲先，斬盡恩愛爲急。
又問曰：何故？
答曰：慾念不除，其經不絕；恩愛不斷，大道難明。此二者死生之種子，輪迴之根本，故此二事爲先。若能斷除慾念，斬絕情愛，棄其貪嗔，志其形體，何慮大道難成，智慧不生矣。雖有愚拙，依訣而行，若能採先天一回，爾慧悟增長百倍，詩賦文章，不思而就，不學而能明。譬如凡夫情姤生子，順出者可以生人，逆回者助與自身，增長智慧，久而變化，可稱仙佛聖賢是也。

呂祖曰：欲脱輪迴苦，先把無明滅；一點操持心，堅剛加印鐵。些點男女心，烈火温不熱；人情並富貴，榮華都收折。遯避塵寰中，忘人並忘我。

道本無名　修之成形　在夫一志　惺覺眞宗　因何有身　太極之能
人小天地　五行攢成　父母兩儀　窈冥眞精　方有四大　色身胞膿
五官四肢　漸長成形　瓜熟蒂落　自現體容　欲漸靈覺　喜怒哀情
知實識物　俱備靈通　至少而壯　憤發七情　天性改換　識性分征
欲恣慾發　名利心重　萬萬難脱　一大關中　故而俗言　生死造成
賢聖不忍　使人脱籠　作出丹經　釣賢歸正　從入胞胎　神息調踵
與精相合　凝結聖嬰　法在默持　思想本容　父母根本　卽是佛種
父母極樂　是吾根宗　以根超凡　以根成聖　不與凡交　心姤腎宮
二炁來往　陰陽樂容　由如父母　受我身形　君子成道　俗夫賤情

志剛丈夫　方能忍性　治己最難　無德放空　物來知止　至善攝烹
全憑兩忘　入蟄含蟲　眞意爲火　呼吸爲風　不失期時　候地雷鳴
採歸煆煉　鼓舞吹笙　物伏泰定　温存勿驚　傾刻勇壯　極急歸弄
二候團聚　牟尼成形　眞師口授　逆轉上衝　先後二天　一處混融
三轉九還　七返煉成　釋曰舍利　道曰丹成　儒曰浩然　永刦神通
至大至剛　善德培成

又吟
三教禁秘今著篇，河圖洛書謂此源；儒曰二五凝妙合，道曰河車運周天。
釋曰鹿車法輪轉，萬古不洩余盡傳；吾願知心同志友，至修實悟細辨參。

女功四銘

眞字銘

天地正氣，惟人克全；中立不倚，乃無愧天。守正則貞，至哉坤元；坤柔而剛，順應乎乾。妄言不字，大倫失焉；視聽言動，禮爲之閒。周旋規矩，勿頗勿偏；克身歸潔，勿爲物牽。端莊嚴肅，大節凜然；浩然剛大，爲道仔肩。從兹入道，希聖希賢；守貞女子，其各勉旃。

靜字銘

人生而靜，渾然太極；心命性情，統無區別。後天主動，理欲並立；欲勝理危，理勝欲滅。去欲存理，靈臺宜潔；聖人心法，洗心宥密。如鏡磨垢，如屆面壁；五蘊空忘，萬緣湛寂。不覩不聞，性眞萌學；種兹胚胎，長生學業。維彼女流，體合靜翕；主靜存誠，仙佛同列。

純字銘

聖賢仙佛，始終至誠；渾然天理，自在流行。凡夫俗念，雜而不純；暫焉偶息，至道不凝。日月久照，四時久成；修眞養性，期諸有恒。造次顚沛，刻不違仁；悠久無息，斬斷七情。熟極妙來，緝熙光明；稍涉間斷，學不能成。純亦不已，乃守道心；有緣女子，無悮終身。

一字銘

道不遠人，人自遠道；其德二三，必無成效。凡物皆然，矧茲玄妙；主一無適，乃得其要。勿墮旁門，勿入外教；不二法門，顯留訣竅。太空渾然，虛無朕兆；堅守寸心，默窺丹奧。維彼女流，勿自棄暴；内而性命，外而節操。一心一德，自得深造；道果圓明，仙階可到。

女丹答問

陳攖寧

答呂碧城女士三十六問

此稿作於民國五年，距今已二十年矣。當初呂女士從余學道，既爲之作孫不二女丹詩註，並將手訂女丹十則與伊閱讀，乃有此答問之作。今以整理書笥，發見舊稿，因念女丹十則原書已早付翼化堂出版流通，閱讀之人當復不少，與呂女士疑懷相同者，諒必大有人在，余安得一一而告之。遂決計將此稿由本刊公布，不啻若女丹十則之註脚，亦藉此可以釋讀者之疑團，或不無小補爾。

第一問　女丹十則云：「女子陽從上升。」請問何謂女子之陽？如何升法？

答曰　所謂女子之陽者，指女人身內一種生發之氣而言；上升者，卽上升於兩乳。蓋童女無乳之形狀，因其陽氣內斂也。至十餘歲後，兩乳始漸漸長大。其所以有此變化者，乃陽氣上升之作用。

第二問　「火符」二字，如何解說？如何作用？

答曰　道家有進陽火、退陰符之名詞，「火符」二字，乃簡言之也。譬如鐵匠煉鐵，先用猛火燒令內外通紅，此卽是陽火；然後又將此紅鐵淬於冷水之中，使其堅結，此卽是陰符。又如寒暑表，熱則上升，卽是進陽火；冷則下降，卽是退陰符。人身亦同此理。至於如何作用，則非片言所能解釋。

第三問　何謂形質？何謂本元？何謂先後？

答曰　形指兩乳，質指月經；本元指先天炁。男子做工夫，首從採取先天炁下手，然後再將精竅閉住，永不洩漏，此謂先煉本元後煉形質；女子做工夫，首要斬赤龍，俟身上月經煉斷不來，兩乳緊縮如處女一樣，然後再採取先天炁以結內丹，此謂先煉形質後煉本元。

第四問　養眞之工夫，如何做法？

答曰　養眞之法，本書上已經言明，就是下文所言「平日坐煉之時，必須從丹田血海之中運動氣機」一大段工夫。

第五問　丹田、血海，在人身屬於何部？

答曰　黃帝内經云：「腦爲髓海，胞爲血海，膻中爲氣海。」欲知血海屬何部分，必先知胞是何物。胞居直腸之前，膀胱之後，在女子名爲子宮，卽受孕懷胎之所也。

第六問　何謂運動氣機？是否像做柔軟體操一樣？

答曰　氣機不是說人的氣力，乃是身中生氣發動之機關。「運動」二字，是由眞意元神做主，不是動手動脚的樣子。此時正在靜坐不動。

第七問　何謂心内神室？

答曰　此處是指膻中而言，卽胸中膈膜之際，乃心包絡之部位也。

第八問　何謂定久？

答曰　心靜息調，神氣凝合，是名爲定。照此情形，一直做下去，儘量延長若干時刻，既不散亂，又不昏迷，是名爲定久。

第九問　何謂泥丸？何謂重樓？

答曰　泥丸在人之頭頂，即是腦髓是也；重樓在胸前正中一條直下之路，大概屬於醫家衝任脈之部。

第十問　兩乳間空穴何在？是何名稱？

答曰　兩乳空穴，在醫書上名爲膻中。黃帝内經云：「膻中爲氣海。」又云：「膻中者，臣使之官，喜樂出焉。」又云：「膻中者，心主之宮城也。」此處有橫膈膜，前連鳩尾，後連背脊，左右連肋骨。膈上有心有肺，心藏神，肺藏氣，心跳一停，人立刻死；肺之呼吸一斷，人亦立刻死。所以膻中部位在人身最關重要。

第十一問　何謂五蘊山頭？

答曰　「五蘊」二字，出於佛典，非道家語。五蘊又名五陰，即所謂色、受、想、行、識也。但此處「蘊」字，當作「和」字解，蓋謂五行之氣和合而成。山頭即指膻中之部位，比血海部位較高，故曰山頭。

第十二問 書云：「血液變爲渣滓之物，去而不用。」如何能去而不用？

答曰 去而不用者，指每月行經而言，是天然的，非人爲的。

第十三問 二百四十刻漏三十時辰，共合幾點鐘？

答曰 二百四十刻漏，卽是三十時辰，蓋一個時辰分爲八刻也。三十時辰，卽是六十點鐘。

第十四問 書云：「鎔華復露。」何謂鎔華？

答曰 「鎔華」二字，古道書本無此名，其意蓋指每月行經完畢以後，經過三十時辰，子宮中生氣充足，若行人道，可以受胎生子；若行仙道，可以築就丹基。鎔是鎔解，華是精華。

第十五問 「先天」二字，作何解說？

答曰 先天之說，須研究易卦圖象，方能得正確之解釋。孔子云：「先天而天弗違。」老子云：「有物混成，先天地生。」又云：「惚兮恍兮，其中有象；恍兮惚兮，其中有物；杳兮冥兮，其中有精；其精甚眞，其中有信。」此數句已將先天之景活畫出來。張紫陽眞人悟眞篇云：「恍惚之中尋有象，杳冥之内覓眞精；有無從此交相入，未見如何想得成。」此詩蓋言先天之景，須要親自做工夫證驗，方能領悟。若未曾親自見過，僅憑空想，仍舊糊塗耳。

第十六問 何者爲清？何者爲濁？如何認定？

答曰 氣爲清，血爲濁；清者上升，濁者下降；清者可用，濁者無用。但學者勿誤會濁者無用之說，遂聽其去而不留，不加愛惜，不欲煉斷。須知濁血亦是清氣所變化，每月身中濁血去得太多，清氣亦缺乏矣。上等的工夫，不使清氣變化濁血，而月經自然斷絕；中等的工夫，要在濁血中提煉出清氣，而月經漸漸的減少，終至於斷絕，不但是紅的永遠乾淨，就是白的也點滴毫無，如此方有成功的希望。否則，只好修來生罷，今生不必夢想了。

第十七問 書云：「用神機運動，俾口中液滿。」吾人但翹其舌片時，口中液津卽滿，卽所謂「用神機運動」乎？又云：「用鼻引清氣。」所謂「清氣」者，卽外界之空氣乎？

答曰　丹家有金液、玉液之說，此段工夫，似乎古人所謂玉液河車。先端身正坐，次平心靜氣，次調息凝神。此時眼觀鼻端，耳聽呼吸，舌抵上腭專門名詞叫作搭天橋，以俟口中津液生。稍滿卽咽之。然後再照書上運轉河車之法做去。能做得順利最好，若有疑難之處，不能照書行事，則須要用心研究矣。

第十八問　心舍、黃房、關元，在人身何處？　玉液何解？

答曰　心舍卽心之部位；　黃房在心之下、臍之上，界於二者之間；　關元在臍下二寸餘；　玉液卽口中甘涼清淡之津液。

第十九問　尾閭、夾脊、頂門之部位何在？

答曰　尾閭乃背脊骨之末尾一小段，四塊骨頭合成一塊，正當肛門之上；　夾脊乃背脊骨第十一節之下，針灸家名爲脊中穴；　頂門卽頭上正中，針灸家名百會穴。

第二十問　如何升降？　是聽其自然升降乎？　抑用力強迫使之行乎？

答曰　玉液河車，近於古人導引之術，既非聽其自然，亦不是以力致之，但以意引以神行而已。人之神意無處不到，故能宛轉如是。

第二十一問　津何以能化爲氣？並從何而知津已化氣？

答曰　正當行功之時，自覺周身通暢，頭目爽快，腹中煖氣如火，騰騰而上，口中液清如水，源源而生，是卽津化爲氣之候也。初學做工夫，不能到此種地步，但請勿着急，慢慢地就會有效驗。

第二十二問　書云：「用兩手運兩乳，迴轉三十六，轉畢，以兩手捧至中間。」夫兩乳爲固定之位，何能轉移？縱能轉移，又如何轉移？如何能捧到中間來？

答曰　捧至中間的意思，是將兩手捧兩乳，使其縮緊如球，不使下垂如袋。而且捧右乳使之向左，捧左乳使之向右，不使其偏向兩邊。此時自己之神意，當默存於兩乳中間之膻中部位。迴轉三十六，是謂用手將乳頭乳囊輕輕旋揉三十六次，不是說將底盤轉移。蓋底盤是固定的，不能改變其方位也。

但童貞女不用此法。

第二十三問　何謂煉藥、煉形、眞火、眞符？

答曰　先煉形，後煉藥，卽前面所說「先煉形質，後煉本元」之意；　眞火眞符，卽進陽火、退陰符之妙用。惟陰陽之循環，理本至奧，而作用亦變化多端，不但筆墨難以描寫，雖口談亦未易了徹。必須多閱道書，勤做工夫，實地練習，隨時參悟，方有正確之知見。及至一旦豁然貫通之後，又只可以自慰，而不可以告人。蓋陰陽之理，固玄妙難言也。

第二十四問　何謂有壞丹元？　何謂中宮？

答曰　丹元乃修丹之基本，有壞丹元者，謂其氣散血奔，丹基不固也；　中宮在胸窩之下，肚臍之上，旣非針灸，不必點穴。

第二十五問　何謂衝關？

答曰　衝關者，言自己眞氣滿足，一時發動，因下竅閉緊，不能外洩，遂衝入尾閭關，透過夾脊關，直上玉枕關，乃是氣足自衝，身中實實在在有一股熱氣，力量頗大，並非用意思空想空運。古詩云：「夾脊河車透頂門，修仙捷徑此爲尊；　華池玉液頻吞咽，紫府元君直上奔；常使氣衝關節到，自然精滿谷神存；一朝認得長生路，須感當初指教人。」此種作用，無古今之異，亦無男女之殊，乃成仙了道、返本還原的一個公式。除此而外，別無他途。

第二十六問 何謂凝氣混合？

答曰 卽是凝神入氣穴，心息相依之旨。

第二十七問 何謂胎息？何謂中田？

答曰 胎息者，鼻中不出氣，如嬰兒處於母腹之時，鼻無呼吸也；中田卽中丹田，又名絳宮，卽膻中是也。

第二十八問 何謂「玉液歸根，用氣凝之，方無走失」？

答曰 玉液歸根，是指血海中化出之氣歸到乳房一段工夫。所謂用氣凝之者，卽前凝氣混合之說，實則心息相依也。

第二十九問　何謂還丹？

答曰　還者，還其本來之狀況。卽是將虛損之身體培補充實，喪失之元氣重復還原也。

第三十問　何謂後天？

答曰　凡有形質，都叫作後天，謂其產生於既有天地之後也，此乃廣義。若丹經所言先天、後天，多屬於狹義的。如胎兒在母腹中時，則叫作先天；生產下地之後，則叫作後天。

第三十一問　何謂中宮內運之呼吸？

答曰　曹文逸仙姑靈源大道歌云：「元和內運卽成眞，呼吸外求終未了。」莊子云：「眾人之息以喉，眞人之息以踵。」其中頗有玄妙，工夫未曾做到此等地步者，無論如何解說，總難明了，須要實修實證方知。

第三十二問　何謂息息歸根？根在何處？

答曰　一呼一吸，是名一息。息之根則在肚臍之內。嬰兒處胎中時，鼻不能呼吸，全恃臍帶通於胞衣，胞衣附於母之子宮。血氣之循環，與母體相通，故嬰兒能在胎中生長。今欲返本還原，須要尋着來時舊路，此乃古仙特具之卓識。由生身之處，下死工夫，重立胞胎，復歸混沌，然後方敢自信我命由我不由天也。

第三十三問　何謂斬赤龍？殆卽停止月經乎？

答曰　是煉斷月經，不是停止月經。普通婦女，亦偶有月經停止之時，此是病態。若煉斷月經，乃是工夫，與病態大不相同。少年童女，可免此斬龍一段工夫。至於老年婦女，月經已乾枯者，必先調養身體，兼做工夫，使月經復行，然後再煉之使無，更費周折。

第三十四問　內呼吸是如何形狀？

答曰　內呼吸之作用，有先天炁與後天氣之分。後天氣降，同時先天炁上升；後天氣升，同時先天炁下降。易經云：「闔户謂之坤，闢户謂之乾，一闔一闢謂之變，往來不窮謂之通。」其理與內呼吸頗有關係，但工夫未到者，縱千言萬語，亦不能明白。初學之人，對於起手工夫，尚未做好，則內呼吸更談不到。傳道之人，工夫淺者，言及內呼吸之形狀，等於隔靴搔癢，遂令學人更無問津處。

第三十五問　入定之際，不言不動，爲死人者，應如何做法？

答曰　此乃自然現象，不是勉强的做作。若論及姿勢，或盤坐，或垂腿端身正坐，或將上半身靠於高處睡臥皆可。普通平臥法，則不甚相宜。煉陽神者兩眼半啟，煉陰神者兩眼全閉。

第三十六問　出定之後，飲食衣服，隨心所欲，是否隨自己所愛悅者取而服御之？又謂着着防危險者，是否防備意外之驚擾？

答曰　隨心所欲者，謂可以隨意喫飯穿衣耳，此時無所謂愛悅。若有愛悅，則有貪戀之情，不能入定矣。防危險不是一種，而驚擾之危險，亦是其中之一，亦應該防備。此時須要人日夜輪流看守，所以修道者必結伴侶。

答寶應某女士函

原函 敬稟者。弟子以宿業深重，身墮女流。幼時未多讀書，只於弟輩書案之旁，竊效誦習而已。所幸家藏善書多種，暇卽瀏覽。尤喜閱何仙姑寶卷，因此遂有修行之念。

寧按 在神仙家眼光看起來，男女資格是平等的。若論做工夫效驗，女子比男子快。若論將來成就，亦無高下之分。至於普通重男輕女之陋習，乃是人爲的，不是天然的。世界各大宗教，如佛教，如天主教，中國內地各種秘密教，如某某門、某某堂、某某社，皆是男女不能平等，獨有仙道門中無此階級。因爲別種宗教所接引的，大半是普通人材。眞正仙道所接引的，概屬上智之士，故能不爲陋習所拘。有志者切勿因爲自己是女子身遂覺氣餒。

原函 隨後又得仙佛眞傳、仙佛合宗、天仙正理諸書閱之，乃覺仙道係易修實證之事。

寧按 仙佛合宗、天仙正理二書，女子看了，只可以明理，而不能照做；仙佛眞傳，又嫌雜亂無次序，尚不及前兩種好。

原函　爰守皈戒，誓出紅塵，斯時已屆十六七齡。寡母即托媒妁，以定終身。弟子乃將志願具以禀告。家母非但不信不聽，反從而破壞之。破壞不得，便肆意凌虐。

寧按　俗人都是如此。我記得十歲左右，在家中覓到晉朝葛洪所作神仙傳兩本，不敢明明白白的閱看，只得把此書放在大腿上偷看。書棹上面，仍舊攤擺着一本論語，以爲掩飾。蓋恐怕父親曉得我看異端之書，要打駡也。十三歲時，溜到街上學辰州符，回家來被痛笞一頓。十四歲買了一部萬法歸宗，又被家中人搜去投在火中燒掉。直到十六歲以後，方能自由，他們亦懶得再干涉我了。不過像雷劈棗木印、樟柳神、桃木劍這一類東西，還是不敢公開展覽。

原函　乃蒙母舅大人見弟子受百般魔考，並未改初心，遂與憐憫，設計誑母，方得領來此處，係一帶髪修行之所，原有道姑數位，於以稍慰初衷。但屬荒廟窮庵，並無一毫產業。然既至此，亦只有茹苦含辛，自謀生活。艱窘狀況，罄竹難書。民國十年與廿年，兩次水災，復受許多挫折。

寧按　在家既不免塵事牽纏，出家又感謀生之不易，究竟修道是在家好呢？是出家好呢？的確是一件大問題。不但女子爲然，男子修道之困難，亦復如此。寧久欲聯絡全國同志諸君，妥籌善策，解決這個問題。現在機緣尚未成熟，不知何日方能如願。

原函　溯自弱冠至今，二十餘載，雖常在憂患之中，而法財侶地是求，未嘗一日去念。近數年中，又有節婦貞女數人，來庵修行。竊念本身尚未獲眞傳，難期超證，而彼等又將何以結果？爰於前年，親往首都，以事參訪。奈高人隱跡，顧問無由，於是遂入佛教團體。參訪多時，所遇皆屬恒流，理解難期超脫。

寧按　現在這個年頭，出門訪道參學，本不容易。曾見有許多出家道士，並在家好道之人，參訪一生，足跡遍全國，結果尚無所得。何況地點不出都城，時間又嫌短促，豈能達到目的？佛教團體，除教人念佛而外，別無法門。我想一定不能滿足君之願望。

余前在旁門小術錄中有幾句批評，可以補充此段未盡之意。其言如下：「早尋眞師這句話，實在可笑。眞師一不登廣告，二不散傳單，三不掛招牌，四不吹牛皮，五面上又沒有特別記號。天下如此之大，一般學道者，從何而知某人就是眞師？某眞師住在某省某縣某山某洞某街某巷？請問如何尋法？我老實說一句，眞師是可遇而不可尋。」

原函　但認爲該教威儀規律，可以約束後學，兼爲普度之資。於是返里削髮，妄作佛門之標榜。雖略收勸化之微效，深愧自度未能。

寧按　其情可憫，其志可嘉。

原函　故於去歲三月初九日，實行閉關。意欲下三載靜功，爲究竟之作用。

寧按　此舉甚好，我極端贊成。

原函　溯自入關以來，日三夜三，晝夜共坐六次。最近數月，耳內常聞有風聲呼呼，眼中時見有電光灼灼。偶爾似有絲竹之音，鳩蟲之鳴。當時使人探之屋外，並無形迹。

寧按　此種現象，凡眞做道家工夫的人，皆要經過，不足爲怪，切勿疑懼。

原函　至於內呼吸一發覺時，即須打坐，否則反感覺不適之狀。坐須二三小時，始覺氣足神舒。上列二種現象，不知是好是歹，是何種理由，仰祈師尊有以教之。

寧按 此乃自己身上生理內部起一種變化，不是壞事。再做下去，更有妙境。並須參看安徽師範學生李朝瑞君各封信函，及廣東中山縣劉裕良君八問。雖男女生理不同，其逆行造化則同。

原函 女丹十則云：「女子將赤龍斬去，須要煉之以眞火，應之以眞符。倘火符差失，不獨金丹難結，將有血崩之患。」此言眞實不虛，弟子業已經過一次。隨後用月餘之工夫，方始平復。乃過去事也。至於最短期內，又將赤龍斬去，迄今已半年有餘。不料旣去而又復返，此殆不知眞火眞符之過耳。竊思女子修道，超證解脫，全在乎此。若不將此關透澈，未免徒勞而無功，結果仍是老死而已，與凡夫何異乎？

寧按 高見甚是，愚見亦同。 **又按** 斬赤龍工夫，並不十分困難，比較男子工夫，容易數倍。其所以斷而復來者，必定有個原因。男子做小周天工夫，常有將陽關閉住至一年半年不漏精者，後來亦復有漏洩之時。若詳細研究，皆因其工夫有不合拍處。太過或不及，皆能出毛病，須要認得一個「中」字。飲食小節，也有關係。吃素的人們，常常歡喜吃蔴菇、竹筍、味精等鮮味之品，極不相宜。應該食淡而無味之菜飯，醬油、鹽類、胡椒、辣椒亦不宜多食。其他小節目甚多，未暇悉舉。

原函 躊躇之頃，得聞師尊大名，特於日前不揣冒昧，具楮投前。深荷不棄謭陋，大札下頒。捧讀再三，欣感莫名。

寧按 我此刻是現外道身，專弘仙學，與佛家宗旨不同。女士既削髮皈依佛門，若再從我學道，不怕同門見怪嗎？前幾年常有佛門居士，從我學道。偶有一二位居士運氣不好，被他們同社中人曉得，大起交涉，駭得他不敢出頭。後來又與我商量，要我代守秘密，不必公開。我以爲學道是正大光明之事，何必瞞人？若像這樣鬼鬼祟祟，成何體面？豈非把仙道的名譽弄壞了嗎？他雖有他的苦衷，我却不便允許，只得作爲罷論。不知女士亦有此障礙否？所以我暫時不將女士姓名登出，就是這個意思。

原函 茲特備呈始末，聊瀆聽聞。倘不以鄙劣爲嫌，敬乞師尊大發慈悲，將進火、退符、沐浴、温養、大小周天、文武火候、採取封固、活子時等，種種秘密口訣，詳加開示，以便修持。倘獲俯如所請，則將來之成就，皆屬師尊大人之所賜矣。感激鴻恩，豈有涯哉！

答曰　學佛的人，常常被名詞弄昏了。學仙的人，也有這個毛病。將來我可以代你打破這許多疑團，請你不要着急。

原函　承下問十條，謹照答如左：

(一)是出家人；
(二)未曾出嫁；
(三)現年四十六歲；
(四)環境可免凍餒；
(五)俗家距此五十里，父早去世，母還在堂，雖有弟妹，亦不來往；
(六)儒、釋二教書大略看過，道書如十二種、參同契、悟眞篇、性命圭旨、修道全指、仙佛合宗、天仙正理、仙佛眞傳、呂祖全書、玄關經、玄妙鏡、三丰全集等書，俱已看過；
(七)翼化堂道學小叢書已齊備，至於女子道學小叢書如女丹十則、女工正法、孫不二女丹詩註、男女丹工異同辨四書，亦已俱備；
(八)關閉期限，先擬三月，因在關中得益，故又改爲三年；
(九)現在工夫，上座時先守海底，待海底氣機發動，即守乳房；

(十)志願欲做到白日飛昇的地步，給大眾看看。

原函　竊觀女丹書云「女命有三」，當係指海底、中宮、乳房而言。究不卜女子修煉初下手時，應當守何部爲宜？

答曰　守中最宜。這個「中」字，是神氣合一之「中」，不是中宮之「中」；是內外感應之「中」，不是執著一身之「中」。至於海底、中宮、乳房，非不可守，但執着一處死守之，則不合大道。

原函　至於弟子現在須用何工夫，方能得着造化？陽生之景，人人皆知，但用之的當與否，未必盡能了解。古云：「差之毫釐，失之千里。」誠至言也。

答曰　現在姑且用你自己所習慣的工夫，暫時做下去。須要綿綿若存，用之不勤這兩句是道德經上所說，初下手正好用得着。陽生之景，是否準確，先要明白活子時。活子時之發現，是否清眞，先要明白活午時。宋朝曹文逸仙姑之靈源大道歌，在女丹書中，甚有價值，不可不看。若未曾見過，將來我可以抄一份送與你。

原函 弟子每遇道中長者，輒以玄妙相問，皆含糊答應。是不肯明言耶？抑不知耶？

寧按 有三種緣故：一因爲男女之界限，不能暢所欲言；二因爲男子只懂得乾道工夫，關於女子身上生理，不能透徹了解，說出來似乎隔靴搔癢；三因爲伊等當日從師學道時，不問女功，所以後來別人問他，他就不能回答。以上三種，是男導師之缺點。若女導師，雖可免除這三種缺點，又因爲他們的程度尚不及你，你問他，他當然回答不出。

原函 伏維師尊大人內外兼全，功果齊備，言論迥異常人，志願獨超往哲。弟子欣忭之餘，竊謂三生有幸。雖屬郵函往來，何異親聆塵教。但恐天機口訣，嚴守秘密，必須當面開示，不肯紙上輕傳，是則無可奈何之事矣。竊念師尊大人心存弘道，志切度生，可否爲方便故，破格相授。不勝馨香禱祝，拱俟瑤音。謹此拜白。

弟子□□□頓首

答曰 函授亦可，但請勿着急。此事有時節因緣，不能勉强，將來得便擬抄幾種女丹口訣，從郵寄奉。不過此事也要看學者智慧福德如何，完全依賴口訣，亦難保必定成功。

答上海某女士十三問

第一問　初步入手行功，男女是否相同？

答曰　照我平日所認爲最穩妥最超妙的法子而論，初步下手，男女是一樣地工夫。做到後來，漸漸發生歧異之狀態，這是因爲男女生理上不同的緣故，乃出於天然，非由於人爲。

第二問　如做斬赤龍工夫，每日應該行功幾小時？需要幾許時間，始能斬絕？赤龍斬絕之後，應該再做何種工夫？其間是否有段落？

答曰　若要正式做此等工夫，每日應該做四次，每次應該做兩個鐘頭。共計八個鐘頭，即四個時辰。快者半年可以斬絕，慢的一年可以斬絕。斬絕之後，自然另有進一步的工夫。初學之人，尚談不到此。惟月經煉斷之後，工夫可以告一段落。若不願繼續做下去，隨意休息幾年，亦無妨害。但要保守得好，否則，月經既斷，尚能復來，又要多費工夫。

第三問　每日行功時間，是否有所限定？抑時間愈多愈好？並每日於何時行功最爲相宜？或不拘時間俱能行功？

答曰　有幾種小法子，是要按準時辰做工夫。若上等法子，可以不拘定時間，每日十二時，做四個時辰工夫已足，太多恐感覺厭倦，反生障礙。何時行功最宜，亦無一定。惟吃飽之後，及身體疲乏思睡之際，皆不相宜。

第四問　煉丹應素食抑應肉食？或葷素不拘？或各種食物中亦有宜忌之別？至於空氣陽光，是否與普通人同樣需要？

答曰　素食雖然潔清，但不宜過於清淡；肉食雖然滋養，但不宜多食腥羶。素食中如蘑菇、竹筍、鮮菌之類，味雖適口，但易於發病，宜戒絕之；味精、調味粉、醬油精之類，皆不宜食。肉食亦只可權食雞鴨魚並蛋類，其他肉類，宜少食爲妙。空氣要十分清潔，不可有灰塵煤煙穢濁臭味。房内空氣要流通，不可把門窗緊閉。陽光自然是好，但靜室中陽光不宜過大，要稍帶陰暗，方能使精神易於安定。如需要充分陽光者，跑到屋外空處攝受可也。

第五問　女子年齡，至多到幾歲卽不能修煉？　男子年齡，至多到幾歲卽不能修煉？或者只要得訣，不拘年歲可也？

答曰　照普通道理講，男子六十四歲，女子五十歲左右，天癸將絕，卽難再做命功。然這樣說法，是死板的道理，不能作爲定論。仙家妙術，貴在返老還童，無中生有，以人力奪造化之權。若爲年齡所拘，束手待斃，則仙術亦不足貴矣。

第六問　閱半月刊，有謂「男子修成不漏精，女子修成不漏經」。所謂不漏經者，是否指斬赤龍一段工夫而言？　又如男子之不漏精，究竟作何解釋？

答曰　女子修成不漏經，的確是指斬赤龍工夫而言；　男子修成不漏精，蓋謂永遠沒有手淫出精、睡夢遺精、小便滑精、交媾洩精各種現象。

第七問　修煉有性功、命功之分，如煉精化氣、煉氣化神、煉神還虛這三步工夫，哪一種是性功？　哪一種是命功？　或者這三種全是命功，性功乃另有一種辦法？

答曰　上乘工夫，性命原不可分。所謂哪一種是性功，哪一種是命功，乃方便說法耳。姑爲啟發初機，暫定煉精化氣是命功，煉氣化神是命功與性功各半，煉神還虛是性功。

第八問　只修性，不修命，能否長生？若不能長生，其結果與普通人區別在什麼地方？又長生不死與白日飛昇，有無區別？

答曰　長生之效果，本是從修命工夫得來，若不做命功，決定不能長生。專修性功者，其人結果，與普通人當然有別。或有無疾而終者，或有預知死期者，或有頃刻坐化者，或有投胎奪舍者，皆是普通人所難辦到的。長生不死，是初步效驗；白日飛昇，是最後結果。其程度大有深淺之不同。

第九問　閱丹經謂，法財侶地乃四大要素。在丹財方面，若求其完美，至多應需要若干？最低應需要若干？

答曰　此條所問，乃實行方面之事，不是空洞的理論，簡單幾句話，很難說得清楚，須當分析言之。

(一)按上海生活程度而論，房租每月四十元，火食每月三十元，零用每月三十元，共計每月一百元開銷已足。最底限度，亦需每月五十元，再少恐不可能。

(二)若離去上海，住到外埠生活程度較低之都市，則五十元一月開銷，足抵上海之一百元。蓋房租十五元，火食十五元，零用二十元，在外埠已算優等生活矣。

(三)若離去都市，住到山林出家人之廟宇中，房租、飲食，一概託廟中出家人包辦，則每月三十元已足。

(四)以上皆是指個人而言，若團體計劃，開銷當從省。人愈多，開銷愈少小；人愈少，開銷愈大。這是反比例。**陳攖寧增批** 各種開銷數目，皆按民國廿五年當時情形估計。

(五)我平日主張團體組織，就是爲同志們節省開銷起見。但機緣尚未成熟，猶有待耳。

(六)有種人能喫苦的，開銷可以減少；有種人圖舒適的，開銷尚須增多。以上所估計之數，乃不苦不樂之中等生活費用。至於醫藥費、應酬費、旅行費，皆不在內。又如本人家庭父母妻子等一切費用，更談不到。

第十問 如環境許可，放棄一切，意志堅決，無意外阻礙者，應需若干年始能修煉成功？

答曰　調養身體，回復健康無病之地步，約需三年；　斬赤龍工夫二年。以後臨時再看情形，不能預先說定。再者，此專指君本人而言，若換第二個人，又當別論。

第十一問　丹士每多兼練拳術，請問練拳一事，對於丹道，有損耶？　或有益耶？

答曰　練得自然合拍，也許有點益處；　若蠻幹死練，則不免受損傷矣。但各人身體不同，不能一概而論。若像貴體現在之病態，恐怕練拳不甚相宜，似乎要專門靜養爲妙。

第十二問　丹道有孤修、雙修之别，究竟孰利孰弊，孰優孰劣，孰緩孰速？

答曰　這個大問題，自從漢朝以後，一直鬧到現在，尚没有解決。蓋因環境、家庭、年齡、時代、習俗、禮教、法律、道德、宗教、信仰、學問、志趣、性别、根器、傳授種種不同，遂闢開兩大岐路，是乃自然之趨勢，我不便於其間有所偏袒。

專講雙修與專講孤修的書籍，我看過幾百部；　專做雙修工夫與專做孤修工夫的人們，我三十七年以來，耳之所聞，目之所見，已不計其數。孤修有孤修之利弊優劣，雙修有雙修之利弊優劣，叫我如何判斷？如何批評？今日若發出讚美雙修、鄙視孤修之論調，彼財力充足之人，或在家有眷屬之人，方可從事於此。請問一般經濟困難者，以及出家修行者，如何辦法？此中未嘗沒有人才。若曰無錢不能修煉，非先籌鉅款不可；出家不能修煉，非先還俗不可。此語一出，大足以灰志士之心，而短英雄之氣，非我所忍言也。

尚有未盡之意，請參看揚善刊第七十四期第六頁答蘇州張道初君第三、第四、第六各問，再請參看揚善刊第七十六期第八頁與國醫某君論丹道函。

我們不談丹道，先講人道。請問一個人生在世上數十年光陰中，究竟是結婚好，還是不結婚好？這個問題，也不易回答。結婚有利有弊，不結婚亦有利有弊，而且各人有各人的利弊。情形甚爲複雜，決不能用專制的眼光與獨裁的心理去武斷，令人心中不服。彼等偏重孤修，或偏重雙修，是己而非人者，皆專制獨裁之類也。

第十三問　煉丹是否應絕慾？抑節慾卽可？或房事與丹道無關？

答曰　無論男女，若平日抱獨身主義者，此條就不成問題；若有配偶者，方許研究。所謂絕慾者，卽完全斷絕之意。此事要男女雙方情願，若有一方不願者，卽難辦到。所謂節慾者，卽是有節制而不使太過之意。此事實行較易，稍覺近乎人情，然對於專門煉丹上頗有妨害。

世間男女房事，粗俗已極，與其他動物無異，比較仙道，眞有霄壤之殊。若不於其間別求玄妙之法，以逆行造化，惟知稟承我們人類老祖宗所遺傳的劣根性，輕舉妄動，如何能跳出輪迴而打破生老病死之定律乎？

因未曾徵詢君之同意，故不將姓名宣佈。若君意認爲無妨礙者，下次再有問答，即將眞姓名登出，如寶應陳悟玄女士一樣。蓋已得其本人之許可也。

攖寧附白

答寶應陳悟玄女士十問

敬禀者：

前月既蒙開示於本刊，又承鈔寄靈源人道，茅塞之心，已漸開矣。此恩此德，感何可言。本不當再瀆聽聞，只宜靜待時機，恭候明命。奈弟子因感火符之緊要，走失之危險，不能不一再要求。

弟子最近數月可告慰者，赤龍斬去而未見來。但以火符未能明其底蘊，竊恐將來難免得而復失，去而復返。是以急於懇求吾師，大發慈悲，俯賜矜憐，天機略洩，眞訣一傳，俾得煉丹之究竟，而上眞正之程途。庶不致於虛延歲月，更不致於空掛修煉之名也。

前者所答之志願，以今視之，難免大言不慚之譏。近閱七十四期本刊，尊論飛昇事實，尚無一人可能。以弟子愚笨之資，而妄發此超羣之志，實惹大方之笑矣。伏維師尊大人，學通各派，志切度生，古今中外，無可倫比。弟子以一念之愚忱，閉關習靜，妄事修眞，未能投前恭聆法音，歉仄奚似。

茲者錄呈疑問數則，叩乞吾師大發鴻恩，詳加開示。秘密天機，尤懇函論。弟子如有輕視輕傳，誓以滅身。非敢冒昧要求，深恐復蹈前轍。倘蒙俯憐下悃，曲諒愚衷，則幸甚矣。所列十條，統乞詳示。如蒙俯允，感激無涯。

肅此叩稟，伏維慧察。

實應湖西岔河鎮女弟子陳悟玄稽首百叩

第一問　尊云遍國中女丹書，只有廿餘種，敝處僅有翼化堂之女子道學小叢書及尊著女丹詩註，其餘不得而知。如有處可買，請示地址。若係寶藏，賜借兩種一抄可乎？

答曰　此等書在外面不流通，無處可買，將來得便在本刊上披露可也。

第二問　弟子白天坐功，妄念易止，定靜較易。惟夜眠醒時，便覺神旺氣足，雜念紛馳，不能定神，殊有妨害。敬乞妙法一糾正之。

答曰 細閱坐忘論，熟讀坤寧經，當能覓得止念之妙法。我的見解，以為雜念這個東西，對於初步工夫並無大害。只要你的身體坐着不動，雜念忽起忽落，聽其自然可也。止水無波，談何容易？

第三問 吾道中福慧兼全之女子，將來可期成就者，師尊訪道多年，心目中當有賞識，乞指示數位，聊悅心懷。

答曰 世上人福慧俱無者，佔大多數。其少數者，或有福而無慧，或有慧而無福。至於福慧兼全者，乃居極少數。若福慧兼全而又好道者，並且可期成就者，今日女界中誠不易得見。現正在留意訪求，若有所知，當以相告。

第四問 有節婦某，十九歲出嫁，念四歲喪夫，身體強壯，心性聰明。所可怪者，月經始終未至。今擬立志修煉，不卜其將來可有得藥還丹之希望否？敬乞指示。

答曰 女子終身無月經者，世上不乏其人。若非身有暗疾，便是前生帶來的夙根，當真做起道門工夫來，比較有月經的女子，更加便利。因為可以省却斬赤龍一番手續。從前有一位老牌電影明星，他就是生來沒有月經的。人甚聰明，年齡雖大，而容貌不衰。但是他不懂得修煉工夫，飄流放浪，甚可惜也。

第五問 丹經皆謂女子用功與男子不同，又云言汞不言鉛。弟子愚蒙，敬祈開示。

答曰 這是因爲男女身上生理之不同，是天然的分別，不是故意的造作。所謂言汞不言鉛者，不是說女子身上只有汞沒有鉛。因爲舊時代的女子，被舊禮教、舊道德所拘束，每每害羞而不肯明言之故耳。

第六問 女丹書云：「風欲來卽須擒虎，雨將降乃可斬龍，不先不後，及時斬取，方可煅煉也。」此中玄妙，未敢强猜，叩乞吾師詳示。

答曰 及時斬取的「斬」字，恐是「採」字之誤。詳細情形，可參看孫不二女丹詩註「斬龍」一首。若再不明白，則筆墨頗難宣達，將來只好口傳矣。

第七問 陽火陰符，果係前降後升歟？究竟如何轉運，及何時應用？叩乞開示。

答曰 此種作用，玄妙精微，紙上說不明白，非當面問答不可。並且不是短時期所能領悟，必須學道者與傳道者常在一起，隨時用功，隨時指導。若有錯誤，隨時糾正；若有弊病，隨時祛除。庶幾可以達到圓滿之階段。

第八問 丹經云：「安爐立鼎運周天。」不知爐鼎究竟安在何處？有謂安在中宮，是否？

答曰 爐是坤爐，在下部；鼎是乾鼎，在上部。中宮非安爐立鼎之處。

第九問 丹熟不許行火候，更行火候必傷丹。究竟丹如何謂之熟乎？

答曰 丹熟者，謂已經結丹也。此時注重在文火溫養，不可用武火烹煉。若仍舊像從前一樣的猛烹急煉，則已結之丹，不能安於其位，不免有飛走散失之虞。非徒前功盡棄，尚要弄出大病。

第十問 沖虛眞人云：「丹熟過關服食而入神室之中，乃行大周天溫養火候。」是否確論？

答曰 甚確。

再答陳悟玄女士問斷龍後如何保守法

上月接到來函，無暇作覆，今特撥冗作此數行，聊慰遠望。此等工夫，是活法不是死法，要看各人之身體與環境，而有所變通。世之傳道者，常以死法教人，每每做出怪病，皆因不知變通之過也。無論何種口訣，有一利必有一弊。頑固的導師，又遇着愚笨的弟子，於是乎未蒙其利，而先受其弊矣。

醫生開方治病，總須當面細細診察病人。若問病發藥，難保不出危險。何況此等與造化爭權之大事，並鬼神莫測之玄機，豈可一面不見，僅憑幾封問答信函，就能解決！設若做出病來，誰任其咎？故今日在紙上所能告君者，只有「抱一守中」四個字。所謂抱一者，卽心息相依，神氣合一而不分離也；所謂守中者，卽神氣合一之後，渾然大定於中宮，復還未有天地以前混沌之狀態也。此乃最上乘丹法，有利而無弊。赤龍既已斬絕，正好繼續做此等工夫。果能做到極玄極妙之處，簡直可以脱輪迴而超劫運，與聖賢仙佛並駕齊肩，俯視人天，遊戲生死。區區幻身肉體上少許之變化，可謂不成問題矣。

道之出口，淡乎其無味。君若是上根利器，必能深信斯言。

答覆河南安陽某女士

來函讀悉，君以廿餘歲之人，又是學校出身，居然能篤信此道，誓下決心，誠屬不易。雖一時爲環境所困，未能如願，然有志者事竟成，不過遲早問題而已，請勿着急。蓋此等事須要機緣輳合，福慧兼全，方可希望達到目的，愈着急則愈無功效。君試想以普通肉體之凡夫，而欲做驚天動地之事業，應如何沉潛剛毅！應如何活潑圓融！應如何險阻艱難！應如何達觀窮變！豈是急得來的？若一着急，恐要患神經病，反而前功盡棄，甚爲可惜。

論及雙修工夫，必須在斬龍以後，方爲穩妥。否則對方工夫一時鬆懈，失却堅忍之力，就像張三丰眞人所說「急水灘頭挽不住船」。是則仙胎未成，而凡胎已結，又添一重魔障矣。

生過子女之後，自然可以再行修煉，回復原狀。但比較未曾生育以前，不免要添許多麻煩，沒有以前之便利。

至於年齡大小，固有關係。若果對方內功很深，則年齡雖大一倍，亦無妨害。譬如他以勞力所獲，賺到一百元，他帮助你五十元，他自己尚儲蓄五十元；你以勞力所獲，賺到二百元，你帮助他一百元，你自己亦可儲蓄一百元。於是乎雙方都有一百五十元存款，下次再做，仍是如此。數十次、數百次，亦復如此。等到幾年之後，你倆都變成財主了。所怕的就是用老本錢，而不會賺錢。用了幾年，本錢精光，貧窮立待，那可眞不行了。這就是雙修的原理。古人書上，不肯明言，我今日略爲洩漏一二，已經算是破天荒的論調，千祈注意。

附錄某女士原函

攖寧夫子大人鈞鑒：

後學自從河南一女師畢業後，感覺世事無常，人生莫測，故對於紅塵無緣，時懷修道之志。凡呂祖全書、天仙正理、仙佛合宗、道統大成、老子道德經及女子修道諸書，皆曾閱過，但未有眞口訣，徒喚負負耳。

詎料日前訂揚善半月刊，見吾師學識豐富，道高德重，實令後學欽佩異常，五體投地。近數日來，愈增慕道之心，終日如癡似顚，廢寢忘餐，極欲親詣台前，聽傳眞道。奈因環境所困，未克如願，誠憾事也。

後學擬於斬斷赤龍後，不惜任何犧牲，任何困難，決心親禮尊顏。務請吾師大發慈悲，矜憐女輩因女子難於修煉之故，多係受家庭之累，而且學識淺薄，不遇明師，將口訣密傳。日後倘有成就，皆吾師之所賜也。感恩之處，筆墨難宣。

肅此，敬請道安！

再將後學之詳情，開列於次。

（一）我係在家修煉。

（二）已出嫁數年，但對方亦修道，早斷俗情。

（三）我現年二十四歲，對方四十八歲，但身體頗健，能否做雙修工夫，請示。

（四）家庭環境，還可維持。

（五）僅有生身母在堂，姊弟各一，我無子女，且決定不要子女，以免礙道。

（六）儒、釋、道三教之書也看過一些。

（七）女子修煉書大概都看過，但惜此等書籍在外面流通者甚少，供不敷求。

（八）我之志願，希望將來白日飛昇。所懼者，世事變遷，恐遭意外之危，身體一受損，則目的達不到矣。苟非如此，我堅決之心，可勝過男子百倍。

攖寧附白 君既是女子師範畢業，國文必定很好。我平日所以不收女弟子的緣故，都因爲他們程度太淺，難得入門。君立志學仙，閱書亦不爲少，比較普通女子，當然兩樣。今有一題目於此，對於仙道頗有關係，請你做一篇文章，以便同志諸君欣賞何如？題目如後：儒釋道仙四家宗旨異同說。

答寶應陳悟玄女士

前接來函，介紹張志德女士學斬龍以後的工夫。上月張女士已親自尋到鄉間，停留兩日，凡陽火陰符之進退，呼吸升降之循環，已大概與他說明。他讀書識字雖不多，而工夫確做得不壞，現年四十一歲，月經已煉斷三年矣。所有身中隱秘之情形，我不便細問者，皆由拙荊彝珠女士代我轉問。他以前身中之經驗，與我所得的口訣，若合符節，可知他不是欺騙我者。因爲他是個實行家，工夫已有根柢，所以我一說他就能領會，比較有學問的女子，高明得多多，亦可喜也。

他現在已滿意而去，可惜我不知他的通信處。聽說在上海楊樹浦租一個亭子間，自炊自食，不住在唐公館，君已有所聞否？

君關期未滿，自然不便出關，免得俗人譏誚。陽火陰符之運用，是有爲法，重在一個「煉」字；抱一守中之玄妙，是無爲法，重在一個「養」字。有爲法不可以包括無爲，而無爲法則可以包括有爲。

我對張女士所言者，是中等丹法；前次在本刊上對君所言者，乃上乘工夫。切勿生輕視之心而有所不滿也。

答上海某女士來函

前略六月廿六日早晨三時，盤坐少傾，便覺海底溫煖，移時臍輪及乳房亦溫煖，同時頭腦頂門及脚部均熱而蠕動。再靜到極處，便入於混沌狀態，但爲時極短。如此者有六次之多。至第七次，頓覺全身緊縮，似乎麻醉，甚至呼吸亦不自然。其時頭部胸部均極熱，幾欲出汗，且尾閭背脊重垂難忍。至是即用三不動法以應之，歷廿分鐘之久，始漸漸輕鬆，呼吸亦回復原狀。

以上情形，乃月經後第三天，與前次面稟之情形略同。彼時亦在月經後第三天，惟前次有汗，此次尚未到出汗程度，而時間較長。

附問五則：

(一)每在經期前後，常覺血海陰部有煖氣漲而蠕動，並連兩腿均覺酸麻之狀，是否係眞陰發動乎？其時雖用意攝回，然有時竟不能攝回，仰懇指示口訣，以免走失而莫能挽救。

答 此種景象，頗似眞陰發動，但其氣尚嫌不旺，若要收回，並不困難，只須用三不動方法應付之已足。

(二)意運周天，由尾閭升頂門，由頂門下降至何處而停？升降快慢有關係否？經期內亦可運行否？

答 由頂門下降至子宮部位，卽可停矣；初步練習升降，宜慢不宜快；經期內以不運行爲妥，但靜坐無妨。

(三)女丹十則中「九轉煉形法」，生可照做否？

答 若要照書上所說的動作試做亦可，務必小心謹慎，不可勉强行事。如能自然合拍最好，否則寧可不及，切勿太過。

(四)凡遇口生津液，應咽至何處？

答 當然是同喫茶水一樣，吞到胃中去。若有人說尚有別路可去，此乃不懂人身生理之言，不可信也。

(五)現在弱體漸覺痊復，可否賜傳正式斬赤龍口訣，以便遵循修煉，藉資工夫進步？

答　可先研究女工正法並女丹十則二書中斬赤龍工夫，得便不妨試做。須要和緩行之，切勿勉強從事，恐怕不合軌道，反而做出病來。試做三個月之後，再看情形如何。假使中間有什麼變化，可寫信來報告，或面談亦可。若有錯誤，要隨時改正。

女丹經集諸序

女丹合編通俗序

賀龍驤

有天地卽有男女，男子成仙者多，女子成仙者少，何也？蓋男子可以遊方訪道，女子難以出門求師；男丹經汗牛充棟，隨地可購，女丹經零星散漫，無有專書；男能識字解義者十有七八，女能識字解義者百難一二。設使女丹有專書，女皆識字義，並許其方便出遊，尋師訪道，則女子之成仙者未必不如男子之多也。

然女子修行，其弊亦甚，試略言之。有謗修行之人者；有鄙修行之事者；有厭聞修行之說者；有阻人修行之路者；有不知修行之美者；有知美而塵緣難割者；有割塵緣入空門徒享清福而不勇往前進者；有幼無依，老無靠，事繁賬逼，賴佛逃生，苟求衣食者；有鹵莽顢頇不循階級者；有籠統乾坤，不知與男丹有別者；有知男丹經而不知有女丹經者；有皈依佛門，唸佛修性，而不知點女丹訣竅以修命者；有皈依玄門，以男子臍下一寸三分中之炁穴，誤指爲女玄關者；有歸入善堂，只知喫齋有不悔過敬神、唸經拜佛、放牲行善邀福免禍，而不知女子修行以斬赤龍爲急務者；有懺罪、消冤解孽、禳災降魔、立功立德、窮理盡性，輒卽下手修命者；有人雖善良，而習染太深，自高自恃，不求明師口訣，妄斬赤龍者；有執著玄關，積氣成疾，反以致死者；有斬赤龍後，不知男丹火候工夫次序者；有偶經魔考，如刀兵水火、瘟疫官非、口舌謠言，及護法師友或病或死，或鬩或散，因退道心，半途而廢者；有得一知半解卽自誇大以爲道在是者；有倫常人事應了未了，礙難清修者；有游思雜念，利欲熏心，天人交戰，雖修未修者；有願守貞修行而爲娘家眷屬阻擾者；有願守節修行而不見容於婆家眷屬者；有羨慕仙佛而不及早回頭，推到來年欲厚積養道之資然後者；有貪得無厭，滿腔嗔毒，癡情太甚，不絕房事，愛綱交加，不捨兒女，妄求仙緣修行者；有身不莊嚴，心不清淨，口吐是非，甘爲者；有氣字未化，憂思成包塊，尤想成仙者；有不忌葷酒而妄人，而望天仙接引者；有養殺牲命而藉口於放下屠刀立地成佛者；有口雖齋而心如狼虎，藉口於酒肉穿腸道在心，又云「酒肉穿腸過，佛在當中坐」者；有誤信三姑六婆、降仙扛神、走陰視翁姑妯娌如仇敵者；有誤入旁門不知正道者；有暗引良女作人爐鼎，已作黃婆，因而自敗觀花觀水之說，癲瘋失性，或誘入淫室者；有朝山入廟，亂名節者；有良女爲御女家所惑，甘作爐鼎以求成仙，繼而敗名節者；

投僧道或善門男師，種下情根者；　有尼姑、道姑及善門師孃，領天恩，充頂航，以符章咒印、神水神劍、神打步斗、燒丹服餌之術，周流四方，開示女流，借道斂財者；　有得口訣不圖自利卽欲利人者；　有得口訣傳匪人、洩天機自遭譴責者；　有得人不傳斷絶道種者；　有錯聽奸僧野道、南宫黄白之言，多置丹房器皿、鼎爐琴劍，煉服三元大丹，飛昇帝闕，到頭無成，傷心破產者；　有亂採日精月華，吞雲吐霧，呼吸空氣，或服草木金石，或搬運肢體丹田，致成重病不可救藥者；　有謂身屬破體，隘漏難修，自甘暴棄者。凡諸流弊者，皆難證果。若欲證果，必明丹經，以書證身，以身證書，以書中所有之理，身中所現之象，質諸師，叩諸友，以分邪正，以決從違，庶不爲盲師邪友所惑，中諸流弊。若已中諸弊者，急早改悔；　未中諸弊者，尤宜隄防。

吾以一言決之曰：　身外無道。再揭其要曰：　道在自心。而乾坤丹源初分繼合之理，尤不可不爲女流明辨之。厥綱有三：　一曰秉性，二曰形體，三曰工法。

如男屬陽，陽則清；　女屬陰，陰則濁。男性剛，女性柔；　男情急，女情緩；　男念雜，女念純。男主動，動則氣易洩；　女主静，静則氣易斂。男爲離如日，一年一周天；女爲坎如月，一月一周天。男氣難伏，女氣易伏。此秉性之不同也。

男喉有結，女喉無結；　男乳無汁、小，女乳有汁、大；　男基凸，女基凹；　男曰精室，女曰子宮；　男命在炁穴中，女命在乳房中；　男以腰爲腎，女以血爲腎；　男爲精，其色白，名白虎，女爲血，其色赤，名赤龍；　男精陽中有陰，女血陰中有陽；　男精之炁充足，女血之炁些微。　此形體之不同也。

男先煉本元後煉形質，女先煉形質後煉本元；　男陽從下洩，女陽從上升；　男修成不漏精謂之降白虎，女修成不漏經謂之斬赤龍；　男精逆行而成仙，女血直騰歸心竅；　男七蓮難放易收，女七蓮易放易收；　男修曰太陽煉氣，女修曰太陰煉形；　男曰胎，女曰息；　男白虎降則莖縮如童體，女赤龍斬則乳縮如男體；　男出神遲，成道亦遲，女出神速，成道亦速；　男可自昇，女必待度；　男必面壁，女少還虛；　男成爲眞人，女成爲元君。　此工法之不同也，若性命之理，則無不同。

吾告女流，必先於不同處求其同，又於同處求其不同。　要之，凡不同者皆在赤龍未斬之先，凡同者皆在赤龍已斬之後，此萬古不易之定論也。　所以女丹經中，每言女子斬赤龍後，煉藥還丹火候節次宜參看男丹經。　如伍守陽天仙正理、仙佛合宗，柳華陽金仙證論、慧命經等書，尤爲切要。　女子果能明其理，用其法，行其工，層次不亂，度數不差，有何致瞎煉盲修自罹奇疾？

然吾始亦不知女修有此利弊也。　吾父兄俱好佛老，曾憶先君嘗語家慈曰：「女修一事，少女行之可以化氣，老婦行之可以却病，孀婦行之而守婦節之心更見堅固。若成仙成佛，又在女流功德之大小，工夫之淺深，不可同年而語也。」此家慈所以樂此幾三十年不倦也。厥後吾嫂、吾姪女、吾妾、吾女、吾族親諸姑伯姊，相繼樂此者甚不乏人，言戒言定，亦有進境，而叩其命工則茫然。家慈憂之，命吾放下身心，凡遇三教修行人，即覓女丹經，詢女丹訣竅。參訪數年，均未如願。嗣有雪岑上人行摩尼燭坤集一部，約七十餘種，大抵言性詳，言命則隱，非鈍根人所能夢見也。吾懼無以報家慈之命，心中如焚。

庚子年，僻處峨山，因不捨晝夜旁搜道典，凡有言女丹者，輒摘鈔之彙集成帙，有十餘種，顏曰女丹合編。質諸家慈甚喜，命珍藏之，以爲吾家女修秘本。癸卯冬，赴成都二仙庵校勘道藏，見閻、彭二公所刻坤緣覺路僅坤元、坤寧二經與吾家抄存秘本同，夫坤維不乏道器，女丹少刻專書，閻、彭二公眞先得我心也。知己難逢，故呈女丹合編敬求參訂。閻、彭二公果稱善，慫恿付梓，以公同好。吾不敢吝然一隅之見，愧何如之？惟願另有善本者，轉示鄙人，以滿家慈之願。拋磚得玉，尤幸甚也。

再囑女流，凡有奉此編者，務須絕七情，除六欲，掃三心，飛四相，萬緣放下，五蘊皆空，百折不回，遇魔不退，煉血化炁，煉氣化神，煉神還虛，煉虛還無，果證金仙，億劫不壞，上朝王母，下度眾生。吾想蟠桃會上當不讓男仙獨出其右，女流勉之，予日望之。牧語蕘詞，用通俗眼，識者鑒諒，幸勿哂焉。

時光緒乙巳秋井研賀龍驤序

仙佛合宗女金丹法要序

傅金銓

從古女眞甚多，其修煉之法，不著於書，此世所以罕聞。女修三載，男必九年，雖爲日較易，然得師甚難。蓋男可尋緣萬里，女則跬步難離閨閫故也。丹經萬卷，略女修而不言，余茲彙編成書，少所印證，簡列數條，未盡厥旨。惟坤寧經既詳且盡，本欲删其膚廓，揭其微奧，使鯨吞海水，獨露珊瑚，復念人道卽仙道之根，修身是修眞之始，必德行無虧，方仙階有分。苟婦德懷慚，節孝有忝，大本已失，雖刻志勤修，終成妄想。敬錄全經，以爲後世女眞之天梯雲路。並觀心齋紀聞，見天人不遠，法戒昭然。能卽心是師，戒愼恐懼，庶乎其可矣。

濟一子金谿傅金銓撰

存眞書齋仙道經典文庫 已出、即出書目

李涵虛仙道集 蒲團子 編訂

太上十三經註解（純陽宮版，最完整本）等

女子道學小叢書 陳攖寧 訂 蒲團子 輯

附：旁門小術錄 陳攖寧佛學論著拾遺

通一齋四種 方内散人 著 蒲團子 編訂

稀見丹經初編 蒲團子 編訂

修身正印 玉符直指 地仙玄門秘訣等

因是子靜坐法四種 因是子 著 蒲團子 輯

因是子靜坐法及續編 靜坐衛生實驗談等四種

抱一子陳顯微道書二種 陳抱一 著

文始眞經言外經旨 周易參同契解

上陽子仙道集 陳致虛 著 蒲團子 輯

金丹大要 周易參同契分章註 悟真篇三註

參悟集註 知幾子 集註 蒲團子 編訂

參悟闡幽 朱元育 註 蒲團子 編訂

稀見丹經續編 蒲團子 編訂

業餘講稿（陳攖寧）天仙眞源直指秘錄

復興道教計劃書（陳攖寧）三一音符（陳攖寧）

月窟天根詩解 金丹贅言 三乘秘密口訣

楞嚴耳根圓通法門淺釋（陳攖寧）純陽入火鏡

重訂女子丹法彙編 蒲團子 編訂

收錄女丹著述二十餘種